WEB SEMÂNTICA

A INTERNET DO FUTURO

O GEN | Grupo Editorial Nacional reúne as editoras Guanabara Koogan, Santos, Roca, AC Farmacêutica, Forense, Método, LTC, E.P.U. e Forense Universitária, que publicam nas áreas científica, técnica e profissional.

Essas empresas, respeitadas no mercado editorial, construíram catálogos inigualáveis, com obras que têm sido decisivas na formação acadêmica e no aperfeiçoamento de várias gerações de profissionais e de estudantes de Administração, Direito, Enfermagem, Engenharia, Fisioterapia, Medicina, Odontologia, Educação Física e muitas outras ciências, tendo se tornado sinônimo de seriedade e respeito.

Nossa missão é prover o melhor conteúdo científico e distribuí-lo de maneira flexível e conveniente, a preços justos, gerando benefícios e servindo a autores, docentes, livreiros, funcionários, colaboradores e acionistas.

Nosso comportamento ético incondicional e nossa responsabilidade social e ambiental são reforçados pela natureza educacional de nossa atividade, sem comprometer o crescimento contínuo e a rentabilidade do grupo.

WEB SEMÂNTICA

A INTERNET DO FUTURO

Karin Koogan Breitman
Doutora em Ciências – Informática
Pesquisadora do Departamento de Informática –
Pontifícia Universidade Católica do Rio de Janeiro

A autora e a editora empenharam-se para citar adequadamente e dar o devido crédito a todos os detentores dos direitos autorais de qualquer material utilizado neste livro, dispondo-se a possíveis acertos caso, inadvertidamente, a identificação de algum deles tenha sido omitida.

Não é responsabilidade da editora nem da autora a ocorrência de eventuais perdas ou danos a pessoas ou bens que tenham origem no uso desta publicação.

Apesar dos melhores esforços da autora, do editor e dos revisores, é inevitável que surjam erros no texto. Assim, são bem-vindas as comunicações de usuários sobre correções ou sugestões referentes ao conteúdo ou ao nível pedagógico que auxiliem o aprimoramento de edições futuras. Os comentários dos leitores podem ser encaminhados à **LTC — Livros Técnicos e Científicos Editora** pelo e-mail ltc@grupogen.com.br.

Direitos exclusivos para a língua portuguesa
Copyright © 2006 by Karin Koogan Breitman
LTC — Livros Técnicos e Científicos Editora Ltda.
Uma editora integrante do GEN | Grupo Editorial Nacional

Reservados todos os direitos. É proibida a duplicação ou reprodução deste volume, no todo ou em parte, sob quaisquer formas ou por quaisquer meios (eletrônico, mecânico, gravação, fotocópia, distribuição na internet ou outros), sem permissão expressa da editora.

Travessa do Ouvidor, 11
Rio de Janeiro, RJ — CEP 20040-040
Tels.: 21-3543-0770 / 11-5080-0770
Fax: 21-3543-0896
ltc@grupogen.com.br
www.ltceditora.com.br

Editoração Eletrônica: ANTHARES

CIP-BRASIL. CATALOGAÇÃO-NA-FONTE
SINDICATO NACIONAL DOS EDITORES DE LIVROS, RJ.

B845w

Breitman, Karin Koogan
Web semântica : a internet do futuro / Karin Koogan Breitman. - [Reimpr.]. - Rio de Janeiro : LTC, 2014.

ISBN 978-85-216-1466-1

1. Web semântica. 2. Sites da Web - Desenvolvimento. 3. Gestão do conhecimento. I. Título. II. Título: A internet do futuro.

05-2870.	CDD 004.678
	CDU 004.738.5

*Este livro é dedicado a todos os bibliotecários.
Em particular ao meu anjo da guarda, Rosane Teles Lins Castilho,
e a elas que formam a geração de futuros leitores,
Beth Freitas e Barbara Andersen.*

Agradecimentos

A pesquisa para esta obra foi parcialmente financiada através da CAPES – Programa PRODOC, contrato 707/2002 – e do CNPq, sob o contrato ESSMA-55068/2002-0.

A Autora

Rio de Janeiro, 2005

Apresentação

O conceito da Web Semântica tem ganho grande aceitação na medida em que novos aplicativos de software têm sido desenvolvidos, não somente em ambientes de pesquisa acadêmica, mas também junto ao Governo e à iniciativa privada. Com o crescimento dessa tendência, torna-se fundamental oferecer uma clara orientação para o desenvolvimento de instâncias da Web Semântica voltada para estudantes e profissionais que possuem variado conhecimento de tecnologia e ferramental de software. Tendo em vista essa necessidade, é com grande prazer que apresento o livro sobre tecnologias da Web Semântica da Dra. Karin Breitman. Este livro fornece uma ótima introdução à Web Semântica, desde suas motivações até como implementá-la, tendo em vista as ferramentas que podem auxiliar no processo. Grande ênfase é dada a Ontologias – o que são, como podem ser utilizadas, interoperabilidade semântica e, finalmente, como desenvolvê-las na prática.

Esta exploração se inicia com uma excelente previsão do futuro da Internet de hoje, que fundamenta o restante do livro. Tópicos como "o que a Web Semântica é *versus* o que não é" estabelecem de maneira clara o assunto e o foco do livro. Metadados e seus papéis são introduzidos a seguir. A ênfase, então, muda da discussão inicial para o papel que desempenham em assegurar interoperabilidade na Web Semântica. Os conceitos de taxonomia, partonomia e ontologia são introduzidos, discutidos e, mais importante, comparados. Associadas à Web Semântica estão as linguagens que apóiam o usuário no tratamento de informações e no desenvolvimento de capacidades de inferência necessárias ao processamento automático de dados. São apresentadas e discutidas as linguagens da Web Semântica. Metodologias de desenvolvimento de ontologias e uma excelente discussão sobre aquelas mais utilizadas são apresentadas logo a seguir, fundamentadas por um conjunto de exemplos práticos. São abordados web services semânticos como fundamento para uma Internet mais dinâmica e útil. Agentes de software inteligentes e seu papel na Web Semântica têm grande destaque. O livro se encerra com uma discussão acerca das ferramentas atuais de suporte ao desenvolvimento de aplicações semânticas.

Web Semântica: A Internet do Futuro é uma contribuição muito bem-vinda para as publicações da área. Este livro oferece um tratamento extenso e compreensivo da Web Semântica e das novas tecnologias necessárias para compreender e implementá-la, e será de grande valor não só para aqueles interessados, mas também para aqueles que praticam e desenvolvem para a Web Semântica. A experiência prática da Dra. Breitman e o seu *background* de pesquisa se combinam para fazer deste volume um livro para se ter e estudar.

Walt Truszkowski
NASA - Goddard Space Flight Center
USA

Prólogo

Atualmente, a maior parte dos recursos primários presentes na Web está em linguagem natural, de modo que só podem ser interpretados por seres humanos. Deparamo-nos com essa situação diariamente, quando realizamos buscas na Web e somos forçados a "filtrar" informações que, mesmo dentro dos critérios de busca solicitados, pertencem a diferentes contextos. Um exemplo simples é fazer uma pesquisa sobre árvores – carvalhos. O resultado dessa busca, além de páginas referentes a esse tipo de árvore, também traz pessoas cujo sobrenome é Carvalho, empresas de guindastes e escritórios de advocacia.

Tim Berners-Lee, aclamado como criador da Internet, aposta no aparecimento de uma Web Semântica no futuro próximo. Nessa Web, a informação estaria disponível para o consumo humano, mas também seria formatada de modo a permitir o processamento automático das fontes de informação por parte de computadores. A seguir reproduzimos a definição de Web Semântica:

> *"A Web Semântica é uma EXTENSÃO da Web atual, na qual é dada à informação um SIGNIFICADO bem definido, permitindo que computadores e pessoas trabalhem em cooperação."* Berners-Lee, Hendler e Lassila

A Web Semântica vai permitir que os computadores sejam capazes de interpretar e processar essas informações, estimadas na casa de bilhões de páginas. De modo similar a um mecanismo de biblioteca, que indexa os livros por assunto, a Web semântica vai classificar as páginas segundo uma taxonomia de assuntos. De forma a viabilizar essa situação, será necessário combinar recursos primários (páginas da Web) com recursos que indiquem de que se trata (metadados). Esse conceito de metadado, que está presente nas fichas de cadastro de livros em uma biblioteca, por exemplo, é definido como:

> *"Metadados são dados sobre dados. O termo se refere a qualquer dado que possa ser utilizado na ajuda da identificação e localização de recursos eletrônicos dispostos em uma rede."*

Metadados em formato padronizado podem ser entendidos por softwares e pessoas. Vários padrões foram propostos ao longo dos últimos dez anos. A comunidade de Web Semântica aposta na utilização de ontologias, que fornecem uma *língua franca* na qual máquinas possam interagir de modo significativo. Acredita-se que, em um futuro muito próximo, todo negócio na rede terá de fornecer a semântica de suas páginas através de uma ontologia.[1] Escrevendo uma nova ontologia ou reutilizando partes de ontologias existentes, o fato é que essa tarefa deve ser simples o suficiente para permitir que pessoas que não são especialistas no desenvolvimento de ontologias possam realizá-la.

---

[1] Amazon.com e Google são exemplos.

xii Prólogo

Neste livro vamos abordar os parâmetros sob os quais vai se basear essa Web do Futuro. Introduzimos conceitos fundamentais que, desde Aristóteles, apóiam a classificação do conhecimento e o papel de ontologias para organizar informação. Abordaremos os padrões de linguagem (evolução do atual HTML) que estão sendo propostos para a construção de ontologias e apresentaremos uma estratégia simples, que vai permitir que o leitor construa suas próprias ontologias. Apresentamos algumas das ferramentas que estão sendo disponibilizadas para a edição e a visualização de ontologias Web, e listamos vários recursos existentes que podem ser reutilizados de modo a agilizar essa tarefa. Finalmente, apresentamos alguns Web Services que já estão utilizando recursos da Web Semântica.

Quem deve ler este livro?

Este livro é direcionado a todos aqueles que querem entender melhor a proposta da Web Semântica e fazer uso dessa nova tecnologia para marcar semanticamente suas páginas e aplicativos Web. O objetivo deste livro é explicitar as tecnologias que você pode usar para criar uma nova Internet, mais conveniente para seus usuários do que a Web atual. Este livro é dedicado a programadores (apesar de não ser um livro de programação), Web Masters e desenvolvedores interessados em fornecer algo a mais para seus clientes.

O conteúdo abordado no livro é usualmente apresentado em cursos de graduação com duração de um semestre. Todos os capítulos contêm uma lista de leituras recomendadas, que levam ao aprofundamento dos tópicos discutidos. Se o livro for utilizado na pós-graduação, sugerimos que os alunos se utilizem dessas recomendações para aprofundar sua pesquisa e, adicionalmente, da extensa lista de referências bibliográficas fornecidas ao final da obra.

Sobre os mapas

Cada capítulo do livro é iniciado por uma representação em forma de mapa. Esses mapas são os *Mind Maps*, que utilizam a técnica proposta por Tony Buzam (*The Mind Map Book: How to use radiant thinking to maximize your brain's untapped potential*). Utilizamos esses mapas para evidenciar os pontos essenciais de cada capítulo, e explicitamos os relacionamentos entre eles. Cada mapa é representado por um tópico central e suas ramificações, obtidas a partir do processo de associações de idéias. Esses mapas vêm sendo largamente utilizados pelo nosso grupo, tanto em pesquisa quanto em consultoria. A utilização de tais mapas como resumo de capítulos foi inspirada na mesma utilização feita por Thomas Passin em seu livro de semântica.

Organização

O livro está dividido em cinco partes, onde abordamos os tópicos de maior relevância ligados ao tema da Web Semântica. De maneira geral, podemos dividir o material em dois enfoques: Descritivo e Prescritivo. Sob o enfoque descritivo, nosso objetivo é apresentar os fundamentos da área. As partes I, II e IV representam essa visão.

Sob o enfoque prescritivo, nosso objetivo é preparar os leitores para construir ontologias, de modo que possam adicionar conteúdo semântico a suas páginas e aplicativos. Apresentamos diversos exemplos e o tutorial completo da elaboração da Ontologia de Pizzas, considerado o tutorial mais utilizado no treinamento de desenvolvimento de ontologias no mundo todo. Esse exemplo foi concebido pelo grupo de pesquisa da Universidade de Manchester, liderado pelos pesquisadores Ian Horrocks e Alan Rector. No decurso da apresentação desses exemplos também mostramos os conceitos básicos de utilização dos editores de ontologia, OilEd e Protégé2000. As partes III e V representam essa visão.

Linguagem utilizada

Tentamos, sempre que possível, oferecer versões em português dos conceitos apresentados. Alguns termos, no entanto, já estão incorporados ao nosso idioma e foram mantidos no original. Esse é o caso dos termos Web e Internet, que são utilizados no original através do texto. Outros termos, cuja tradução para o português existe mas não foi adotada pela comunidade técnico-científica, também foram mantidos no original. Esse é o caso do termo "sítio", que foi mantido no seu original, *site*. Finalmente, as figuras são todas apresentadas em português (traduzidas, portanto), exceto telas de programas ou *sites* da Internet, que são exibidos em sua forma original.

Sumário

Prólogo xi

PARTE 1 - INTRODUÇÃO

CAPÍTULO *1* - Bola de Cristal – Web Semântica: O Futuro da Internet 1

1.1 Web Sintática × Web Semântica 2
1.2 Como Vai Funcionar? 4
1.3 O que É a Web Semântica? 5
1.4 O que a Web Semântica Não É? 9
1.5 Quem Vai se Beneficiar? 10
1.6 Qual Será o Efeito Colateral da Web Semântica? 12
Leitura Recomendada 13

PARTE 2 - INTEROPERABILIDADE SEMÂNTICA: ONTOLOGIAS

CAPÍTULO *2* - Metadados: Como Organizar? 15

2.1 Definição 16
2.2 Dublin Core 18
2.3 Framework de Warwick 19
2.4 Resource Description Framework – RDF 20
2.5 Críticas ao Modelo de Metadados de Web Semântica por Cory Doctorow 26
Leitura Recomendada 28

CAPÍTULO *3* - Quem Já Fez? Ontologias e Ciências da Computação 29

3.1 Definições 30
3.2 Classificações 32
3.3 Requisitos para uma Linguagem de Ontologia para a Web Semântica 40
3.4 Ontologia, Categorias e Inteligência 42
Leitura Recomendada 44

CAPÍTULO *4* - Como Representar: Linguagens para Representação de Ontologias 47

4.1 RDF e RDF-Schema 50
4.2 SHOE 54

xvi Sumário

4.3   OIL 55
4.4   DAML 56
4.5   DAML + OIL 57
4.6   OWL 59
Leitura Recomendada 65

PARTE 3 - CONSTRUÇÃO DE ONTOLOGIAS PARA A WEB SEMÂNTICA

CAPÍTULO 5 - Por Onde Começar? – Metodologias para a Construção de Ontologias: Arte ou Engenharia? 67

5.1   Processo Proposto pelo Método Cyc 68
5.2   Metodologia Proposta por Uschold 69
5.3   Metodologia do Projeto TOVE 71
5.4   Methontology 72
5.5   Método Utilizado pelo Projeto KACTUS 74
5.6   Métodos Simplificados 75
Leitura Recomendada 79

CAPÍTULO 6 - Reinventar a Roda? – Outras Ontologias 81

6.1   Ontologias de Topo 82
6.2   Ontologias de Domínio 90
6.3   Bibliotecas de Ontologias 95
Leitura Recomendada 97

PARTE 4 - CONSTRUINDO SUAS PRÓPRIAS ONTOLOGIAS

CAPÍTULO 7 - Mão na Massa: 99

7.1   Introdução 100
7.2   Fase I: Construção do Léxico 101
7.3   Fase II: Mapeamento Léxico – Ontologia 109
7.4   Fase III: Construção da Hierarquia de Classes 120
Leitura Recomendada 122

CAPÍTULO 8 - Construção de Ontologias com Exemplos 125

8.1   Introdução 126
8.2   Classes 126
8.3   Propriedades 133
8.4   Restrições 135
8.5   Indivíduos 137
8.6   Classes Primitivas e Definidas 137
Leitura Recomendada 140

Sumário **xvii**

Parte 5 - RECURSOS WEB

Capítulo 9 - Web Services 141

9.1 Elementos Básicos de um Web Service 143
9.2 Potenciais Conseqüências da Adoção Dessa Tecnologia 147
9.3 Especificações de Web Services 147
9.4 Segurança de Web Services 148
9.5 Críticas 149
9.6 Web Services Semânticos 150
Leitura Recomendada 152

Capítulo 10 - Quem Fica Responsável? Agentes de Software 153

10.1 Agentes de Software 154
10.2 Tipos de Agentes 155
10.3 TAO 156
10.4 Agentes na Web Semântica 158
10.5 Comunicação entre Agentes de Software 159
10.6 CATO – cato.les.inf.puc-rio.br 162
10.7 Sites de Interesse 164
Leitura Recomendada 164

Capítulo 11 - Quem Ajuda? Ferramentas 167

11.1 C&L
http://sl.les.inf.puc-rio.br/cel/ 168
11.2 OilEd
http://oiled.man.ac.uk/ 171
11.3 Protégé2000
http://protege.stanford.edu/ 175
11.4 Editor de Metadados – DC.dot
http://www.ukoln.ac.uk/metadata/dcdot/ 176
11.5 Outras Ferramentas 178
Leitura Recomendada 181

Referências Bibliográficas 183

Índice 189

WEB SEMÂNTICA

A INTERNET DO FUTURO

CAPÍTULO **1**

Bola de Cristal – Web Semântica: O Futuro da Internet

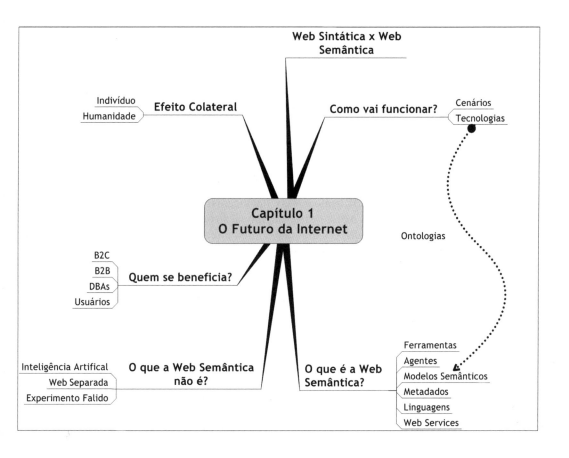

2 Capítulo Um

No início, as páginas da Internet eram desenvolvidas por programadores de software. Como essas páginas ofereciam uma maneira simples de compartilhar informações, logo tornaram-se populares entre programadores e engenheiros de software do mundo todo. Em breve, apareceram ferramentas que permitiam que usuários não familiarizados com linguagens de programação também pudessem criar suas próprias páginas. As páginas resultantes desse processo continham, tipicamente, informação direcionada para leitores humanos (em vez de programas ou máquinas).

A Web continua a crescer em ritmo assustador, estima-se que já ultrapassamos oito bilhões de páginas. No entanto, grande parte das páginas disponíveis na Web ainda mantém muito de sua característica inicial, ou seja, são direcionadas para outras pessoas e não para serem processadas por programas de software. Computadores são utilizados meramente para **mostrar** a informação na tela, ou seja, decodificar as marcações de cores, posição e links, codificadas através das linguagens HTML ou XML. Essas linguagens, também chamadas de linguagens de marcação, servem para codificar informação sobre:

- Renderização (tamanho de fonte, cor, posição na tela...) ou
- Hiperlinks para outras páginas ou recursos na Web (arquivos multimídia, texto, endereços de correio eletrônico...)

Desta forma, mecanismos de busca do tipo Google e AltaVista ainda necessitam da intervenção humana para que se possa identificar as respostas que realmente atendem a nossas demandas. Alguns *sites* de busca têm utilizado artifícios para melhorar essa situação, tais como o mecanismo de indexação do Google, mas a grande verdade é que achar informação na Internet não é tão simples quanto gostaríamos.

1.1 Web Sintática × Web Semântica

A Internet atual pode ser definida como a Web Sintática. Nela os computadores fazem apenas a apresentação da informação, porém o processo de interpretação fica a cabo dos seres humanos mesmo. Claro que o processo de interpretação é muito mais difícil e requer um grande esforço para avaliar, classificar e selecionar a informação de interesse. A questão é: por que os computadores não podem realizar esse trabalho para nós?

Uma das razões reside no fato de que as páginas da Internet não contêm informações sobre si mesmas, ou seja, que tipo de conteúdo está descrito e a que assunto(s) a página se refere. Podemos fazer uma analogia com uma biblioteca, onde os livros em vez de serem organizados por assunto estivessem todos misturados. Todas as vezes que quiséssemos recuperar um livro faríamos uma busca com palavras que aparecessem em seu título ou fossem relacionadas ao assunto do livro em si. Imagine uma situação em que eu quisesse aumentar meus conhecimentos sobre o protocolo TCP/IP. Eu procuraria por um livro na área de redes. Se utilizasse apenas a palavra-chave *rede*, teria como resposta livros de informática, mas também livros sobre redes telefônicas, redes de transmissão elétrica e até mesmo redes típicas do artesanato nordestino. Caberia a mim, usuária da biblioteca, identificar os livros que atendem aos critérios da minha busca.

Esta é a situação que estamos vivenciando atualmente na Web (Sintática) atual. Podemos enumerar os maiores problemas que temos com os atuais mecanismos de busca na Internet, através de ferramentas do tipo Yahoo e Google, por exemplo, como se segue:

- Grande número de páginas encontradas, porém com pouca precisão – mesmo se todas as páginas relevantes para minha busca sobre o padrão TCP/IP fossem recuperadas através da minha

busca, o resultado teria pouca utilidade se outras 39.857 páginas de interesse médio ou pouco relevantes fizessem parte do resultado.
- Resultados são muito sensíveis ao vocabulário – em determinados casos, até a ordem em que as palavras são digitadas tem impacto nos resultados. Muitas vezes os documentos relevantes utilizam uma terminologia diferente da nossa. Pode ser que em nosso exemplo as palavras-chave "padrões" ou "DHCP" obtivessem resultados mais interessantes do que TCP/IP.
- Resultados são páginas individuais – em muitos casos temos um grande número de páginas no resultado que pertencem a um mesmo *site*. Seria mais interessante ter algum tipo de organização geográfica dos resultados. Da mesma forma, se precisarmos de informações que estão espalhadas em vários documentos às vezes é necessário realizar mais uma busca, de modo a determinar o conjunto dos documentos relevantes. Ao final temos de extrair manualmente as porções desses documentos que são de interesse.

A grande verdade é que a Internet se desenvolveu mais rapidamente como um meio para a troca de documentos entre **pessoas**, em vez de um meio que fomentasse a troca de dados e informações que pudessem ser **processadas automaticamente**. Como conseqüência, o conteúdo semântico das páginas, ou seja, seu significado, é codificado de uma maneira acessível para seres humanos apenas. Nas Figuras 1.1 e 1.2 mostramos como nós e os computadores vemos o conteúdo da Web.

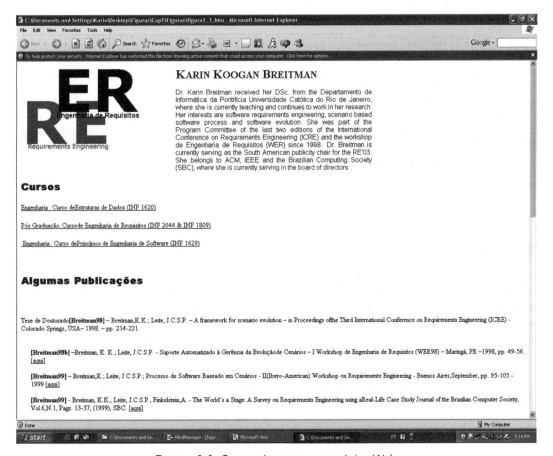

FIGURA 1.1 Como nós vemos uma página Web.

4 Capítulo Um

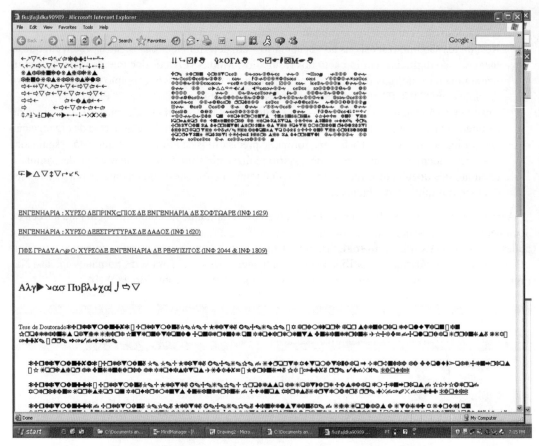

FIGURA 1.2 Como os computadores vêem esta mesma página.

É necessário adicionar **semântica** a essas páginas !!!

1.2 Como Vai Funcionar?

Em 2001, Tim Berners Lee, James Hendler e Ora Lassila publicaram um artigo revolucionário na revista *Scientific American*, intitulado: *The Semantic Web: a new form of Web content that is meaningful to computers will unleash a revolution of new possibilities* (Web Semântica: um novo formato de conteúdo para a Web que tem significado para computadores vai iniciar uma revolução de novas possibilidades).

Neste artigo os autores apresentam cenários futuros, onde a Web Semântica tem um papel fundamental em facilitar tarefas do cotidiano de duas pessoas. Reproduzimos esses cenários a seguir:

Cenário 1

Lucy precisa marcar uma consulta médica com um ortopedista e uma série de sessões de fisioterapia para sua mãe. Como ela vai ter de levar sua mãe às consultas, é necessário que estas sejam marcadas em um horário em que Lucy esteja livre, de preferência em um local perto da casa de sua mãe. Tanto o médico quanto os fisioterapeutas devem ser qualificados e fazer parte do plano de saúde da família. Lucy vai utilizar seu agente, que funciona na Web Semântica, para achar a melhor solução.

Lucy requisita a marcação da consulta ao agente:

1. O agente recupera o tratamento prescrito à mãe de Lucy do agente do médico que está cuidando dela.
2. O agente procura em várias listas de provedores de serviços médicos.
3. O agente verifica aqueles que fazem parte do plano de saúde da mãe de Lucy, que ficam dentro de um raio de dois quilômetros de sua casa e estão classificados como bons profissionais em um serviço de classificação de profissionais da saúde.
4. O agente então tenta achar casamentos entre os horários disponíveis da agenda de Lucy e os horários vagos dos profissionais (disponibilizados através de seus agentes ou *site* na Web).

Cenário 2

Peter, o irmão de Lucy, atende o telefone. Imediatamente o estéreo abaixa o volume. Em vez de ter que programar cada um dos eletrodomésticos (TV, computador, vídeo, DVD, babá eletrônica, entre outros), ele poderia programar uma única função que fizesse com que qualquer dispositivo com um controle de volume abaixasse seu volume ao toque do telefone.
- No caso deste cenário (proposto em 2001, lembre-se) já está se desenvolvendo um padrão para funcionalidades oferecidas por eletrônicos (como, por exemplo, o tamanho da tela) e preferências do usuário com base em tecnologias da Web Semântica.
- Esse padrão está sendo construído em RDF, padrão recomendado pela W3C para registro de metadados na Web Semântica, e se chama Compo*site* Capability/Preference Profile (CC/PP).
- Inicialmente ele vai ser utilizado junto a telefones celulares e outros clientes Web para descrever características, de modo que o conteúdo da Web possa ser customizado em tempo de execução.
- Com a versatilidade oferecida por linguagens de manipulação de ontologias, espera-se que eletrônicos passem a ser capazes de empregar serviços e outros eletrônicos de modo a adicionar sua funcionalidade.

1.3 O Que É a Web Semântica?

De modo a organizar a informação na Internet, pesquisadores de inteligência artificial vêm propondo uma série de modelos. A idéia central é categorizar a informação de maneira padronizada, facilitando seu acesso. Essa idéia é semelhante à solução utilizada para a classificação de seres vivos. Os biólogos utilizam-se de uma taxonomia bem definida, adotada e compartilhada pela maior parte dos pesquisadores do mundo. Existem vários esforços no sentido de se criar um modelo estruturado para a organização da informação da Internet.

No entanto, acredita-se que o maior fator do sucesso e do crescimento da Internet seja a liberdade que fornece a seus usuários. Em um mesmo ambiente temos *sites* sofisticados, construídos com a ajuda de especialistas, cuja informação serve como referência para empresas de todo o país, coabitando com páginas pessoais, construídas por leigos e que contêm informações triviais sobre seus autores, familiares e bichos de estimação. É muito difícil imaginar que nesse ambiente quase anárquico possa prevalecer um único modelo de organização.

Da mesma forma que a Web atual, a Web Semântica deve ser o mais descentralizada possível, afirma Tim Berners Lee. No entanto, o fato de não haver um controle centralizado requer vários compromissos, o maior deles o de desistir do ideal de consistência entre todas as conexões. James Hendler, pesquisador da Universidade de Maryland e precursor da Web Semântica, acredita que no futuro, em vez da adoção de um modelo único de organização de informação, teremos uma série de modelos de organização em paralelo. A previsão de Hendler é de que qualquer empresa, universidade ou organização na Web do futuro terá seu modelo próprio de organização.

Como será efetivamente construída essa Web Semântica, ninguém tem certeza. A "futurologia" varia de autor para autor. No entanto, alguns temas estão presentes em todas as discussões. Ilustramos os mais importantes na Figura 1.3, a seguir:

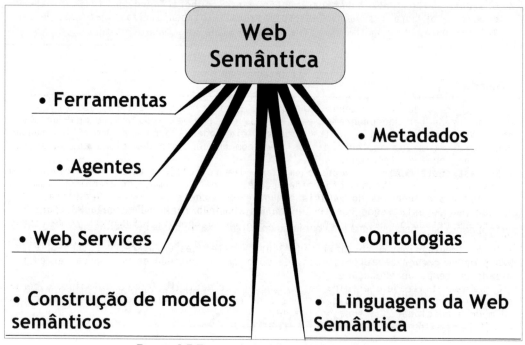

FIGURA 1.3 Temas relacionados à Web Semântica.

1.3.1 Metadados

Metadados são dados sobre dados. Servem para indexar páginas e *sites* na Web Semântica, permitindo que outros computadores saibam de que assuntos eles tratam.

A organização do conhecimento é um problema muito antigo, que já preocupava filósofos da Antiguidade. Aristóteles, com seu sistema de categorias, forneceu a primeira solução conhecida para esse problema. Ele propôs que o conhecimento poderia ser organizado sob categorias organizadas em supertipos (*genus*) e subtipos (*species*).

Na Tabela 1.1 ilustramos as categorias propostas por Aristóteles. A utilização de metadados no contexto global da Web, no entanto, traz uma nova problemática que antes não existia, pois a maioria dos sistemas que se utilizava em metadados estava limitada a um número pequeno de instituições (bibliotecas e museus, por exemplo) que tipicamente utilizavam metadados para catalogar uma lista de objetos relacionados (publicações, obras de arte, entre outras). Na Web Semântica desejamos catalogar um número exponencialmente maior de recursos, distribuídos no mundo todo, registrados em diversas línguas e por diferentes grupos.

No Capítulo 2, Como organizar?, discutimos metadados e apresentamos as representações mais influentes para a Web Semântica.

TABELA 1.1 Categorias de Aristóteles	
Substância	Um gato.
Qualidade	O gato é preto.
Quantidade	O gato tem 50 cm de comprimento.
Relação	O gato tem um quarto do tamanho de um dálmata.
Onde	O gato está em casa.
Quando	O gato saiu ontem.
Posição	O gato está sentado.
Possuir	O gato tem uma coleira.
Ação	O gato está correndo.

1.3.2 Ontologias

Ontologias são *especificações formais e explícitas de conceitualizações compartilhadas*. Ontologias são modelos conceituais que capturam e explicitam o vocabulário utilizado nas aplicações semânticas. Servem como base para garantir uma comunicação livre de ambigüidades. Ontologias serão a *língua franca* da Web Semântica. No Capítulo 3, Quem já fez?, discutimos ontologias, suas origens, formalismos, tipos e elementos básicos.

No Capítulo 5, Reinventar a Roda?, apresentamos e discutimos as ontologias "mais famosas".

1.3.3 Linguagens da Web Semântica

O objetivo da Web Semântica é permitir que as máquinas façam o processamento que atualmente, na Web Sintática, tem de ser realizado por seres humanos. Para tanto é necessário disponibilizar linguagens de codificação que permitam a publicação de ontologias em um formato que capacite os computadores a processar sua informação automaticamente

No Capítulo 4, Como representar?, apresentamos um pequeno histórico e introduzimos as principais linguagens para a codificação de ontologias.

1.3.4 Construção de Modelos Semânticos

Jim Hendler, da Universidade de Maryland e um dos precursores da Web Semântica, acredita que no futuro cada *site* e aplicação na Internet vão contar com sua própria ontologia de termos. Existirá, portanto, "um grande número de pequenos componentes ontológicos que serão compostos, em grande parte, por ponteiros uns para os outros". Traçando um paralelo com os primórdios da própria Internet, Hendler acredita que o desenvolvimento de ontologias vai se dar da mesma forma em que se deu o desenvolvimento das páginas da Internet: de modo **anárquico** e **descentralizado**. O resultado será um grande número de ontologias, construídas e mantidas por pessoas, entidades ou instituições independentes. Com o crescente número de livros, cursos universitários e tutoriais oferecidos na área de Web Semântica, acredita-se que desenvolver ontologias hoje não é mais difícil do que desenvolver uma página HTML há dez anos.

O Capítulo 5, Por onde começar?, apresenta as principais metodologias para o desenvolvimento de ontologias. No Capítulo 7, Mão na Massa, apresentamos uma metodologia e vários exemplos de construção de ontologias. Através desses exemplos iremos discutir e apresentar todos os elementos necessários para que os leitores possam desenvolver suas próprias ontologias para a Web Semântica.

1.3.5 Web Services

Cada vez mais estamos utilizando a Internet para realizar ações como, por exemplo, a compra e venda de produtos e reservas em hotéis ou companhias aéreas, e não apenas obter informações. Na visão da Web Semântica, os serviços providos na Internet do futuro poderão ser grandemente expandidos e melhorados se for adicionada semântica aos presentes recursos. Computadores serão capazes de marcar consultas médicas sincronizando-as com os horários disponíveis em nossas agendas pessoais, descobrir novos fornecedores para produtos que consumimos regularmente e fazer reservas para viagens comerciais, entre outras coisas.

No Capítulo 8, Colocando em prática, apresentamos uma introdução à Web Services com ênfase nas contribuições de serviços semânticos.

1.3.6 Agentes

Agentes são definidos como programas de software autônomos que agem em benefício de seus usuários. Um agente pessoal na Web Semântica, segundo Grigoris Antoniou e Frank Harmelen, vai receber algumas tarefas e preferências de um usuário, procurar informação nos recursos disponibilizados pela Internet, se comunicar com outros agentes, e comparar informações relativas às tarefas que deve desempenhar, de modo a fornecer respostas adequadas ao usuário.

Claro que os agentes de software não vão substituir as pessoas na Web Semântica, eles não tomarão decisões. Seu papel será de reunir, organizar, selecionar e apresentar informações a um usuário humano, que tomará suas decisões. Os agentes farão uso da tecnologia discutida neste livro, como, por exemplo, metadados e ontologias. Apresentamos os agentes da Web Semântica no Capítulo 9.

1.3.7 Ferramentas

Como, então, vamos construir essa Web Semântica? Que ferramentas estão disponíveis? De que ferramentas vamos precisar? Existe uma arquitetura para os aplicativos? Padrões? Visualizadores?

No Capítulo 10 apresentamos algumas das opções de ferramentas para edição, visualização e verificação de consistência para modelos de ontologia.

1.4 O Que a Web Semântica Não É?

A Web Semântica NÃO é Inteligência Artificial

O conceito de documentos compreensíveis por máquinas não implica uma inteligência artificial mágica que faz com que os computadores passem a entender o que os seres humanos falam. Esse conceito apenas indica que computadores passarão a ter a habilidade de resolver problemas bem definidos através do processamento de operações que se utilizam de dados. Em vez de querer que computadores "entendam" a linguagem das pessoas, pedimos que as pessoas é que façam o esforço extra (codificando a informação em representações passíveis de processamento automático, ontologias, por exemplo).

Realmente, a maioria das técnicas necessárias para a construção da Web Semântica vem da área da Inteligência Artificial (IA). Dada a história de insucessos da IA, uma preocupação seria se a Web Semântica não estaria no mesmo caminho. Segundo Antoniou e Harmelen, essa preocupação é totalmente infundada. A realização da Web Semântica não depende de inteligência superior, no nível da inteligência humana, que era a promessa dos pesquisadores de IA 20 anos atrás.

No caso da Web Semântica, soluções parciais serão satisfatórias. Pode ser que um agente de software não chegue nem perto das conclusões a que um ser humano chegaria, mas ainda assim este agente pode contribuir para uma Internet muito superior à que temos hoje em dia. Os autores resumem esse pensamento na frase a seguir:

Se o objetivo da IA é construir um agente de software que mostre inteligência no nível humano (e superior), o objetivo da Web Semântica é auxiliar humanos a realizarem suas tarefas diárias na rede. [Antoniou e Harmelen]

A Web Semântica NÃO é uma Web separada

A Web Semântica não é uma Web separada, e sim uma extensão da Web (Sintática) atual. Nessa nova Web a informação vai ter significado bem definido através de linguagens de marcação semântica. Essas linguagens, RDF e ontologias, serão acrescentadas às páginas atuais em uma arquitetura proposta por Tim Berners Lee. Esta arquitetura, também chamada de "bolo de noiva", está explicada em detalhes no Capítulo 3 deste livro.

A Web Semântica NÃO vai exigir que todas as aplicações utilizem expressões complexas

Apesar de a linguagem-padrão recomendada para a Web Semântica permitir a expressão de sentenças muito complexas, isto é, sentenças que utilizem conectivos lógicos, disjunção, inversão e axiomas, entre outros, não será exigido que todas as aplicações utilizem a marcação semântica em seu potencial total. Acredita-se que para a maioria dos aplicativos os padrões OWL-DL, e até mesmo o OWL Lite, sejam expressivos o suficiente. A maior parte das aplicações que gerarem RDF vão, na prática, ser limitadas a produzir expressões simplificadas (e computáveis) do tipo controle de acesso, preferências relativas à privacidade da informação e critérios de busca.

A Web Semântica NÃO é uma reprise de um experimento falido

Uma outra questão levantada é o relacionamento com sistemas de representação do conhecimento. Já não tentamos tudo isso nos projetos do KIF (Knowledge Interchange Format) e Cyc? A resposta é, de certa forma, sim, mas os objetivos eram diferentes. A visão da comunidade de Representação do Conhecimento está mais ligada à criação de modelos canônicos que poderiam ser globalmente utilizados, enquanto a Web Semântica, segundo Hendler, tem um foco em ontologias menores, também chamadas de ontologias de domínio, e no processo de integração das mesmas.

Claro que a experiência que vem sendo adquirida pela área de Representação do Conhecimento, em especial no projeto Cyc, que fornece uma ontologia de referência inestimável para reúso, não será deixada de lado na construção da Web Semântica.

1.5 Quem Vai se Beneficiar?

1.5.1 Comércio Eletrônico

1.5.1.1 Business to Consumer (B2C)

O comércio eletrônico entre vendedores e consumidores é a forma predominante de comércio na Web. Um cenário típico é a consulta de preços a diversos fornecedores. Atualmente consumidores na Internet fazem a comparação de preços através de visitas aos *sites*, e depois eles mesmos comparam os preços. É necessário levantar informações sobre preços dos produtos, frete e prazos de entrega e fazer manualmente a comparação. Esse processo, de modo geral, consome muito tempo, pois nem sempre as condições são fornecidas em uma mesma unidade de medida. Por exemplo, alguns fornecedores oferecem o preço do frete em termos do peso do pacote, enquanto outros fazem o cálculo baseado no número de itens adquiridos.

Os robôs de compra (*shopbots*) tentam realizar essas tarefas através de uma técnica chamada de "raspagem de tela": o software recupera informação através do reconhecimento de termos que aparecem regularmente nas páginas das lojas. De modo geral esses robôs só conseguem recuperar um número pequeno de dados, por exemplo, nome do CD e preço, e ignoram informações do tipo impostos e frete, que são mais difíceis de obter. Em alguns *sites* é necessário finalizar a compra para se obter uma estimativa do preço do frete. Esse tipo de robô é difícil de programar e de manter, pois ele tem de ser "reprogramado" todas as vezes que uma das lojas virtuais mudar o *layout* de suas páginas. A comparação real de preços e condições de venda somente será possível quando as lojas disponibilizarem seus catálogos de modo processável por computadores, isto é, através de ontologias que explicitem o vocabulário utilizado, relacionamentos entre produtos, preços e condições e regras. Dessa forma agentes de software vão poder fazer o mapeamento entre os diversos modelos, e espera-se que cada loja publique sua própria ontologia de produtos e serviços, de modo a fornecer um serviço realmente útil aos usuários.

A Web Semântica vai auxiliar no desenvolvimento de agentes que realmente interpretem as informações, agora disponibilizadas na forma de ontologias, fazendo com que:

- Informações sobre os produtos, preços e frete sejam extraídas corretamente, em um único formato que vai permitir que sejam comparados com os requisitos do usuário (menor prazo de entrega, menor preço total, edição especial, entre outros).
- Informações relativas à reputação do fornecedor poderão ser obtidas em outros *sites*, que fazem uma classificação independente da confiabilidade de fornecedores *on line*.
- A programação das preferências junto aos agentes pessoais será facilitada.
- Agentes sofisticados poderão comparar preços em *sites* de leilão e realizar lances em nome de seus usuários.

1.5.1.2 Business to Business (B2B)

O comércio eletrônico entre empresas é realizado através de um padrão de comunicação. Tradicionalmente tem-se utilizado o Electronic Data Interchange (EDI) ou o Electronic Data Interchange for Administration Commerce and Transport (EDIFACT). Essa tecnologia, infelizmente, tem encontrado problemas na sua adoção:

- É complicada, e só é compreendida por especialistas.
- É um padrão excessivamente procedural e complexo, fazendo com que sua programação tenha um custo muito elevado.
- É de difícil integração com outros padrões, o que a torna um padrão isolado.

A Internet parece ser o ambiente ideal para realizar transações do tipo B2B, porém os padrões atuais para esse tipo de transação deixam a desejar. O HTML é muito fraco, pois não fornece os meios necessários para representar a sintaxe e a semântica necessárias às transações. O XML foi projetado de modo a resolver esse problema, porém fornece apenas uma sintaxe para a definição da estrutura das informações. No entanto, o padrão XML não oferece meios para se descrever processos ou regras de negócio. A Web Semântica vai ter um papel importante na habilitação de transações B2B, mas, segundo Dieter Fensel, antes será necessário que:

- Sejam definidas linguagens que apresentem modelos de dados bem definidos que contenham primitivas expressivas o suficiente para definir, mapear e trocar informações relativas a produtos.
- Ontologias-padrão terão que ser desenvolvidas para dar suporte às várias áreas de negócio. Exemplos são o Rosetta Net, Open Applications Group Integration Specification (OAGIS) e Common Business Library (CBL).
- Serviços de tradução eficientes serão necessários nas áreas onde ontologias-padrão não estiverem disponíveis.

1.5.2 Gerenciamento de Conhecimento

A área de gerência de conhecimento engloba as tarefas de aquisição, disponibilização e manutenção de bases de dados. À medida que os sistemas de informação vão chegando à meia-idade surge uma nova atividade, gerência de conhecimento, necessária para dar suporte à utilização do grande corpo de dados que vem sendo gerado desde o advento da informatização das empresas. Atualmente compreende-se que grande parte dos processos e regras de negócio da empresa está embebida em código, muitas vezes legado. A maior parte dessa informação está disponível de maneira fracamente estruturada. Do ponto da vista de gerência do conhecimento, as maiores limitações desses sistemas são:

- Busca de informação – a maior parte das empresas utiliza indexação por palavras-chave para conduzir buscas a suas bases de dados.
- Extração de dados – muito tempo é perdido em tarefas ligadas à extração, à filtragem e à conversão de informação para diferentes formatos.
- Manutenção – problemas relativos a inconsistências de modelos conceituais e vocabulário fazem com que seja difícil identificar e eliminar dados obsoletos.
- Mineração de dados – muitas empresas têm recorrido a técnicas ligadas à mineração de grandes bases de dados como forma de descobrir novas informações. No entanto, essas técnicas são difíceis de serem aplicadas quando as informações estão espalhadas em vários aplicativos distribuídos e pouco estruturados.

O objetivo da Web Semântica é permitir sistemas de gerência de conhecimento muito mais avançados. Com a utilização de tecnologias tais como RDF, RDFS, Oil, OWL e lógicas de descrição, espera-se poder chegar a um nível de integração e troca de dados muito superior ao que se tem atualmente. Dessa forma:

12 Capítulo Um

- Conhecimento poderá ser organizado em espaços conceituais, de acordo com seu significado. Essa organização será assistida por máquinas que serão capazes de fazer a seleção e a filtragem da informação. Ontologias serão cruciais para essa tarefa.
- Ferramentas automatizadas vão ser responsáveis pela verificação de consistência e mineração de novas informações.
- Mecanismos de busca baseados em palavras-chave serão substituídos por *queries* sofisticadas. A informação requisitada poderá ser recuperada, extraída e apresentada de maneira amigável.

1.5.3 Usuários Finais

A Internet está ficando cada vez maior. Apesar do fato de os mecanismos de busca indexarem grande parte dos recursos estáticos da rede, muita coisa se encontra inacessível, parte dentro de Intranets proprietárias e em partes da Internet que ainda não foram indexadas. A utilização de agentes, de software programas que agem de forma independente e têm autonomia para agir em nome dos interesses de seus usuários, ainda é discreta na Web atual. Um exemplo é o *shopbot*, mencionado na seção anterior. Outros são agentes que "passeiam" na Internet procurando novas informações para indexar em mecanismos de busca. Uma das promessas da Web Semântica é viabilizar agentes pessoais que possam tomar conta de várias tarefas para seus usuários, como exemplificado nos dois cenários apresentados no início deste capítulo.

1.6 Qual Será o Efeito Colateral da Web Semântica?

Nossa discussão até agora foi centrada nos benefícios que poderiam ser obtidos se os computadores fossem capazes de "entender" as informações disponíveis na Web e, dessa forma, realizar parte do trabalho que a maior parte dos usuários vem executando manualmente. Evidente que o objetivo da Web Semântica é criar uma Web mais adequada às necessidades de seus usuários. A tecnologia está sendo disponibilizada de modo a permitir que se adicione semântica a páginas e aplicativos para realizar essa visão.

Talvez o maior benefício não seja o mais direto. Talvez o maior benefício esteja no efeito colateral que resultará ao se criarem representações de conhecimento que possam ser compartilhadas de modo global. Cada campo de conhecimento humano, até hoje, tem, em sua maior parte, utilizado modelos próprios que se acredita sejam os mais adequados para comunicar conceitos e relacionamentos ligados a suas áreas específicas de trabalho. Arquitetos utilizam plantas, engenheiros eletrônicos utilizam modelos de circuitos, programadores utilizam modelos da análise estruturada ou da orientação a objetos, pintores utilizam croquis, escultores utilizam moldes, economistas utilizam planilhas e assim sucessivamente, para quase todas as áreas de conhecimento humano. Sempre foi assim porque coordenar a atividade de grupos menores é mais fácil, inovações são mais rápidas e mais simples de serem implementadas. Esse fato, porém, privilegia pequenos grupos, com culturas próprias (comunidades), cujos conceitos podem não ser entendidos por seus vizinhos. Tomemos como exemplo as comunidades dentro da própria área de Ciência da Computação. O conceito de ontologia tem um significado para os pesquisadores de Inteligência Artificial que é completamente distinto da conceitualização utilizada pela comunidade de Web Semântica (essas diferenças estão explicadas em detalhe no Capítulo 3).

A coordenação das diversas comunidades ou subculturas, segundo Berners-Lee, é "dolorosamente lenta e requer muita comunicação". Claro que uma linguagem comum é essencial para esse processo. Talvez a Web Semântica seja capaz de fornecer essa linguagem. Segundo Berners-Lee, Hendler e Lassila, se conseguirmos projetar essa futura Web Semântica poderemos ajudar na evolução do conhecimento humano como um todo.

Leitura Recomendada

[Berners-Lee01] BERNERS-LEE, T.; Lassila, O. Hendler, J. **The Semantic Web.** *Scientific American*, 284 (5): 34-43, 2001. Disponível em http://www.scientificamerican.com/2001/0501issue/0501berners-lee.html

[Fensel03] FENSEL, D.; Hendles, J.; Lieberman, H.; Wahlster, W. **Introduction to Spinning the Semantic Web: Bringing the World Wide Web to its full potential.** eds. Dieter Fensel, James Hendler, Henry Lieberman e Wolfgang Wahlster. MIT Press, 2003. pp.1-25

[Hendler01] HENDLER, J. **Agents and the Semantic Web – IEEE Intelligent Systems.** March/April, 2001. pp. 30-37.

[Davies03] DAVIES, J., Fensel, D.; Hamellen, F.V., eds. – **Towards the Semantic Web: Ontology Driven Knowledge Management.** Wiley and Sons, 2003.

[Passin04] PASSIN Thomas B. **The Semantic Web.** Manning Publications, 2004.

[Bush45] BUSH, Vannevar. **As We May Think.** Atlantic Monthly. Volume 176 Nº 1. July, 1945. pp. 101-108.

[Sowa00] SOWA, J. F. **Knowledge Representation: Logical, Philosophical and Computational Foundations.** Brooks/Cole Books, Pacific Grove, CA, 2000.

[Sowa] SOWA, J. F. **Principles of Ontology** John Sowa. Disponível em: http://www-ksl.stanford.edu/onto-std/mailarchive/0136.html

[Suchman87] SUCHMAN, L. **Plans and Situated Actions: the problem of human machine communication.** Cambridge University Press, 1987.

CAPÍTULO 2

Metadados: Como Organizar?

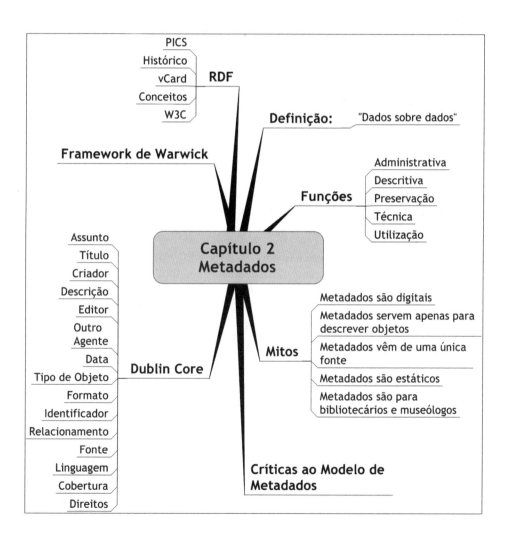

16 Capítulo Dois

Atualmente existe uma quantidade enorme de informação disponível na Internet. Para muitos usuários, a maior vantagem da rede é o número de serviços que podem ser acessados de suas casas e escritórios. A Internet de hoje dá acesso a informações financeiras, consultas a grandes bases de dados, compra e venda de ações, livros, eletrodomésticos, leilões, informações meteorológicas e reservas de passagens e hotéis, entre muitas outras opções. As possibilidades parecem infinitas, mas a tecnologia deixa a desejar em um ponto crucial – falta informação sobre a informação. Uma busca por *sites* para reserva de hotéis, por exemplo, traz como resultado, além dos *sites* desejados, uma série de "lixos", que não interessam ao usuário que deseja realmente fazer uma reserva. Para melhorar essa situação é preciso indexar os recursos da Internet; em outras palavras, acrescentar elementos que informem que tipo de informação ou serviço é fornecido por aquelas páginas. O que é preciso são Metadados.

2.1 Definição

Metadados são dados sobre dados. São informações sobre um documento: data, autor, editora, etc. A International Federation of Library Associations (IFLA) define metadados da seguinte forma:

"Metadados são dados sobre dados. O termo se refere a qualquer informação utilizada para a identificação, descrição e localização de recursos."

O consórcio W3 (W3C – World Web Consortium) tem uma visão mais voltada para a Web semântica. Metadados são definidos como *"informações para a Web que podem ser compreendidas por máquinas".*

Essa definição é muito restrita, pois limita o escopo dos metadados a um ambiente eletrônico, baseado na Internet. Na realidade, podemos aplicar o termo a qualquer descrição. Dessa forma o tradicional cartão de biblioteca é uma forma de metadado, da mesma forma que qualquer item de um catálogo é representado por um código de produto.

Na Tabela 2.1, a seguir, apresentamos a categorização dos diversos tipos de metadados e suas funções proposta por Anne Gilliland-Swetland, do departamento de Bibliotecas e Ciência da Informação da Universidade da Califórnia, Los Angeles (UCLA).

Apesar de não existir uma definição universal para o termo metadado, o tema ainda está aberto a discussões nas várias comunidades onde ele é utilizado. No entanto, é importante notar que a utilização de metadados não é novidade nem foi introduzida por pesquisadores da Web Semântica, pois se trata de um conceito que vem sendo aplicado há centenas de anos por bibliotecários, museólogos, arquivistas e editores. Uma das conseqüências mais interessantes da adoção de metadados no contexto da Web Semântica é a de que a disciplina de Catalogação, antes percebida como algo arcano, praticado apenas por curadores de museus ou bibliotecários, passou atualmente para o primeiro plano da pesquisa em Ciência da Informação.

Claro que muito da experiência advinda desses "arcanos da informação", como são chamados esses especialistas pelo responsável pelo portal de informação e mídia do Instituto de Arte e Design de Surrey, Tony Gill, foi incorporado pela proposta da Web Semântica, porém esta apresenta novos desafios. A utilização global de metadados faz com que a adoção de vocabulários controlados, deixada de lado durante décadas por catalogadores, seja fundamental para garantir a comunicação entre diversas aplicações. Segundo o autor, novas ferramentas e habilidades serão necessárias para implementar a utilização de metadados na escala desejada. É importante, portanto, desmistificar alguns aspectos relativos ao conceito e à utilização de metadados:

TABELA 2.1 Tipos e Funções de Metadados [Gilliland-Swetland]		
Tipo	**Definição**	**Exemplos**
Administrativo	Metadados utilizados na gerência e na administração de recursos de informação	Aquisição de informação Registro de direitos e reprodução Documentação dos requisitos legais de acesso Informação de localização Critérios de seleção para a digitalização Controle de versão
Descritivo	Metadados utilizados para descrever e identificar recursos de informação	Registros de catalogação Auxílio para a procura de informação Indexes especializados Utilização de hiperlinks entre recursos Anotações
Preservação	Metadados relacionados ao gerenciamento dos recursos de informação	Documentação sobre a condição física dos recursos Documentação sobre as ações tomadas de modo a preservar as versões físicas e digitais dos recursos, e.g., atualização e migração
Técnica	Metadados relacionados a funcionalidades do sistema e como seus metadados se comportam	Documentação sobre hardware e software Informação relativa à digitação, e.g., formatos, compressão, rotinas de escalonamento Registro do tempo de resposta do sistema Autenticação de dados, e.g., senhas e criptografia
Utilização	Metadados relacionados ao nível e ao tipo de utilização dos recursos	Registro de exibição Registro do uso e dos usuários dos recursos Reutilização do conteúdo e informação relativa a multiversionamento

1. *Metadados não precisam ser necessariamente digitais* – profissionais de museologia, arqueologia e biblioteconomia têm utilizado metadados há muito tempo para gerenciar suas coleções.
2. *Metadados vão além de fornecer dados sobre um objeto* – embora estejamos mais familiarizados com a utilização de metadados na classificação e na catalogação de objetos (quem não procurou um livro em uma biblioteca?), metadados são largamente utilizados para processamento e na preservação de objetos (veja Tabela 2.1).
3. *Metadados podem ser obtidos a partir de uma variedade de fontes* – podem ser fornecidos por seres humanos, extraídos de grandes bases de dados ou obtidos automaticamente. Um grande projeto na Internet hoje são os portais de informação autogenerativos, capazes de atualizar suas informações de forma automática.
4. *Metadados evoluem durante a vida útil do sistema de informação ou objeto a que se referem* – metadados são criados, modificados e até mesmo descartados durante a vida útil do recurso a que se referem.

Nas próximas seções apresentamos os formatos para captura de metadados que tiveram maior impacto para a Web Semântica. Iremos apresentar o Dublin Core, a Framework de Warwick e o RDF. No entanto, não iremos abordar outras representações, tais como o MARC (MAchine-Readable-Cataloguing), REACH (Record Export for Art and Cultural Heritage), TEI (Text Encoding Initiative), SOIF (Summary Object Interchange Format) e CDWA (Categories for Describing Works of Art), pois estão menos relacionadas com o tema central deste livro.

18 Capítulo Dois

2.2 Dublin Core

Em outubro de 1994, durante uma das primeiras conferências sobre a Web, foi apontada a necessidade de uma semântica para descrever recursos disponibilizados na Internet. Do ponto de vista de um bibliotecário, seria suficiente criar um tipo de "cartão virtual" para os recursos disponibilizados na Internet. Essa informação serviria para ajudar as pessoas a descrever seu material de modo a auxiliar os navegadores a encontrar o que estivessem procurando.

Porque essa iniciativa surgiu durante um *workshop* em Dublin, Ohio, a representação proposta ficou conhecida como Dublin Core. Desde aquele *workshop* tem havido um crescente interesse em elementos que pudessem servir para descrever recursos e que fossem fáceis de criar e de entender. O maior apelo desse padrão é fornecer um conjunto simplificado de elementos que pode ser utilizado na descrição de recursos em áreas multidisciplinares. O Dublin Core rapidamente se tornou padrão para metadados; atualmente é um padrão ANSI (ANSI/NISO Z39.85) e norma ISO (ISO Standard 15836-2003 – fevereiro de 2003).

Os elementos que compõem o padrão Dublin Core são:

- Assunto (*subject*):   o tópico abordado pelo trabalho
- Título (*title*):   nome do objeto
- Criador (*creator*):   pessoa(s) responsável(eis) pelo conteúdo intelectual do objeto
- Descrição (*description*):   descrição do conteúdo do objeto
- Editor (*publisher*):   agente ou agência responsável por disponibilizar o objeto
- Outro agente (*contributor*):   pessoa(s) que fez (fizeram) contribuições significativas para o objeto

- Data (*date*):   data de publicação
- Tipo de Objeto (*type*):   gênero do objeto, se ficção, novela, poema ou dicionário
- Formato (*format*):   manifestação física do objeto. Exemplos são arquivos executáveis, do tipo texto ou PDF

- Identificador (identifier):   cadeia ou número utilizado para identificar unicamente aquele objeto

- Relacionamento (*relation*):   relacionamento com outros objetos
- Fonte (*source*):   outros objetos, eletrônicos ou físicos, dos quais este foi derivado (caso seja aplicável)

- Linguagem (*language*):   linguagem do conteúdo intelectual
- Cobertura (*coverage*):   localizações espaciais e durações temporais características do objeto

- Direitos (*rights*):   informação sobre os direitos acerca do objeto

Os usuários desse padrão se organizaram em uma iniciativa, o Dublin Core Metadata Initiative (DCMI – www.dublincore.org). Essa organização é dedicada à disseminação e à adoção de padrões de metadados e ao desenvolvimento de vocabulários especializados para a descrição de recursos, de modo a viabilizar sistemas mais inteligentes de recuperação de informação.

O Dublin Core é um padrão bastante simples, como pode ser observado a partir do grupo básico de elementos que o compõem. Sua simplicidade é, ao mesmo tempo, um ponto forte, pois permite a disseminação e a utilização em larga escala, e sua maior fraqueza, pois não acomoda uma semântica mais expressiva. No fundo o padrão Dublin Core fez a opção pela facilidade (visibilidade) sobre o poder de expressão.

2.3 Framework de Warwick

Um ano após a realização do *workshop* de Dublin, realizou-se um outro evento onde foi proposto um novo padrão para metadados, a Framework de Warwick. Esse padrão surgiu da necessidade de ampliar o Dublin Core, considerado muito simples, pois só disponibiliza um formato para descrição de recursos. Foi identificada a necessidade de acomodar outros tipos de metadados, tais como termos, condições e responsabilidades. Foi então criada uma nova arquitetura, baseada no conceito de um *container*, que agrega vários tipos de metadados em pacotes separados. Nesta arquitetura o Dublin Core é apenas um dos pacotes. A Figura 2.1 ilustra a arquitetura da Framework de Warwick.

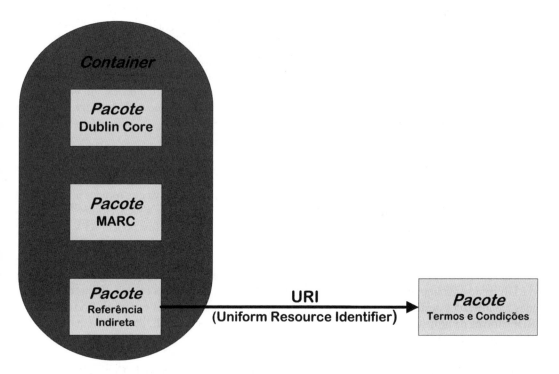

Figura 2.1 Framework de Warwick – o container e seus vários pacotes.

Os descritores básicos do Dublin Core não foram modificados pela Framework de Warwick; o padrão ficou inalterado. Foram apenas adicionados novos elementos:

- Descrições específicas do domínio do documento (objeto)
- Termos e condições de uso do documento
- Rótulos e gradação do documento
- Informações de segurança, autenticidade, assinaturas
- Origem do fornecedor
- Conjunto de *containers* para documentos compostos e ponteiros para todas as manifestações, instâncias ou versões do documento
- Responsável por armazenar o documento, além do,
- Conjunto de descritores do Dublin Core do documento

Não é necessário que todos esses elementos estejam presentes na descrição do documento. O pacote deve minimamente conter os descritores básicos do Dublin Core. O *container* (que engloba todos os elementos presentes) deve ser passível de ser criptografado, compactado e endereçado. Os pacotes devem estar disponibilizados para acesso público. No nível do site, espera-se que alguns pacotes representem um grande número de documentos; por exemplo, o pacote que expressa as políticas de venda e troca de mercadorias em um site comercial é compartilhado por todas as páginas de produtos comercializados pelo site. Serviços de busca, catálogos e mediadores devem ser os maiores usuários desses *containers* de metadados.

Apesar de possuir uma arquitetura bem definida, a Framework de Warwick deixa em aberto algumas questões. A primeira é a independência de sintaxe. Cada um dos pacotes pode utilizar uma sintaxe diferente. Apesar de aumentar a flexibilidade do modelo, não garante que dois pacotes poderão trocar dados entre si. Um outro problema é sobre a semântica utilizada. Nada no framework proposto garante que dois conjuntos de metadados possam estar utilizando um conceito com significados diferentes ou dois conceitos com um mesmo significado. De modo a tratar essas dificuldades, um novo padrão surgiu, o RDF – Resource Description Framework. Dessa forma, o Framework de Warwick não foi realmente adotado pela comunidade.

2.4 Resource Description Framework – RDF

O Resource Description Framework (RDF) é uma linguagem declarativa que fornece uma maneira padronizada de utilizar o XML para representar metadados no formato de sentenças sobre propriedades e relacionamentos entre itens na *Web*. Esses itens, chamados de recursos, podem ser virtualmente qualquer objeto (texto, figura, vídeo e outros), desde que possuam um endereço Web.

Uma das maiores influências do RDF veio da comunidade de bibliotecas digitais. Podemos entender o RDF como uma implementação do Framework de Warwick, com soluções para alguns dos problemas identificados neste último. A questão da superposição semântica, por exemplo, é resolvida pelo RDF através da utilização da marcação de *namespace* provida pelo XML, garantindo que para cada termo teremos apenas uma definição.

Outra grande influência do RDF veio da comunidade de Representação do Conhecimento (KR – knowledge representation). Esses pesquisadores estão estudando maneiras de representar conhecimento sob um formato que permita às máquinas processá-lo. O RDF foi projetado de modo a representar metadados de recursos Web de maneira legível e, sobretudo, processável por máquinas.

2.4.1 PICS

A história do RDF começou em 1995, quando o W3C definiu o Platform for Internet Content Selection (PICS) como um meio de acalmar vários setores da sociedade preocupados com o livre acesso de crianças e adolescentes a conteúdo indesejado na Internet. O PICS consiste em um conjunto de especificações que permite que as pessoas distribuam metadados sobre o conteúdo de material digital no formato de etiquetas (*labels*). A informação passa a ser "etiquetada" e processada por computadores que podem filtrá-la (ou até mesmo vetá-la) de acordo com preferências especificadas pelos usuários.

O PICS é um mecanismo para comunicar a classificação de páginas da Internet de um servidor para um cliente, um exemplo clássico de aplicação de metadados. A classificação é comunicada através das etiquetas que contêm informações sobre a classificação do conteúdo das páginas. O PICS não contém um conjunto de critérios prefixado como, por exemplo, nudez, violência, terrorismo, entre outros. As etiquetas são neutras e seu significado é atribuído na base de dados que fica no servidor. Em vez de apenas censurar as páginas da Internet, como foi a sugestão inicial dos pais e entidades interessadas, o PICS dá as condições para que os usuários façam esse controle e tomem suas próprias decisões sobre que tipo de informações deve ser recebido pelos seus browsers.

A idéia era de que diferentes organizações tivessem seus próprios sistemas de classificação e que os usuários filtrassem o conteúdo que eles julgassem não adequado para suas famílias. Porque as etiquetas são neutras (por exemplo, "Ti2WCVF78FYji8"), elas podem ser interpretadas diferentemente, dependendo do provedor. No exemplo anterior, a etiqueta Ti2WCVF78FYji8 pode ser interpretada como "cenas com conteúdo sexual" por um provedor, enquanto outro pode interpretá-la como "reprodução de felinos".

O PICS tem grandes problemas, sendo o maior deles o de depender da classificação realizada por entidades externas. Como resposta, o W3C decidiu propor uma nova linguagem que desse conta da necessidade de metadados de outras comunidades, também. Assim surgiu o RDF. O PICS ainda é uma recomendação, disponibilizada através do W3C. A documentação técnica consiste em:

- PICS Label Distribution Label Syntax and Communication Protocols
- PICS Rating Services and Rating Systems Recommendation
- PICS Rules Recommendation (para especificar perfis para os filtros de informação)
- PICS Signed Labels Recommendation.

2.4.2 RDF e Processamento Automático da Informação

Um dos objetivos do RDF é tornar a semântica de recursos Web acessível a máquinas. Apesar de a informação na Web poder ser lida automaticamente, sua semântica não é definida. O RDF vai acrescentar metainformação a esses recursos, de modo a possibilitar às máquinas lidarem com eles de modo inteligente. Descrições RDF foram projetadas para fornecer informações aos computadores e não aparecerem na tela.

Alguns exemplos de utilização de descrições RDF:

- Descrever propriedades para itens de compra, tais como preço e disponibilidade
- Descrever cronogramas para eventos na Web
- Descrever informações sobre páginas Web, tais como data de criação, título e autor
- Descrever conteúdo e classificação de figuras
- Descrever conteúdo para máquinas de busca
- Descrever bibliotecas eletrônicas

O RDF utiliza uma URI (Uniform Resource Identifier) para identificar um recurso Web e **propriedades** para descrever esse recurso. No exemplo a seguir:

```
<?xml version="1.0"?>
<rdf:RDF
xmlns:rdf="http://www.w3.org/1999/02/22-rdf-syntax-ns#"
xmlns:dc="http://purl.org/dc/elements/1.1/">
<rdf:Description
 rdf:about="http://www.inf.puc-rio.br/~karin/index.html">
```

```
<dc:creator>Karin Breitman</dc:creator>
<dc:title> Home Page da Profa. Karin </dc:title>
<dc:date>4 de Outubro, 2004</dc:date>
</rdf:Description>
</rdf:RDF>
```

- http://www.inf.puc-rio.br/~karin/index.html é um **recurso**
  Um recurso pode ser qualquer coisa, desde que possua uma URI.
- o elemento <creator> é uma **propriedade**
  Uma propriedade é um recurso que possui um nome e pode ser utilizado para caracterizar um outro recurso, como, por exemplo, criador e título. Na maior parte das vezes o que nos interessa é o nome dessa propriedade (não o endereço), mas uma propriedade tem de ser um recurso (ou seja, tem de ter endereço).
- a cadeia de caracteres "Karin Breitman" é o **valor**
  Um objeto é o único elemento em RDF que pode ser um recurso (descrito através de sua URI) ou um literal, valor numérico ou cadeia de caracteres ("Karin Breitman", por exemplo).

Em RDF escrevemos frases do tipo Recurso + Propriedade + Valor. Essas partes podem ser compreendidas como o sujeito, o predicado e o objeto de uma sentença, respectivamente. Dessa forma, em RDF a informação é representada simplesmente por uma coleção de frases, todas com formato idêntico, isto é, sujeito, predicado e objeto. Podemos representar o código desse exemplo em uma tabela com três colunas dessa forma:

Sujeito (recurso)	Predicado (propriedade)	Objeto (valor)
http://www.inf.puc-rio.br/~karin/index.html	http://purl.org/dc/elements/1.1/**creator**	"Karin Breitman"
http://www.inf.puc-rio.br/~karin/index.html	http://purl.org/dc/elements/1.1/**title**	"Home Page da Profa. Karin"
http://www.inf.puc-rio.br/~karin/index.html	http://purl.org/dc/elements/1.1/**date**	"4 de Outubro, 2004"

Ou graficamente:

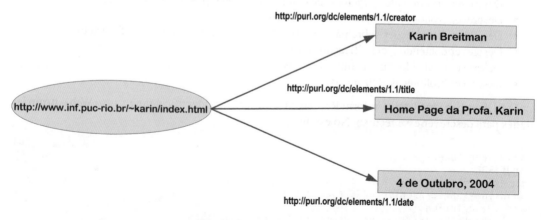

FIGURA 2.2 Exemplo de RDF.

Como você deve ter notado no exemplo, o RDF se parece muito com XML. Na verdade, o RDF é escrito em XML mesmo, utilizando uma linguagem chamada XML/RDF. Esse fato facilita a troca de informações entre máquinas que utilizam aplicativos ou até mesmo sistemas operacionais diferentes. A arquitetura proposta por Tim Berners Lee para a Web Semântica é toda baseada na sobreposição de camadas em cima de uma base XML. A idéia é que cada camada que se coloque forneça um pouco mais de expressividade. No entanto, todas as representações se baseiam no XML, garantindo que mesmo que a máquina que esteja processando o arquivo não esteja preparada para "entender" as camadas superiores (RDF, OWL) ela consegue minimamente processar a porção XML do arquivo.

O RDF tornou-se um padrão recomendado pelo W3C em fevereiro de 2004. Uma recomendação do W3C é entendida pela indústria e pela comunidade como um padrão para a Internet.

CONCEITOS BÁSICOS

A seguir vamos introduzir os conceitos básicos de RDF. Utilizaremos o exemplo de uma loja de CDs, que tem seus produtos listados por nome do artista, título do CD, gravadora, país e preço. A tabela a seguir ilustra essas informações:

Artista	Título	Gravadora	País	Preço
Marcelo D2	Acústico MTV	Sony	Brasil	R$ 26,50
Pearl Jam	Live at Benaroya Hall - DUPLO	BMG	EUA	R$ 27,90
Adriana Calcanhoto	Adriana Partimpim	BMG	Brasil	R$ 32,00

O arquivo RDF correspondente é o seguinte:

```
1: <?xml version="1.0"?>
2: <rdf:RDF
3: xmlns:rdf="http://www.w3.org/1999/02/22-rdf-syntax-ns#"
   xmlns:cd="http://www.inf.puc-rio.br/~karin/vocabulario/loja_de_disco/#">
5:
6: <rdf:Description
7:   rdf:about="http://www.submarino.com.br/cds_top10.asp">
8:     <cd:titulo> <rdf:Description
9:   rdf:about="http://www.submarino.com.br/#Acustico
       MTV"></rdf:Description></cd:titulo>
10: </rdf:Description>
11:
12: <rdf:Description
13:   rdf:about="http://www.submarino.com.br/#Acustico MTV">
14:     <cd:artista>Marcelo D2</cd:artista>
15:     <cd:gravadora>Sony</cd:gravadora>
16:     <cd:pais>Brasil</cd:pais>
17:     <cd:preco>R$ 26,50</cd:preco>
18: </rdf:Description>
19:
20: <rdf:Description
21:   rdf:about="http://www.submarino.com.br/cds_top10.asp">
22:     <cd:titulo> <rdf:Description
23:   rdf:about="http://www.submarino.com.br/#Live at Benaroya Hall -
```

24 Capítulo Dois

```
         DUPLO"></rdf:Description></cd:titulo>
24:  </rdf:Description>
25:
26:  <rdf:Description
27:   rdf:about="http://www.submarino.com.br/#Live at Benaroya Hall -
     DUPLO">
28:     <cd:artista>Pearl Jam</cd:artista>
29:     <cd:gravadora>BMG</cd:gravadora>
30:     <cd:pais>EUA</cd:pais>
31:     <cd:preco>R$ 27,90</cd:preco>
32:  </rdf:Description>
33:
34:  <rdf:Description
35:   rdf:about="http://www.submarino.com.br/cds_top10.asp">
36:     <cd:titulo>
37:       <rdf:Description
38:          rdf:about="http://www.submarino.com.br/#Adriana Partimpim ">
39:            </rdf:Description>
40:     </cd:titulo>
41:  </rdf:Description>
42:
43:  <rdf:Description
44:   rdf:about="http://www.submarino.com.br/#Adriana Partimpim ">
45:     <cd:artista> Adriana Calcanhoto</cd:artista>
46:     <cd:gravadora>BMG</cd:gravadora>
47:     <cd:pais>Brasil</cd:pais>
48:     <cd:preco>R$ 32,00</cd:preco>
49:  </rdf:Description>
50:  </rdf:RDF>
```

A primeira linha do código 1: é a declaração XML, que diz qual versão XML está sendo utilizada, no caso a versão 1.0.

O elemento `rdf:RDF` (que tem o terminador `/rdf:RDF`) indica que o conteúdo é RDF.

O elemento `xmlns:rdf` indica o namespace do próprio RDF, ou seja, todos os elementos que começam com o prefixo `rdf:` estão localizados dentro de um único arquivo, que contém a especificação do vocabulário de RDF. Chamamos de vocabulário o documento que contém a descrição de cada um dos termos utilizados na confecção do documento RDF. Existem vocabulários genéricos, por exemplo, o conhecido "vocabulário RDF" que descreve termos utilizados pela própria linguagem, tais como description, label, literal, range, comment, subClassOf, subPropertyOf. A lista contendo o vocabulário RDF está publicada no documento RDF Vocabulary Description Language, disponível no site do W3C.

No caso do exemplo esse arquivo é `http://www.w3.org/1999/02/22-rdf-syntax-ns#` (este é o arquivo oficial de sintaxe de RDF. Ao escrever seu documento RDF você deve apontar para esse endereço).

Também temos vocabulários criados pelos próprios autores. No nosso exemplo apontamos para um documento que contém o vocabulário relativo à loja de disco: `http://www.inf.puc-rio.br/~karin/vocabulario/loja_de_disco`. Nesse documento estão descritos os termos que utilizamos para descrever os recursos, propriedades e valores do domínio de lojas de discos. Exemplos são título, gravadora e preço. Para evitar ter de repetir o endereço do vocabulário todas as vezes que fizermos menção a um de seus termos, criamos um namespace para ele. No exemplo foi criado o namespace **xmlns:cd**. As etiquetas do tipo cd: ... substituem a menção ao endereço completo. No exemplo anterior, o vocabulá-

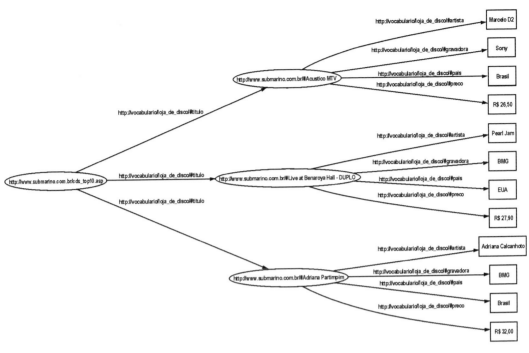

FIGURA 2.3 Grafo RDF do exemplo da loja de discos.

rio utilizado, cujo namespace é xmlns:dc="http://purl.org/dc/elements/1.1/", aponta para um vocabulário conhecido, o Dublin Core.

O elemento rdf:Description (e sua terminação /rdf:Description) contém a descrição do recurso identificado através do atributo rdf:about.

O elemento cd:titulo descreve uma propriedade do recurso. O mesmo é verdadeiro para os elementos cd:gravadora, cd:pais, cd:preco. Esse exemplo é ilustrado na Figura 2.3.

2.4.3 vCards em RDF

Há alguns anos algumas empresas se juntaram e definiram um padrão para cartões de visita eletrônicos que ficou conhecido como vCards. Esse padrão foi acatado pelo International Mail Consortium e padronizado como um tipo MIME. Um vCard consiste em uma série de tipos que descrevem os atributos que se deseja colocar em um cartão de visita. Entre eles estão primeiro nome, cargo, telefone, endereço, CEP, entre outros. Um vCard pode ser escrito em RDF, desde que se utilize o *namespace* disponibilizado em: http://imc.org/vCard3/3.0#.

O vCard é também um formato para metadados muito difundido. Vários outros modelos, não necessariamente cartões de visita, se utilizam do *namespace* e de definições dessa representação, pois ela fornece uma maneira padronizada e largamente utilizada para representar informações sobre contatos de outras pessoas. Um outro modelo também muito utilizado para o mesmo propósito é oferecido pela representação FOAF (friend of a friend). Essa representação será apresentada no Capítulo 6.

2.5 Críticas ao Modelo de Metadados de Web Semântica por Cory Doctorow

O modelo de Web Semântica fortemente baseado na utilização de metadados, proposto por Tim Berners Lee, tem sofrido algumas críticas. Nesta seção resumiremos algumas delas. Grande parte destas críticas vem sendo veiculada através de um documento chamado *metacrap*, que circula e está disponibilizado em vários sites da Web.

Os maiores problemas apontados pelos críticos na adoção de metadados para a indexação de páginas da Internet estão ilustrados na Figura 2.4 e discutidos a seguir.

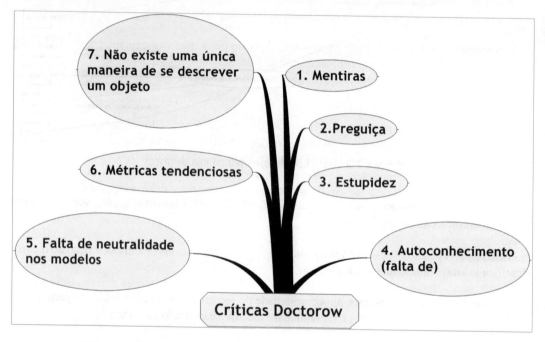

FIGURA 2.4 Críticas ao modelo de metadados proposto para a Web Semântica.

Mentiras Não se pode contar que as páginas que estão disponibilizando seus dados de modo semântico o estejam fazendo de maneira 100% honesta. Vivemos em um mundo competitivo, e é de se esperar que alguns sites "melhorem" suas descrições ou até mesmo mintam para que sejam incluídos em determinadas buscas. Esse fato pode ser comprovado pela evidência de que (1) para qualquer busca nos mecanismos mais comuns de busca da Internet, tipo Altavista ou Google, pelo menos um em dez sites contém pornografia; (2) sempre recebemos uma quantidade enorme de SPAM com dizeres do tipo "mensagem importante", "urgente", entre outros; (3) todo documento de lançamento de qualquer produto contém uma quantidade enorme de chamarizes (*buzzwords*) que não agregam nenhum significado.

Preguiça O modelo baseado em metadados leva em conta que os usuários e donos de páginas vão se dar ao trabalho de indexar suas informações no momento em que entenderem a importância de metadados. A questão é: o que fazer com aqueles usuários que nem mesmo colocam o assunto em suas mensagens de correio eletrônico? E com a metade das páginas do Geocities que se chamam "please title this page" (por favor, atribua um título a esta página) e pessoas, que guardam os seus arquivos com nomes do tipo lixo.doc, documento.txt, entre outros?

Estupidez Mesmo frente a evidências de que existe um grande benefício em se criar e manter metadados, as pessoas vão se recusar a fazê-lo de maneira cuidadosa e adequada.

O autor cita como exemplo o site de leilão E-Bay. Nesse *site*, onde os usuários têm o maior interesse em colocar seus produtos da maneira mais correta possível, ainda se pode encontrar um grande número de entradas digitadas erradamente. Tente fazer uma busca pelo produto plam pilot, ao invés de palm pilot, e verifique a quantidade de objetos que vão aparecer.

Autoconhecimento (falta de) Parte da hipótese básica de Tim Berners Lee é de que os usuários saberão descrever suas atividades e seu domínio de modo adequado.

A experiência prática mostra que as pessoas, de modo geral, não conseguem observar de modo adequado seus próprios comportamentos. Esse fato pode ser comprovado ao se pedir uma estimativa de tempo para que um programador gere uma nova rotina ou para que um encanador conserte um vazamento.

Falta de neutralidade nos modelos A forma de organizar as categorias dos metadados já demonstra uma tendência dos usuários. Nenhum modelo é realmente isento de influências. O processo de descrição de metadados não é exceção. Espera-se que a decomposição do domínio e sua categorização sejam influenciadas pelos interesses de quem está fazendo a modelagem. O autor cita o exemplo de um fabricante de máquinas de lavar. Se ele for consciente de questões relativas ao meio ambiente ou se a vantagem competitiva oferecida por seu produto for o baixo consumo de energia, é de se esperar uma decomposição do seguinte tipo:

```
Consumo de energia:
        Consumo de água limpa:
                Tamanho:
                        Capacidade:
                            Confiabilidade:
```

Enquanto o fabricante tiver o *design* como diferença, poderíamos esperar uma decomposição assim:

```
Cor:
    Tamanho:
            Programabilidade:
                    Confiabilidade:
```

Métricas tendenciosas Evidentemente que a escolha das métricas a serem utilizadas na caracterização da informação fornecida vai sofrer a influência de quem está escolhendo o conjunto de métricas que será utilizado. Da mesma forma que no item anterior, pode-se dar preferência a aspectos que sabidamente vão ter uma pontuação maior que a de seus concorrentes, em detrimento de itens que podem não ser tão interessantes sob o ponto de vista da concorrência.

Não existe uma única maneira de se descrever um objeto É razoável que existam várias maneiras de se enxergar um objeto. A utilização de múltiplos pontos de vista é uma estratégia que tem sido largamente adotada no desenvolvimento de sistemas, de modo a se obter uma visão mais geral da aplicação.

No caso de metadados a utilização de pontos de vista não é uma opção. A modelagem da informação deve ser realizada sob um único enfoque. Claro que variações são possíveis, e deve-se esperar que os modeladores tenham o discernimento de avaliar diferentes alternativas antes de se comprometer com a visão final dos dados.

Qual a Solução? Jogar Tudo Fora? Os americanos têm uma expressão idiomática que adverte os usuários, quando não estão satisfeitos com algo, para "não jogar fora o bebê junto com a água do banho". Na essência, o que esse ditado quer dizer é que mesmo com uma série de restrições que podemos fazer ao assunto, no caso os metadados, ainda existem muitas coisas válidas (o bebê), que não devem ser jogadas fora.

Metadados são muito úteis e podem auxiliar grandemente na indexação de páginas da Web, melhorando o resultado de buscas e permitindo que parte do processamento seja realizado por computadores, em vez de seres humanos. O que este capítulo tenta mostrar é que essa solução não é a proverbial "bala de prata" que vai solucionar todos os problemas, como tem sido veiculado por vários defensores da Web semântica.

Leitura Recomendada

[Hjelm01] HJELM, H. **Creating the Semantic Web with RDF**. Wiley, 2001.

W3C – RDF Primer. Disponível em http://www.w3.org/.

Páginas do Dublin Core. http://purl.org/DC/.

[McComb04] MCCOMB, Dave. **Semantics in Business Systems: The Savvy Manager's Guide**: The discipline underlying Web Services, Business Rules and the Semantic Web. Morgan Kaufman Publishers, 2004.

[Gilliland-Swetland97] GILLILAND-SWETLAND, A. Defining Metadata. In: Metadata: Pathways to Digital Information. Murtha Baca, ed. Getty Information Institute, 1997. pp.1-8.

[Gill97] GILL, T. **Metadata and the World Wide Web**. In: Metadata: Pathways to Digital Information. Murtha Baca, ed. Getty Information Institute, 1997. pp.9-18.

[Doctorow05] DOCTOROW, C. **Metacrap: Putting the Torch to Seven Straw-Men of the Meta Utopia**. Disponível em www.well.com/~doctorow/metacrap.htm.

RLG – Research Libraries Group. http://www.rlg.org.

UKOLN – United Kingdom Office for Library and Information Networking. http://ukoln.bath.ac.uk/.

ISO – International Organization for Standardization. http://www.iso.ch/.

CAPÍTULO 3

Quem já Fez? Ontologias e Ciências da Computação

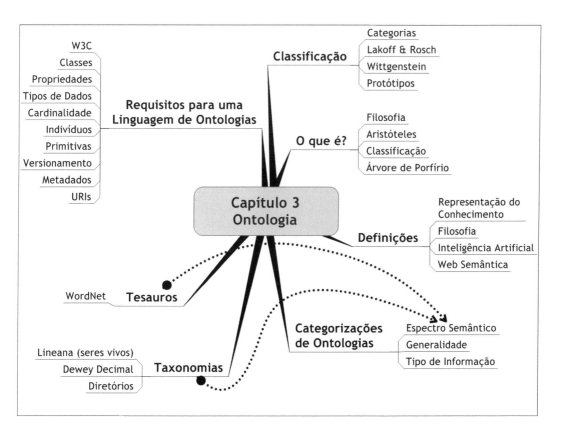

30 Capítulo Três

A palavra ontologia vem do grego *ontos* (ser) + *logos* (palavra). A definição do dicionário Merriam Webster, disponível *on line* no site www.m-w.com, é a seguinte:

1. Ramo da metafísica dedicado à natureza e aos relacionamentos do ser.
2. Teoria sobre a natureza do ser ou daqueles que existem.

Ontologia, na Filosofia, é a ciência do que é, dos tipos de estruturas dos objetos, propriedades, eventos, processos e relacionamentos em todas as áreas da realidade. A ontologia filosófica tem muitos formatos, desde a metafísica de Aristóteles à teoria-objeto de Alexius Meionong. O vocábulo ontologia foi cunhado por Rudolf Gockel, em sua obra *Lexicon Philosophicum*. A primeira ocorrência do termo ontologia em língua inglesa foi registrada pelo Oxford English Dictionary no século XVIII, o qual define ontologia como "um relato do ser no abstrato".

O vocábulo ontologia foi introduzido no estudo da Filosofia de modo a fazer uma distinção entre o estudo do ser e o estudo dos vários tipos de seres vivos existentes no mundo natural. Enquanto disciplina da área de Filosofia, o objetivo da Ontologia é o fornecimento de sistemas de categorização para organizar a realidade.

A primeira estrutura de classificação foi proposta por Aristóteles. No século III DC, Porfírio, um filósofo grego, comentou essa estrutura e criou o que é conhecido como a primeira estrutura arborescente. Esta, conhecida como "árvore de Porfírio", está ilustrada na Figura 3.1, que ilustra as categorias abaixo de substância, o supertipo mais geral do conhecimento.

3.1 Definições

A definição de ontologia encontrada mais freqüentemente na literatura da Web Semântica é a proposta por Gruber:

"Ontologia é uma especificação formal e explícita de uma conceitualização compartilhada."
[Gruber]

Aqui *conceitualização* representa um modelo abstrato de algum fenômeno que identifica os conceitos relevantes para o mesmo. *Explícita* significa que os elementos e suas restrições estão claramente definidos; *formal* significa que a ontologia deve ser passível de processamento automático, e *compartilhada* reflete a noção de que uma ontologia captura conhecimento consensual, aceito por um grupo de pessoas.

Guarino e Giaretta reuniram e publicaram as seguintes sete definições para o termo ontologia, propostas na literatura:

1. Ontologia é uma disciplina da Filosofia.
2. Ontologia é uma conceitualização informal de um sistema.
3. Ontologia é um relato semântico formal.
4. Ontologia é uma especificação de uma conceitualização.
5. Ontologia é uma representação de um sistema conceitual através de uma teoria da Lógica.
6. Ontologia é o vocabulário utilizado por uma teoria lógica.
7. Ontologia representa o metanível da especificação de uma teoria da Lógica.

O consórcio W3C define uma ontologia como "*a definição dos termos utilizados na descrição e na representação de uma área do conhecimento*".

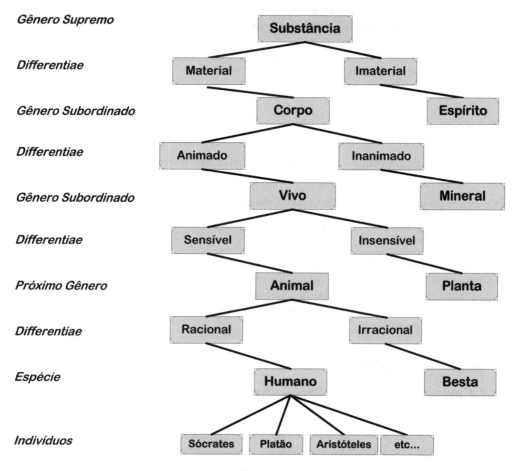

FIGURA 3.1 Árvore de Porfírio.

Como ontologias têm sido utilizadas por várias comunidades – Inteligência Artificial, Representação do Conhecimento, Processamento de Linguagem Natural, Web Semântica, Engenharia de Software, entre outras – é razoável que exista uma grande variação na definição desse artefato. Uschold e Jasper propõem uma definição mais abrangente:

"Uma ontologia pode assumir vários formatos, mas necessariamente deve incluir um vocabulário de termos e alguma especificação de seu significado. Esta deve abranger definições e uma indicação de como os conceitos estão inter-relacionados, o que resulta na estruturação do domínio e nas restrições de possíveis interpretações de seus termos."

De maneira mais sucinta, o consórcio W3C coloca que ontologias devem prover descrições para os seguintes tipos de conceito:

- Classes (ou "coisas") nos vários domínios de interesse,
- Relacionamentos entre essas "coisas",
- Propriedades (ou atributos) que essas "coisas" devem possuir.

Alexander Maedche propõe que uma ontologia pode ser descrita através de uma 5-tupla composta dos elementos primitivos de uma ontologia, i.e., *conceitos, relacionamentos, hierarquia de conceitos, função que relaciona conceitos* e *um conjunto de axiomas*. Ontologias que utilizam essa estrutura podem ser mapeadas para a maioria das linguagens para descrição de ontologias conhecidas. Os elementos são definidos como se segue:

$O := \{C, \mathcal{R}, \mathcal{H}^C, rel, \mathcal{A}^O\}$ o que consiste em:

Dois conjuntos disjuntos, C (conceitos/classes) e $\mathcal{R}$ (relacionamentos)

Uma **hierarquia de conceitos** – $\mathcal{H}^C$: $\mathcal{H}^C$ é um relacionamento direto: $\mathcal{H}^C = C \times C$ chamado hierarquia de conceitos ou taxonomia. $\mathcal{H}^C$ *(C1,C2)* significa *C1* é um subconceito de of *C2*

Uma função rel : $\mathcal{R} = C \times C$ que relaciona os conceitos de modo não-taxonômico

Um conjunto de **axiomas** $\mathcal{A}^O$, expressos em uma linguagem lógica apropriada.

Independentemente da definição escolhida, é necessário entender que ontologias têm sido utilizadas para descrever artefatos com variados graus de estruturação e diferentes propósitos. A variação vai de simples taxonomias, tais como a proposta pelo Yahoo, até representações para metadados, tais como o Dublin Core, chegando a modelos escritos em Lógica. Na próxima seção vamos analisar os vários tipos de classificação propostos para ontologias.

3.2 Classificações

3.2.1 Classificando Ontologias Segundo Seu Espectro Semântico

Diferentes classificações para ontologias foram propostas na literatura. Ora Lassila e Deborah McGuiness propõem uma classificação baseada na estrutura interna e no conteúdo das ontologias. A classificação segue uma linha em que as ontologias são dispostas desde a mais "leve" (*lightweight*) até a mais "pesada" (*heavyweight*). A classificação está ilustrada na Figura 3.2.

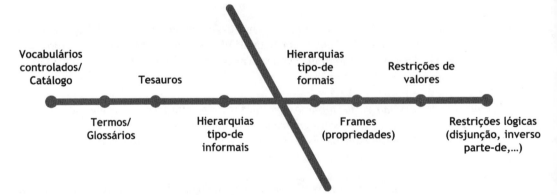

Figura 3.2 Categorização de Lassila e McGuiness.

Nessa classificação temos desde catálogos informais de termos, com definições em linguagem natural desestruturada, até ontologias com o máximo de expressividade.

Todos esses artefatos objetivam estabelecer um vocabulário compartilhado que permita a troca de informações entre grupos de trabalho ou indivíduos. A variante é o grau de formalismo e expressividade de cada representação.

- Vocabulários controlados – lista finita de termos. Um exemplo típico seria o catálogo norte-americano NAICS (North American Industry Classification System), que lista produtos e serviços oferecidos em diversas áreas, como, por exemplo, agricultura, finanças, varejo, entre muitas outras.
- Glossários – lista de termos com significados em linguagem natural. O formato de um glossário é similar ao de um dicionário, em que os termos são organizados alfabeticamente, seguidos de definições em linguagem natural. Um exemplo de glossário é o NetGlos (The Multilingual Glossary of Internet Terminology), que reúne terminologia relacionada a recursos na Internet.
- Tesauros – é uma lista de termos e suas definições que padroniza a utilização de palavras para indexação. Além das definições, um tesauro fornece relacionamentos entre os termos. Estes podem ser do tipo hierárquico, associativo e de equivalência (sinônimos). Existem vários tesauros disponíveis *on line*. Um exemplo é o *IEEE Web Thesaurus Keywords*, que contém vocabulário associado à engenharia elétrica e eletrônica, disponibilizado pelo Instituto de Engenheiros Elétricos e Eletrônicos (IEEE).
- Hierarquias tipo-de informais – hierarquias que utilizam o relacionamento de generalização (tipo-de) de maneira informal. Um exemplo é a hierarquia apresentada pelo Yahoo. Nesse tipo de hierarquia, conceitos relacionados podem ser agregados a uma categoria, mesmo que não respeitem integralmente o relacionamento de generalização. Um exemplo seriam os termos "aluguel de carro" e "hotel", que apesar de a rigor não serem "tipos-de-viagem", poderiam estar classificados sob a classe "Viagem" em uma hierarquia desse tipo.
- Hierarquias tipo-de formais – hierarquias que incluem instâncias de um domínio. Nessas hierarquias os relacionamentos de generalização são respeitados integralmente. Um exemplo é a taxonomia dos seres vivos, ilustrada na próxima seção.
- Frames – modelos que incluem classes e propriedades segundo a representação proposta por Marvin Minsky. As primitivas de um modelo de frames são classes (ou *frames*) que possuem propriedades, chamadas atributos (*slots*). Atributos não têm escopo global, se aplicam apenas nas classes para quais foram definidas. Cada frame fornece o contexto para modelar um aspecto de um domínio. Ao longo dos anos, pesquisadores vêm propondo vários refinamentos a esse modelo, que é largamente utilizado na modelagem de conhecimento.
- Ontologias que exprimem restrições de valores – ontologias que fornecem subsídios para restringir os valores assumidos pelas propriedades de suas classes. Por exemplo, o tipo de dado que pode ser encontrado na propriedade "ano de nascimento" tem de ser um número inteiro.
- Ontologias que exprimem restrições lógicas – ontologias que permitem que sejam expressas restrições em lógica de primeira ordem.

3.2.1.1 Taxonomias × Ontologias

É importante, antes de prosseguir, fazer uma distinção clara entre os conceitos de taxonomia e ontologia. Uma taxonomia é definida pelo dicionário Merriam Webster como:

O estudo dos princípios gerais de classificação científica: classificação sistemática; em particular, classificação ordenada de plantas e animais segundo relacionamentos naturais.

Uma definição ligada à utilização de taxonomias em tecnologia da informação é proposta por Michael Daconta:

(Uma taxonomia é a) Classificação de entidades de informação no formato de uma hierarquia, de acordo com relacionamentos que estabelecem com entidades do mundo real que representam.

Resumindo, uma taxonomia serve para **classificar** informação em uma **hierarquia** (árvore), utilizando o relacionamento **pai-filho** (generalização ou "tipo-de"). Um exemplo clássico de taxonomia é a classificação de humanos segundo a taxonomia lineana, ilustrada a seguir:

Reino: *Animalia*
    Filo: *Cordata*
        Subfilo: *Vertebrata*
            Classe: *Mammalia*
                Subclasse: *Theria*
                    Ordem: *Primata*
                        Subordem: *Anthropoidea*
                            Família: *Hominidae*
                              Gênero: *Homo*
                                  Espécie: *Sapiens*

FIGURA 3.3 Taxonomia lineana dos seres vivos – classificação dos humanos.

Repare que todos os termos da taxonomia estão integrados através do relacionamento de generalização, ou seja, um mamífero é um tipo de vertebrado que, por sua vez, é um tipo de cordado, que, por sua vez, é um tipo de animal. Essa taxonomia seria classificada como uma "hierarquia tipo-de formal", segundo a terminologia utilizada na seção anterior, proposta por Lassila e McGuiness. Em uma taxo-

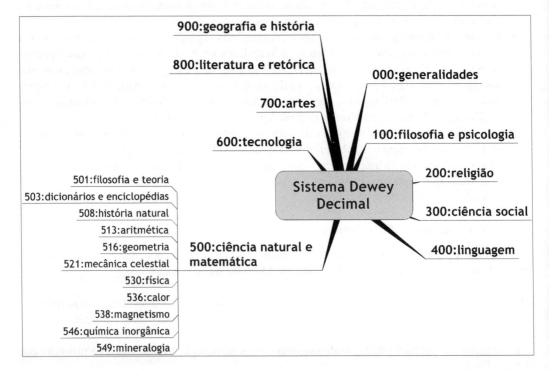

FIGURA 3.4 Taxonomia de assuntos no sistema Dewey Decimal (parcial).

nomia a generalização é o **único** tipo de relacionamento que existe entre seus termos. *Através de uma taxonomia não se pode atribuir características ou propriedades aos termos (atributos) nem exprimir outros tipos de relacionamento (parte-de, causa-efeito, localização, associação, entre outros). Para isso é necessário construir uma ontologia.*

Outro exemplo de taxonomia é o sistema Dewey Decimal de classificação de assuntos, muito utilizado na indexação de livros em bibliotecas. Ilustramos algumas das subcategorias de ciência natural e matemática na Figura 3.4.

Um terceiro exemplo de taxonomia é uma estrutura de diretórios. Como já foi visto, em uma taxonomia os itens são relacionados através de relacionamentos de especialização (pai-filho, classe-subclasse), no caso do exemplo, diretório e subdiretório. A semântica desse relacionamento é fraca, no sentido de que podemos colocar sob um diretório todos os itens que acreditamos ser subclassificações desse mesmo item. A classificação fica mesmo a critério do usuário, que decide o nível de formalidade que vai impor aos relacionamentos de generalização. Veja no exemplo da Figura 3.5 que o diretório *ontologia* possui o subdiretório linguagens (em destaque) que, por sua vez, tem os subdiretórios RDF, Oil, DAML, OWL, Protege2000 e OilEd. Na realidade, os últimos dois subdiretórios não são tipos-de-linguagem-de-ontologias, e sim ferramentas. Por afinidade foram colocados sob o diretório *linguagens*. Essa representação também é uma taxonomia, porém é semanticamente mais fraca ou, como classificada por Lassila e McGuiness na seção anterior, está entre as "hierarquias tipo-de informais".

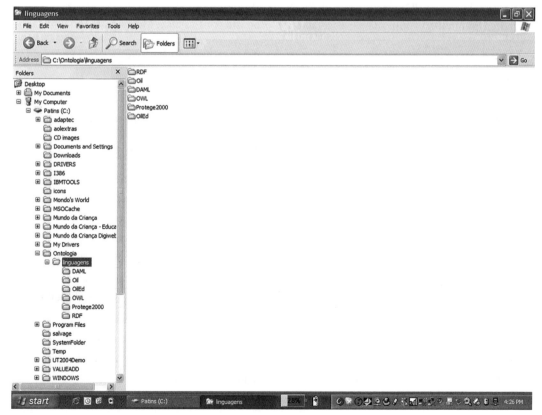

FIGURA 3.5 Estrutura de diretório como taxonomias.

3.2.1.2 Tesauros × Ontologias

Um tesauro reúne um conjunto de relacionamentos entre termos que estão organizados em uma taxonomia (que pode ou não ser semanticamente fraca). Dessa forma, podemos definir um tesauro como uma taxonomia adicionada de um conjunto de relacionamentos semânticos (equivalência, associação, entre outros) entre seus termos. Tesauros são úteis, pois podem ser utilizados por indexadores para atribuir uma terminologia consistente a várias bases de dados.

Um tesauro é definido pelo padrão ANSI/NISO Monolingual Thesaurus Standard como:

"um vocabulário controlado organizado segundo uma ordem conhecida e estruturado de modo a disponibilizar claramente os relacionamentos de equivalência, associação, hierárquicos e homônimos existentes entre termos. Esses relacionamentos devem ser evidenciados através de identificadores padronizados para os relacionamentos. (...) O objetivo básico de um tesauro é facilitar a recuperação e obter consistência na indexação de documentos escritos."

Um tesauro visa garantir que conceitos sejam descritos consistentemente, de modo a permitir que usuários possam refinar buscas e localizar a informação de que necessitam. Para facilitar essa tarefa, tesauros contam com relacionamentos adicionais que auxiliam na organização da informação. Na tabela a seguir detalhamos e exemplificamos alguns desses relacionamentos.

Note que em um tesauro os tipos de relacionamentos entre seus termos são finitos e bem definidos. Esse conjunto de relacionamentos é bem útil na criação de vocabulários, mas não é suficiente para

TABELA 3.1 Relacionamentos semânticos de um tesauro [Michael Daconta]

Relacionamento semântico	Definição	Exemplo
Sinônimo Similar a Equivalente Usado para	Um termo X tem quase o mesmo significado que o termo Y.	Relatório é um sinônimo para documento.
Homônimo Mesma grafia	O termo X tem a mesma grafia que o termo Y, porém tem significado diferente.	Um tanque, veículo militar, tem a mesma grafia de tanque, receptáculo para guardar líquidos, e tanque, lugar onde se lava roupas.
Mais amplo do que (hierarquia – pai de superclasse)	Um termo X tem significado mais amplo do que o termo Y.	Organização tem significado mais amplo do que instituição financeira.
Mais restrito (hierarquia – filho de subclasse)	Um termo X tem significado mais restrito do que o termo Y.	Instituição financeira tem significado mais limitado do que organização.
Associado Associativo Relacionado a	O termo X está associado a um termo Y, isto é, existe um relacionamento não especificado entre os dois termos.	Um prego está associado a um martelo.

modelar outros aspectos do mundo real. Muitas vezes é necessário relacionar conceitos utilizando relacionamentos do tipo parte-de, membro-conjunto, fase-processo, lugar-região, material-objeto, causa-efeito, entre muitos outros. *Um tesauro não permite a seus usuários a criação destes e novos tipos de relacionamento, para tal é necessário utilizar uma ontologia.*

Atualmente o tesauro mais utilizado na prática é o WordNet. O WordNet é um banco de dados léxico para a língua inglesa com mais de 42.000 termos. O WordNet pode ser utilizado interativamente on line, no endereço http://www.cogsci.princeton.edu/~wn/. O WordNet foi desenvolvido por especialistas em cognição. Esse projeto foi baseado em teorias psicolingüísticas sobre a memória léxica dos seres humanos.

No WordNet cada palavra é associada a uma ou várias definições, chamadas de sentidos (*senses*) das palavras. Em linguagem natural, palavras podem ser aplicadas com sentidos diferentes (veja o exemplo da palavra "tanque", na Tabela 3.1). Esse fenômeno se chama polissemia e é considerado um dos grandes entraves ao desenvolvimento de softwares que se baseiam em linguagem natural.

A seguir mostramos o resultado da busca ao termo *tank* (tanque) no WordNet.

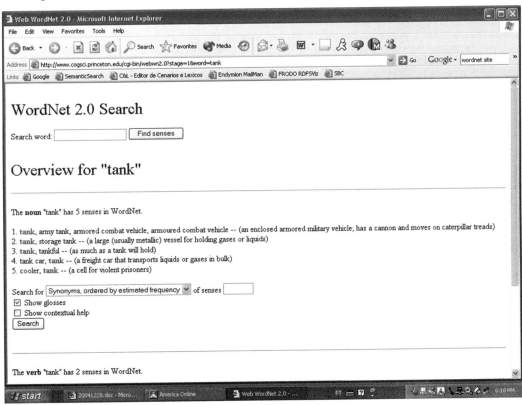

FIGURA 3.6 Resultado da busca ao termo *tank* (tanque) no WordNet.

38 Capítulo Três

Além da definição para o termo, note que o WordNet também fornece informações sobre:

- Sinônimos – nós da taxonomia que possuem o mesmo significado que o termo em questão,
- Hiperônimos – nós que mantêm relacionamentos de pai-de, superclasse, com sentido mais amplo do que o termo em questão,
- Hipônimo – nós que mantêm relacionamentos de filho-de, subclasse, com um sentido mais restrito do que o termo em questão.

No quadro a seguir mostramos o detalhamento do termo *tank* (tanque).

```
Results for "Synonyms, ordered by estimated frequency" search of noun "tank"
─────────────────────────────────────────────────────────────────────────────
Display synonyms and immediate hypernyms of synsets containing
the search string. Synsets are ordered by frequency of occurrence.

Hypernym is the generic term used to designate a whole class of
specific instances. Y is a hypernym of X if X is a (kind of) Y.

Hypernym synsets are preceded by "=>".
─────────────────────────────────────────────────────────────────────────────
5 senses of tank

Sense 1
tank, army tank, armored combat vehicle, armoured combat vehicle -- (an en
closed armored military vehicle; has a cannon and moves on caterpillar treads)
    => military vehicle -- (vehicle used by the armed forces)
    => armored vehicle, armoured vehicle --
(a vehicle that is protected by armor plate)
    => tracked vehicle -- (a self-propelled vehicle that moves on tracks)

Sense 2
tank, storage tank --
(a large (usually metallic) vessel for holding gases or liquids)
    => vessel --
(an object used as a container (especially for liquids))

Sense 3
tank, tankful -- (as much as a tank will hold)
    => containerful -- (the quantity that a container will hold)

Sense 4
tank car, tank -- (a freight car that transports liquids or gases in bulk)
    => freight car -- (a railway car that carries freight)

Sense 5
cooler, tank -- (a cell for violent prisoners)
    => cell, jail cell, prison cell -- (a room where a prisoner is kept)
```

Nas últimas duas seções fizemos uma comparação entre taxonomias e tesauros com ontologias. Essas observações foram resumidas por Deborah McGuiness. Segundo a autora, são três as propriedades essenciais de uma ontologia para a Web que as tornam mais expressivas do que taxonomias e tesauros. São elas:

- *Estrita hierarquia de subconceitos* – toda a instância de uma classe tem de ser uma instância do nó pai – **hierarquia tipo-de formal**. A organização dos termos segundo o relacionamento tipo-de (generalização) forma a espinha dorsal da ontologia.
- *Interpretação livre de ambigüidades para os significados e relacionamentos*. As propriedades de cada nó podem ser definidas pelos usuários. Essas propriedades podem ter valores restritos por

uma gama de valores determinada também pelos usuários (restrições de valor). Ontologias mais sofisticadas podem contar com relacionamentos mais expressivos, tais como **disjunção** (macho × fêmea) e **parte-de** (roda-veículo).
- *Utilização de um vocabulário controlado finito, porém extensível.*

3.2.2 Classificando Ontologias quanto à Generalidade

Outro sistema de classificação, que utiliza a generalidade da ontologia como o critério principal para a classificação, foi proposto por Nicola Guarino. Nesse sistema o autor identifica:

- *Ontologias de nível superior* – descrevem conceitos muito genéricos, tais como espaço, tempo e eventos. Estes seriam, a princípio, independentes de domínio e poderiam ser reutilizados na confecção de novas ontologias. Exemplos de ontologias de alto nível são WordNet e Cyc.
- *Ontologias de domínio* – descrevem o vocabulário relativo a um domínio específico através da especialização de conceitos presentes na ontologia de alto nível.
- *Ontologias de tarefas* – descrevem o vocabulário relativo a uma tarefa genérica ou atividade através da especialização de conceitos presentes na ontologia de alto nível.
- *Ontologias de aplicação* – são as ontologias mais específicas. Conceitos em ontologias de aplicação correspondem, de maneira geral, a papéis desempenhados por entidades do domínio no desenrolar de alguma tarefa.

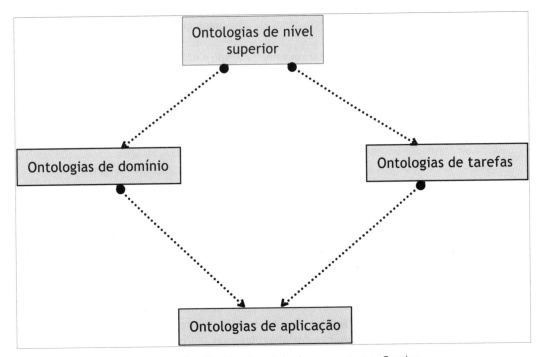

FIGURA 3.7 Classificação de ontologias proposta por Guarino.

40 Capítulo Três

3.2.3 Classificando Ontologias quanto ao Tipo de Informação que Representam

Assunción Gómez-Pérez, Mariano Fernández-López e Oscar Corcho propõem outra classificação. Nesta classificação os autores se concentram no tipo de informação a ser modelado. São identificados os seguintes tipos:

- Ontologias para representação do conhecimento – capturam primitivas de representação do conhecimento. Esse tipo de ontologia fornece as primitivas para modelagem de linguagens baseadas em frames, muito utilizadas em Inteligência Artificial, tais como classes, subclasses, atributos, valores e axiomas. Os exemplos mais representativos desse tipo de ontologia estão disponíveis no servidor Ontolingua, e são a ontologia OKBC e a Frame Ontology.
- Ontologias gerais e de uso comum – são utilizadas para representar conhecimento de senso comum que pode ser utilizado em vários domínios. Essas ontologias incluem um vocabulário relacionado a suas classes, eventos, espaço, causalidade, comportamento, entre outros. Um exemplo é a ontologia de tempo, disponível na biblioteca pública de ontologias do site daml.org, a ontologia time.daml.
- Ontologias de topo ou de nível superior (upper ontologies) – descrevem conceitos muito gerais. Existem algumas propostas para esse tipo de ontologia, entre outras estão SENSUS, Cyc e MikroKosmos. Como existem diferenças fundamentais no modo como essas ontologias organizam sua informação, o IEEE propôs a criação de um grupo de trabalho cujo foco fosse criar uma ontologia de topo padrão, a Standard Upper Ontology, ou SUO. Os resultados do grupo estão disponíveis em http://suo.ieee.org. Esse grupo propôs a ontologia de topo SUMO, que, juntamente com as ontologias Cyc, MikroKosmos e SENSUS, estão apresentadas no Capítulo 6.
- Ontologias de domínio – são ontologias que podem ter seus conceitos reutilizados dentro de um domínio específico (médico, farmacêutico, direito, financeiro, entre outros). A fronteira entre uma ontologia de topo e uma de domínio é clara. Termos de uma ontologia de domínio são obtidos através da especialização de conceitos de uma ontologia de topo. O mesmo é verdadeiro para suas propriedades.
- Ontologias de tarefas – descrevem o vocabulário ligado a uma tarefa ou atividade específica.
- Ontologias de domínio-tarefa – são ontologias de tarefas que podem ser reutilizadas em um dado domínio, porém não em domínios similares.
- Ontologias de métodos – essas ontologias fornecem definições para os conceitos e relacionamentos relevantes para um processo de modo a se atingir um objetivo.
- Ontologias de aplicação – são ontologias dependentes de uma determinada aplicação. Contêm toda a informação que se precisa para modelar o conhecimento necessário à aplicação em particular. Esse tipo de ontologia é utilizado para especializar e estender ontologias de domínio ou tarefa para uma dada aplicação.

3.3 Requisitos para uma Linguagem de Ontologia para a Web Semântica

De modo a guiar o desenvolvimento de linguagens para ontologia dentro do contexto da Web Semântica, o consórcio W3C estabeleceu os requisitos que essa linguagem deveria possuir. São eles:

Ontologias devem ser artefatos distintos
Ontologias devem ser objetos possuidores de identificadores únicos, tais como referências do tipo URI.

Termos de ontologias devem poder ser referenciados de forma não-ambígua através de URIs

Dois termos em ontologias distintas devem possuir identificadores absolutos. Deve ser possível identificá-los de forma não-ambígua através de uma referência do tipo URI.

Ontologias devem poder ser explicitamente estendidas

Ontologias devem poder ser utilizadas para estender outras ontologias, de modo a realizar o reúso de termos ao mesmo tempo em que adicionam novas classes e propriedades.

Comprometimento com uma ontologia

Recursos devem ser alocados explicitamente a ontologias, identificando de forma precisa onde estão localizadas suas definições.

Metadados relativos à ontologia

A linguagem de ontologia deve fornecer informações no formato de metadados sobre cada ontologia, tais como autor e data de publicação. A linguagem deve oferecer um conjunto-padrão de metadados, que podem ou não ser o conjunto fornecido pelo padrão Dublin Core.

Informação sobre versionamento

A linguagem deve fornecer mecanismos capazes de realizar a comparação e relacionar diferentes versões da mesma ontologia. Estas devem incluir mecanismos capazes de relacionar revisões com versões anteriores, explicitar compatibilidade reversa e a habilidade de excluir novos itens, caso estes não sejam compatíveis com versões anteriores.

Primitivas para definição de classes

A linguagem deve ser capaz de expressar definições complexas de classes da ontologia. Deve incluir, porém não está limitada a, subclasses e combinações de expressões de classe.

Primitivas para definição de propriedades

A linguagem deve ser capaz de expressar definições de propriedades. Deve incluir, porém não está limitada a, subpropriedades, restrição de domínio (domain) e escopo (range), transitividade e propriedades inversas.

Tipos de dados (datatypes)

A linguagem deve fornecer um conjunto-padrão para tipos de dados. Esses tipos podem ser baseados nos tipos de dados fornecidos pelo XML Schema.

Equivalência entre Propriedade e Classes

A linguagem deve incluir mecanismos capazes de estabelecer que duas classes ou duas propriedades são equivalentes.

Equivalência individual

A linguagem deve incluir mecanismos para estabelecer que dois identificadores representam um mesmo indivíduo. Dada a natureza distribuída da própria Web, é provável que mais de um identificador seja atribuído a um mesmo indivíduo. A utilização de uma URL padrão não resolve esse problema, pois alguns indivíduos podem possuir múltiplas URLs, tais como uma pessoa que possui uma home page pessoal e outra profissional ou múltiplos endereços de e-mail.

Nomes locais únicos

De modo geral, a linguagem não vai assumir que os nomes locais sejam únicos. Isto é, não consideramos que identificadores distintos apontem necessariamente para indivíduos distintos (vide o requisito

42 Capítulo Três

anterior). No entanto, existem casos em que é de interesse garantir que essa condição seja válida. A linguagem deve oferecer esse mecanismo.

Acrescentar informação a sentenças

A linguagem deve fornecer uma maneira de "anotar" sentenças com informações adicionais, tais como fonte, hora, nível de confiabilidade, entre outras. A linguagem não precisa fornecer um conjunto-padrão de propriedades a ser utilizado para essa função, mas prover um mecanismo que permita que usuários sejam capazes de fazê-lo.

Classes como instâncias

A linguagem deve fornecer suporte ao tratamento de classes enquanto instâncias, isto porque um mesmo conceito pode ser considerado uma classe ou um indivíduo, dependendo da perspectiva do usuário da ontologia.

Tipos complexos de dados

A linguagem deve oferecer suporte à definição e à utilização de tipos de dados complexos e/ou estruturados. Estes podem ser utilizados para especificar datas, pares de coordenadas e endereços, entre outros.

Restrições de cardinalidade

A linguagem deve oferecer suporte à especificação de restrições à cardinalidade de determinadas propriedades. Essas restrições devem ajustar os limites inferiores e superiores do número de objetos a que cada objeto pode se relacionar através dessa propriedade.

Etiquetas que possam ser visualizadas pelo usuário

A linguagem deve oferecer suporte à especificação de múltiplas opções de etiquetas (*labels*) para cada objeto da ontologia. Esse mecanismo pode ser utilizado na visualização da ontologia em diversos idiomas.

Oferecer suporte a múltiplos caracteres

A linguagem deve oferecer suporte a conjuntos de caracteres utilizados em vários idiomas.

Oferecer suporte a seqüências únicas de caracteres em Unicode

Em determinada codificação de caracteres, por exemplo, codificações baseadas em Unicode, existem alguns casos em que duas seqüências de caracteres diferentes podem parecer idênticas. Nesses casos, a expectativa dos usuários é de que essas seqüências tenham valores de comparação idênticos. Um exemplo é o caso do ç (c cedilha). O padrão recomendado pelo consórcio W3C para o tratamento desse tipo de problema é adotar a normalização para o padrão Unicode Normal Form C.

3.4 Ontologia, Categorias e Inteligência

No Capítulo 2 deixamos bem claras as diferenças entre os objetivos da inteligência artificial e a Web Semântica. A primeira objetiva a construção de agentes de software que exibam inteligência semelhante (ou superior) à dos seres humanos, enquanto o objetivo da Web Semântica é utilizar entidades que ajudem os seres humanos a tomar suas próprias decisões. O papel dos agentes de software na Web Semântica é limitado, o fato de eles serem capazes de processar a informação da Web não vai torná-los capazes de tomar decisões, mas poderá fazer grande parte do "*trabalho pesado*" para nós. Um exemplo simples é a comparação de preços. O agente de software na Web Semântica vai ser capaz de pesquisar preço, condições e prazos de entrega de um determinado produto em vários sites, organizá-los em um mesmo formato que permita sua comparação (moeda, preço do frete, entre outros) e apresentar o resultado para que seu usuário tome suas decisões.

O papel das ontologias nesse processo é explicitar o vocabulário utilizado e fornecer um padrão para o compartilhamento da informação. Ontologias na Web Semântica fornecem um modelo comum, que permite que agentes de software e aplicações possam trocar informações de modo significativo. O processo de classificação das informações contidas em uma ontologia deve levar em conta a possibilidade de automação dessa informação, e não a maneira com que nós, seres humanos, organizamos nosso conhecimento.

Ontologias não refletem a maneira com que os seres humanos pensam nem classificam. Se estivéssemos buscando um modelo que refletisse o modo como os seres humanos organizam seu conhecimento, ontologias definitivamente não seriam o modelo mais adequado.

Em ontologias, conceitos são categorizados em classes baseadas em características que eles têm em comum. A idéia de que categorias são definidas por conjuntos de propriedades forma a base do que o lingüista George Lakoff chama de "visão clássica" de categorização. Nessa visão, uma classe é definida através de uma série de propriedades. A condição básica para se pertencer a uma dada classe é possuir todas as propriedades.

Desde os tempos de Aristóteles até o começo do século passado, categorias eram tidas como abstrações em que se poderia relacionar entidades. Essas entidades pertenciam ou não a uma categoria, dependendo do número de propriedades que tivessem em comum. O conjunto de todas as propriedades era o suficiente para definir uma categoria.

No começo do século passado, o filósofo Wittgenstein derrubou a visão clássica de categorização. Nessa visão, cada categoria tem uma fronteira bem definida, portanto é possível determinar claramente se uma entidade pertence ou não a uma categoria. Da mesma forma, qualquer categoria pode ser descrita a partir de um conjunto de propriedades. Wittgenstein argumenta que alguns conceitos não se adaptam a essas definições. O exemplo que ele utiliza, que se tornou um clássico nesse tipo de discussão, é o conceito de *jogos*. Não existe nenhum conjunto de propriedades que seja compartilhado por todos os participantes dessa categoria. Alguns jogos envolvem apenas diversão, outros são competitivos, uns utilizam cartas, outros dados, alguns jogos envolvem sorte, outros estratégia, alguns jogos envolvem um jogador, outros vários jogadores. Alguns jogos são realizados dentro de casa, outros ao ar livre. As variações são inúmeras, listamos a seguir alguns exemplos de jogos, de modo a evidenciar a falta de um conjunto de propriedades que seja compartilhado por todos:

- Xadrez, Banco Imobiliário™ e *video games* envolvem competição, habilidade, estratégia e vários jogadores.
- Xadrez e pôquer envolvem competição e vários jogadores.
- Pôquer e buraco são jogos de cartas, envolvem vários jogadores.
- Paciência é um jogo de cartas e envolve apenas um jogador.
- Tênis é um jogo realizado ao ar livre, envolve competição e vários jogadores.

Wittgenstein introduziu o conceito de **semelhança familiar** (*family resemblance*). Segundo o filósofo, apesar de não existir um conjunto de propriedades que seja compartilhado por todos os jogos, existe uma série de semelhanças que fazem com que os jogos sejam identificados como tais e colocados na mesma categoria. Membros de uma família, em geral, se assemelham de várias maneiras diferentes, através de feições, trejeitos e hábitos, porém não podemos garantir que exista um conjunto de características único que seja compartilhado por todos os membros da mesma família.

44 Capítulo Três

Desde então, a visão clássica de categorização vem sofrendo várias críticas. Segundo Eleanor Rosch, pesquisadora pioneira no campo da Psicologia Cognitiva, essa visão clássica da categorização tem duas implicações básicas:

- Se categorias são definidas apenas por propriedades compartilhadas por todos os seus participantes, nenhum participante é um **melhor exemplo** de uma categoria do que outro.
- Se categorias são definidas por propriedades inerentes a seus participantes, então as categorias deveriam ser independentes de quem faz a categorização, ou seja, não devem envolver capacidades do tipo percepção, movimento, capacidade de formação de modelos e imagens mentais, capacidade de organização e de comunicação eficaz.

Rosch observou que categorias, em geral, possuem melhores exemplos (chamados protótipos) e que o processo de categorização é bastante dependente de todas as habilidades descritas acima. Se pensarmos na categoria cachorro, por exemplo, o primeiro exemplo que vem à mente das pessoas é em geral um pastor alemão, um labrador ou cocker spaniel. Apesar de os dinamarqueses e lulus da Pomerânia também pertencerem a essa categoria, dificilmente seriam esses os exemplos utilizados.

A argumentação completa a favor da teoria dos protótipos e, sobretudo, de suas implicações filosóficas foi colocada por George Lakoff no livro *Women, Fire and Dangerous things: What Categories Reveal about the Mind*, leitura fortemente recomendada.

Nossa intenção em incluir esta pequena discussão de como os seres humanos realizam o processo de categorização do seu conhecimento é mostrar o contraste que existe entre a complexidade presente nas questões levantadas por Wittgenstein, Lakoff e Rosch e o processo de categorização utilizado na construção de ontologias para a web semântica.

Ontologias no contexto da web semântica são construídas **integralmente** sob o que Lakoff classificou como visão clássica. Classes são definidas a partir de um conjunto de propriedades que representam a condição necessária de pertinência na própria classe. O conjunto de propriedades pode ser definido como necessário e suficiente, ou seja, todas as instâncias que possuem um determinado conjunto de propriedades automaticamente serão membros dessa classe.

Essa representação é muito útil na troca e no compartilhamento de informações entre agentes automatizados. No entanto, não é suficiente para modelar o processo de categorização de seres humanos. Dessa forma, ontologias servem para estruturar e compartilhar conhecimento, não para representar inteligência.

Leitura Recomendada

[Gruber] GRUBER, T.R. **What is an ontology?** Disponível em http://www.ksl.stanford.edu/kst/what-is-an-ontology.html.

[Gruber93] GRUBER, T.R. **A Translation Approach to Portable Ontology Specifications**. Knowledge Acquisition, 5: 199-220.

[Guarino98] GUARINO, N. **Formal Ontology and information systems**. *In* Proceedings of the FOIS'98 – Formal Ontology in Information Systems, Trento, 1998.

[Ushold96] USHOLD, M.; Gruninger, M. **Ontologies**: Principles, Methods and Applications. Knowledge Engineering Review, Vol. 11 No. 2, 1996. pp. 93-136.

[**Gruninger02**] GRUNINGER, M.; Lee, J. **Introduction to the Ontology Application and Design Section**. Guest editors – Communications of the ACM – February, Vol. 45, No.2 February 2002 – pp. 39-41.

[**Sowa**] _____. **Principles of Ontology.** Disponível em <http://www-ksl.stanford.edu/onto-std/mailarchive/0136.html>

[**Maedche02**] MAEDCHE, A. **Ontology Learning for the Semantic Web.** Kluwer Academic Publishers, 2002.

[**Gómez-Pérez04**] GÓMEZ-PÉREZ, A.; Fernárdez-Pérez, M.; Corcho, O. **Ontological Engineering**. Springer Verlag, 2004.

[**Breitman03**] BREITMAN, K.; Leite, J. **Ontology as a Requirement Engineering Product.** *In* 11th IEEE International Requirements Engineering Conference. 8-12 Sept. 2003, Monterey Bay, California, USA. Proceedings – 2003 pp 309-319.

[**Barbosa04**] BARBOSA, S.D.J.; Silveira, M.S.; Paula, M.G.; Breitman, K. **Supporting a Shared Understanding of Communication-Oriented Concerns in Human-Computer Interaction: a Lexicon-based Approach.** *In* R. Bastide, N. Graham, J. Röth (eds.). Proceedings The 9th IFIP Working Conference on Engineering for Human-Computer Interaction Jointly with The 11th International Workshop on Design, Specification and Verification of Interactive Systems, EHCI-DSVIS 2004, Schloss Tremsbüttel, Hamburg, Alemanha, V. 3058, p. 56-71.

[**Buranarach 01**] – BURANARACH, M. **The Foundation for Semantic Interoperability on the World Wide Web**. Doctoral thesis – Department of Information Science and Telecommunications, School of Information Sciences. University of Pittsburgh, November 8, 2001. 121pp.

[**Fensel01**] FENSEL, D. **Ontologie**: a Silver Bullet for Knowledge Management and Electronic Commerce. Springer, 2001.

[**Sowa00**] SOWA, J. F. **Knowledge Representation**: Logical, Philosophical and Computational Foundations. Brooks/Cole Books, Pacific Grove, CA, 2000.

[**Lakoff87**] LAKOFF, George. **Women, Fire and Dangerous Things** – What Categories Reveal about the Mind. Chicago University Press, 1987.

[**Minsky75**] – MINSKY, M. **A Framework for Representing Knowledge** – The Psychology of Computer Vision. Winston, P. H. ed. McGraw-Hill, New York, 1975.

[**Ontology.org**] http://www.ontology.org.

CAPÍTULO 4

Como Representar?
Linguagens para Representação de Ontologias

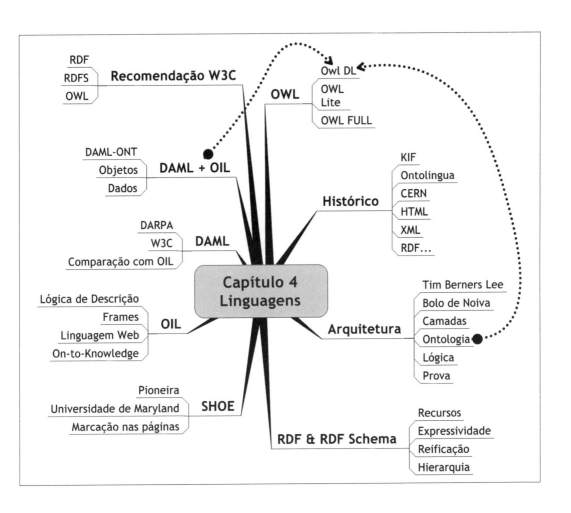

48 Capítulo Quatro

Na última década foram propostas várias linguagens para a criação de ontologias. Linguagens de representação do conhecimento, apesar de não terem sido criadas para esse propósito, também vêm sendo utilizadas na confecção de ontologias para a Web Semântica.

Na década de 1990 foi criada uma série de linguagens baseadas em princípios de inteligência artificial. A maior parte delas era baseada em lógica de primeira ordem. KIF (Knowledge Interchange Format) apareceu em 1992 como uma linguagem para facilitar o intercâmbio de informações. KIF é baseada em lógica de primeira ordem e serviu de base para a criação de uma segunda linguagem, Ontolingua, pois escrever ontologias diretamente em KIF é muito trabalhoso. Ontolingua é uma linguagem baseada em Lisp, e foi implementada como uma camada sobre a linguagem KIF. Os paradigmas de representação do conhecimento que suportam a linguagem são lógica de primeira ordem e *frames*.

O *boom* da Internet fez com que surgissem linguagens de ontologias que, ao mesmo tempo, davam suporte e exploravam características da rede. Essas linguagens são conhecidas como "linguagens leves" (*lightweight*), "linguagens de ontologia baseadas na Web" ou "linguagens de ontologia do tipo *mark-up*" (porque a sintaxe da maioria dessas linguagens é baseada em outras linguagens do tipo *mark-up*, como HTML, XML e RDF). Esse tipo de linguagem foi introduzido por William Turncliffe, em 1967, no Canadá. As linguagens de *mark up* ficaram conhecidas como linguagem de codificação genérica, de modo a se distinguir das linguagens de codificação específicas, que eram utilizadas para controlar um conjunto de operações. As linguagens de codificação genéricas introduziram o conceito da linguagem declarativa genérica. Ao invés de definir uma série de operações, a linguagem utilizava etiquetas (*tags*) que forneciam uma descrição de como o software deveria formatar o documento na tela.

Em 1989, Tim Berners Lee e Robert Cailau, no CERN (Conséil Européen pour la Recherche Nucléaire), criaram um sistema universal de interconexão de informações. Em outubro de 1990 esse sistema foi chamado de WWW (World Wide Web). Dado que um dos requisitos básicos para esse sistema era uma linguagem para a formatação da informação em hipertextos, Tim Berners Lee desenvolveu uma variante para a linguagem de *mark up* então utilizada pelo CERN, a SGML, e criou a HTML (Hypertext Markup Language).

A HTML apresentava duas grandes limitações: falta de estrutura e impossibilidade de validação da informação exibida. De modo a dar conta dessas limitações, oferecendo uma linguagem que suportasse um grande número de aplicações na Web, foi criada a XML (Extensible Markup Language). A XML oferece suporte para a conexão (criação de hiperlinks) entre outros documentos XML e recursos da rede. Da mesma forma que a SGML (que originou a HMTL), o padrão XML separa o conteúdo da estrutura do documento. Dessa forma, mudanças na apresentação da informação podem ser obtidas sem que seja necessário realizar mudanças no conteúdo dos documentos.

Tim Berners Lee propôs um modelo em camadas para a arquitetura da Web do futuro durante a conferência de XML de 2000. Essa arquitetura, conhecida pela comunidade como "bolo de noiva", está ilustrada na Figura 4.1. A idéia por trás desse modelo é de, em vez de propor uma arquitetura totalmente nova e a conseqüente reestruturação da Internet, construir em cima do que já existe. De fato, o enorme número de páginas Web (mesmo no ano de 2000) já fazia com que fosse impossível pensar em jogar tudo fora para reconstruir as páginas sob uma nova arquitetura. A proposta de Berners-Lee é de construir gradativamente novas camadas sobre as já existentes. A justificativa de Berners-Lee é de que é fácil obter consenso sobre pequenas modificações, enquanto é muito mais difícil conseguir o apoio de todos se tentarmos mudanças radicais. Grupos de pesquisa, de modo geral, conduzem seus trabalhos em direções diferentes. Essa diversidade e a competição de idéias são a força motriz para o progresso da ciência. No entanto, é necessário que se desenvolvam padrões para permitir a troca de

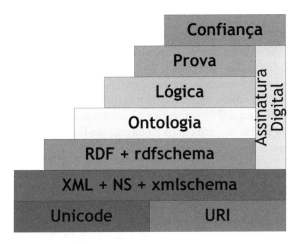

FIGURA 4.1 Linguagens para a Web Semântica.

informações. Dessa forma, se alguns grupos discordam em alguns pontos porém convergem em outros, incorporam-se os pontos em comum, evoluindo de forma gradativa. Dessa forma não é necessário esperar para que a "visão" da Web Semântica esteja totalmente consolidada, pois esse processo pode demorar dez anos até que chegue ao seu potencial pleno, mas que comecemos a utilizá-la desde já. A arquitetura em camadas foi proposta de modo a permitir esse desenvolvimento incremental. A idéia central da arquitetura é de que cada camada vai gradativamente trazendo uma nova contribuição, como, por exemplo, maior expressividade, possibilidade de se realizar inferências e autenticação.

A primeira camada é a HTML, que por ser muito simples gerou a necessidade do desenvolvimento de linguagens mais sofisticadas. A HTML foi criada para o consumo por seres humanos, ou seja, lida com o conteúdo da informação, apenas, e não com sua estrutura. Como resultado foi proposta a XML. Essa linguagem apresenta artifícios que possibilitam descrever a estrutura dos textos, como, por exemplo, título e capítulo. Atualmente, a XML vem sendo utilizada não somente para estruturar textos, mas como padrão para intercâmbio de documentos de dados na rede, pois facilita a interoperabilidade entre sistemas de informação.

Na segunda camada temos o RDF, que tem o papel de fornecer um modelo formal de dados e sintaxe para codificar metadados que podem ser processados por máquinas. O princípio por trás do RDF é fornecer interoperabilidade entre aplicativos que trocam informações na rede. Foi desenvolvido pelo W3C como uma linguagem baseada nos princípios de redes semânticas para ser utilizada na descrição de recursos disponíveis na Web. O RDF foi proposto como recomendação do W3C no ano 2000. Como visto no Capítulo 2, o RDF fornece as primitivas básicas para a criação de ontologias simples, incluindo relacionamentos de generalização para classes e propriedades. No entanto, o RDF foi muito criticado por sua falta de expressividade. Não oferece conectivos lógicos para descrever negação, disjunção e conjunção, restringindo grandemente seu poder de comunicação. A camada superior, RDFS ou RDF-Schema, surgiu como extensão do RDF. O RDF-Schema oferece primitivas de modelagem que permitem a construção de hierarquias, classes, propriedades, subclasses e subpropriedades. O RDFS foi proposto em 2000, sofreu grandes revisões em 2002 e em janeiro de 2003. A combinação dessas duas camadas também é conhecida como RDFS.

O RDF e RDF-Schema são as fundações da Web Semântica. Ao longo dos últimos anos foram propostas algumas linguagens para ontologias baseadas em extensões ao RDFS. São elas SHOE, Oil,

50 Capítulo Quatro

DAML, DAML+Oil e OWL. O SHOE foi a primeira linguagem de ontologias voltada para a Web Semântica. O Oil é o resultado do esforço do projeto europeu On-To-Knowledge, que envolveu grandes universidades européias. Ao mesmo tempo, a entidade americana DARPA desenvolveu uma segunda linguagem DAML-ONT. Essas duas linguagens foram amalgamadas em uma única por um comitê, envolvendo pesquisadores norte-americanos e europeus. A linguagem DAML+OIL surgiu no ano de 2001. No mesmo ano o W3C montou um grupo de trabalho chamado de WebOnt, com o objetivo de propor uma nova linguagem para a Web Semântica. O resultado do trabalho desse grupo foi a linguagem OWL, fortemente embasada nos princípios da linguagem DAML+OIL. Apresentamos cada uma dessas linguagens a seguir.

4.1 RDF e RDF-Schema

Da maneira como foi proposto, o RDF está projetado para fornecer a interoperabilidade e a semântica para metadados de modo a facilitar busca por recursos na Web. Até então, esses recursos tinham sido procurados através de mecanismos de busca textuais simples. O modelo e a especificação da sintaxe do RDF foram propostos em fevereiro de 1999 pelo consórcio W3C.

Utilizaremos uma sentença simples para introduzir o modelo RDF: *Karin criou o recurso www.inf. puc-rio.br/~karin*. Essa sentença possui as seguintes partes:

Sujeito (recurso)	http:// www.inf.puc-rio.br/~karin
Predicado (propriedade)	Criou
Objeto (literal)	Karin

O RDF possui três princípios fundamentais: recursos, propriedades e frases. Recursos são objetos ou "coisas" das quais queremos falar. Podem ser livros, pessoas, lugares, etc. Cada recurso possui um identificador, uma URI (Universal Resource Identificator). Uma URI pode ser uma URL (Unified Resource Locator, ou endereço na Web) ou outro tipo de identificador. As propriedades descrevem relacionamentos entre os recursos, por exemplo, "escrito por", "cargo", "idade". Propriedades em RDF também são identificadas utilizando-se URIs. O fato de o RDF utilizar identificadores para os recursos e propriedades faz com que se tenha uma maneira global e **única** de nomear itens. Objetos podem ser identificados por URIs ou *strings*. Essa sentença pode ser representada das seguintes formas:

Karin criou o recurso <u>www.inf.puc-rio.br/~karin</u>.

A maneira mais simples de representar a sentença seria através da tripla:

("Karin", <u>http://www.mydomain.org/criou</u>, http://<u>www.inf.puc-rio.br/~karin</u>)

Podemos interpretar a tripla acima (x, P, y) como uma fórmula em lógica $P(x,y)$, onde o predicado binário P relaciona o objeto x ao objeto y. Na realidade o RDF oferece apenas predicados binários (propriedades). Note que a propriedade "criou" é representada por uma URI, <u>http://www.mydomain. org/criou</u>.

A segunda maneira de representar a sentença é utilizando um grafo. Essa é a forma mais usual de comunicar sentenças em RDF. A Figura 4.2 ilustra a sentença utilizando um grafo direcionado. Esse grafo possui nós e arcos, ambos com legenda. Os arcos são direcionados do recurso (sujeito) para o

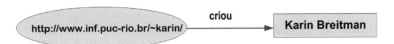

Figura 4.2 Modelo de dados e código RDF para uma sentença simples.

valor (objeto). Esse tipo de grafo é conhecido, na comunidade de inteligência artificial, como uma rede semântica.

Grafos são excelentes para transmitir informações entre seres humanos, porém na Web Semântica precisamos de uma representação que possa ser processada por máquinas. Dessa forma temos uma terceira representação para a sentença inicial, baseada em uma sintaxe XML. Nessa representação um documento RDF é representado utilizando-se um elemento XML com a etiqueta `rdf:RDF`. O conteúdo desse elemento é um conjunto de descrições que utilizam a etiqueta `rdf:Description`. Cada descrição se refere a um recurso, identificado em uma das formas seguintes:

- Atributo do tipo `about`, que faz referência a um recurso existente,
- Atributo do tipo `ID`, que cria um novo recurso,
- Sem nome, criando um atributo anônimo.

Desse modo a sentença inicial pode ser representada da seguinte forma:

```
<rdf:RDF>
    <rdf:Description about:" http://www.inf.puc-rio.br/~karin">
        <f:criou>
            Karin
        </f:criou>
    </rdf:Description>
</rdf:RDF>
```

O RDF é um modelo para representar objetos e seus relacionamentos, e fornece uma semântica simplificada que pode ser representada através da sintaxe XML. Na realidade, o RDF fornece uma boa representação para o tratamento de metadados, mas não oferece os subsídios necessários para uma linguagem de ontologias. Foi formulado, então, o RDF-Schema. Essencialmente, o RDF-Schema é uma linguagem de descrição de vocabulários que objetiva descrever propriedades e classes para os recursos RDF. O RDF-Schema também fornece primitivas para a organização dos recursos, permitindo a construção de hierarquias de classes e de propriedades. A seguir descrevemos o RDF-Schema.

4.1.1 RDF-Schema

O RDF fornece um limitado número de elementos predefinidos. De maneira a permitir que comunidades independentes possam desenvolver seus próprios vocabulários, ou seja, novas classes e propriedades particulares ao seu domínio de aplicação, é necessário ampliar o RDF. Uma extensão possível é o RDF-Schema. Imagine o domínio de bibliotecas: para descrever os recursos desse domínio seria necessário criar descrições para autores, títulos, publicações, ano e ISBN, entre outros. Uma representação muito utilizada para aplicativos nesse domínio é o RDF-Schema do Dublin Core. Usuários podem criar novos Schemas, dependendo de suas necessidades. De modo a uniformizar o modo com que as pessoas criam o RDF-Schema, o consórcio W3 disponibilizou sua especificação. A última versão do RDF-Schema Specification é de fevereiro de 2004 e está disponível no próprio *site* do W3C.

52 Capítulo Quatro

O RDF-Schema não fornece as classes e propriedades propriamente ditas, e sim um *framework* no qual é possível descrevê-las. Classes em um RDF-Schema são muito parecidas com o conceito de classes em programação orientada a objeto. As classes definidas no RDF-Schema permitem que os recursos (descritos no documento RDF) sejam definidos como instâncias ou subclasses das classes presentes no RDF-Schema. Na tabela a seguir resumimos as classes essenciais do RDF Schema.

`rdfs:Resource`	A classe de todos os recursos.
`rdfs:Class`	A classe de todas as classes.
`rdfs:Literal`	A classe de todos os literais (cadeias de caracteres).
`rdfs:Property`	A classe de todas as propriedades.
`rdfs:Statement`	A classe de todas as sentenças reificadas.

Para definir relacionamentos, as classes mais utilizadas são:

- `rdfs:subClassof` – define um relacionamento de herança entre duas classes. Uma classe pode ser subclasse de mais uma classe. Um exemplo seria a classe cachorro, que seria subclasse da classe animal.
- `rdfs:subPropertyof` – define um relacionamento de herança entre duas propriedades.
- `rfd:type` – relaciona um recurso a sua classe. O recurso é declarado como instância dessa classe.

O código a seguir exemplifica a utilização do `rdfs:subClassOf`:

```xml
<?xml version="1.0"?>
<rdf:RDF
xmlns:rdf= "http://www.w3.org/1999/02/22-rdf-syntax-ns#"
xmlns:rdfs="http://www.w3.org/2000/01/rdf-schema#"
xml:base="http://www.animais.org/animais">

<rdfs:Class rdf:ID="animal" />

<rdfs:Class rdf:ID="cavalo">
<rdfs:subClassOf rdf:resource="#animal"/>
</rdfs:Class>

<rdfs:Class rdf:ID="cachorro">
<rdfs:subClassOf rdf:resource="#animal"/>
</rdfs:Class>

</rdf:RDF>
```

O RDF-Schema também permite que definições de vocabulário se encontrem em outros lugares na Web ou em outros arquivos, por exemplo:

- `rdfs:seeAlso` – relaciona um recurso a um outro recurso que contém uma definição para o primeiro,
- `rdfs:isDefinedBy` – é uma subpropriedade do `rdfs:seeAlso` e relaciona um recurso a um local onde sua definição, em geral um RDF-Schema, se encontra.

De modo a tornar a informação mais palatável para leitores humanos, o RDF-Schema fornece essas duas propriedades:

- `rdfs:comment` – comentários textuais que podem ser associados a um recurso,
- `rdfs:label` – uma etiqueta (nome) que pode ser associada a um recurso. Em geral utiliza-se essa propriedade para atribuir um nome mais significativo a recursos. Entre outros objetivos, serve como o nome dos nós dos grafos RDF.

Um vocabulário também pode ser definido em termos de restrições. O RDF-Schema fornece as primitivas:

- `rdfs:domain` – especifica o domínio de uma propriedade, ou seja, a classe de recursos que pode aparecer como sujeito da sentença RDF.
- `rdfs:range` – especifica o alcance da propriedade, ou seja, a classe de recursos que pode aparecer como objeto da sentença RDF.

No trecho de código a seguir exemplificamos uma propriedade que se aplica a todos os funcionários e tem literais como valor (cadeias de caracteres).

```
<rdf:Property rdf:ID="telefone">
    <rdfs:domain rdf:resource="#empregado"/>
    <rdfs:range rdf:resource="&rdf;literal"/>
</rdf:Property>
```

Outro exemplo é ilustrado pelo código a seguir, em que limitamos o valor da propriedade mãe a um recurso da classe "mulher".

```
 1: <?xml version="1.0"?>
 2: <rdf:RDF
 3: xmlns:rdf= "http://www.w3.org/1999/02/22-rdf-syntax-ns#"
 4: xmlns:rdfs="http://www.w3.org/2000/01/rdf-schema#"
 5: xml:base=  "http://www.inf.puc-rio/~karin/pessoas">
 6:
 7: <rdf:Description rdf:ID="mae">
 8: <rdfs:range
 9:    rdf:resource="http://www.inf.puc-rio~karin/pessoas#mulher"/>
10: </rdf:Description>
11:
12: </rdf:RDF>
```

Figura 4.3 Exemplo do escopo (range) da propriedade mãe.

Utiliza-se o RDF-Schema em conjunção com o RDF. O RDF-Schema pode ser considerado um tipo de dicionário que pode ser lido por máquinas. O conjunto das duas representações é usualmente referenciado pela sigla RDFS.

O RDFS oferece um conjunto de primitivas que permitem a modelagem de ontologias simples, por exemplo, "SubClassOf" e "SubPropertyOf". No entanto, ele tem sido criticado como linguagem para ontologias pela falta de expressividade de seus construtos. Conectivos lógicos, negação, disjunção e conjunção não existem em RDF, limitando seu poder de expressão. Para atingir o nível de expressivi-

54 Capítulo Quatro

dade necessário para a Web Semântica foi necessário criar uma camada de ontologia sobre a camada RDFS. Nas próximas seções apresentamos algumas propostas de linguagem para essa camada.

4.2 SHOE

A linguagem SHOE (Simple HTML Ontology Extension), projeto da Universidade de Maryland, é uma extensão da HTML e serve para anotar o conteúdo de páginas da Web. A informação é embebida nas páginas HTML. A linguagem fornece etiquetas (*tags*) específicas para representar ontologias. Como essas etiquetas não fazem parte da especificação da HTML, não são mostradas através dos *browsers* padrão. O objetivo principal da linguagem SHOE é fornecer algum tipo de marcação para disponibilizar informações relevantes sobre o conteúdo das páginas, permitindo maior precisão nos mecanismos de busca da rede. Dessa forma, agentes de software podem utilizar as páginas com anotações SHOE de modo a realizar buscas semânticas na rede.

A linguagem SHOE faz uma distinção entre o conteúdo das páginas – *asserções ou instâncias* – e a *terminologia*, informação acerca dos metadados. SHOE permite a definição de conceitos, relacionamentos e atributos. Mostramos a seguir um exemplo de uma página com marcação SHOE:

```
<INSTANCE KEY="http://www.cs.umd.edu/users/hendler/">
<USE-ONTOLOGY ID="cs-dept-ontology" VERSION="1.0" PREFIX="cs" URL= "http://www.
cs.umd.edu/projects/plus/SHOE/cs.html">
<CATEGORY NAME="cs.Professor" FOR="http://www.cs.umd.edu/users/hendler/">
<RELATION NAME="cs.member">
  <ARG POS=1 VALUE="http://www.cs.umd.edu/projects/plus/">
  <ARG POS=2 VALUE="http://www.cs.umd.edu/users/hendler/">
</RELATION>
<RELATION NAME="cs.name">
  <ARG POS=2 VALUE="Dr. James Hendler">
</RELATION>
<RELATION NAME="cs.doctoralDegreeFrom">
  <ARG POS=1 VALUE="http://www.cs.umd.edu/users/hendler/">
  <ARG POS=2 VALUE="http://www.brown.edu">
</RELATION>
<RELATION NAME="cs.emailAddress">
  <ARG POS=2 VALUE="hendler@cs.umd.edu">
</RELATION>
<RELATION NAME="cs.head">
  <ARG POS=1 VALUE="http://www.cs.umd.edu/projects/plus/">
  <ARG POS=2 VALUE="http://www.cs.umd.edu/users/hendler/">
</RELATION>
</INSTANCE>
```

Note a utilização de novos tags: **INSTANCE KEY** (instância), **CATEGORY NAME** (conceito), **RELATION NAME** (função que relaciona dois conceitos – propriedade). Essa marcação é adicionada ao documento HTML como se fosse um novo cabeçalho. O conjunto da marcação com o conteúdo HTML faz a página SHOE.

SHOE é menos expressivo que RDF e apresenta grandes dificuldades na manutenção das páginas anotadas. O projeto SHOE foi descontinuado, mas a página ainda é mantida pela Universidade de

Maryland, no endereço http://www.cs.umd.edu/projects/plus/SHOE/. Os pesquisadores envolvidos no projeto migraram para as linguagens DAML+OIL e OWL, que serão revistas nas próximas seções.

4.3 OIL

A linguagem OIL (Ontology Inference Layer) foi patrocinada por um consórcio da Comunidade Européia através do projeto On-to-Knowledge. Esta linguagem foi criada pela necessidade de uma linguagem expressiva que permitisse a modelagem de ontologias na Web, pois o RDF não provê a semântica necessária nem formalismo suficiente para permitir suporte a mecanismos de inferência. A semântica formal de OIL e o mecanismo de inferência se baseiam em Lógica de Descrição. A semântica formal de OIL é obtida através do mapeamento das ontologias para a lógica de descrição $\mathcal{SHIQ}$ acrescentada de tipos concretos de dados $\mathcal{SHIQ}(d)$. A grande vantagem de OIL é fornecer uma linguagem de representação do conhecimento que combina, ao mesmo tempo:

– Lógica de descrição, portanto fornece semântica formal e suporte à inferência,
– Sistemas baseados em *Frames*, portanto fornece primitivas de modelagem epistemológica,
– Linguagens da Web, portanto OIL é baseada nas sintaxes de XML e RDF.

Em suma, OIL pode ser definida como

"uma linguagem baseada em frames que utilizam lógica de descrição para fornecer uma semântica clara, ao mesmo tempo em que permitem implementações eficientes de mecanismos de inferência que garantam a consistência da linguagem". [Gómez-Pérez]

Em OIL, o conhecimento contido em uma ontologia é organizado em três níveis: o **recipiente** (*container*) da ontologia, responsável por armazenar informações sobre a própria ontologia, como, por exemplo, data de criação e autor. No trecho de código a seguir mostramos um exemplo de um recipiente em OIL. Note que possui metadados do tipo autor, assunto, nome, etc. Essa descrição utiliza o conjunto de elementos do Dublin Core apresentado no Capítulo 2. Uma ontologia em OIL começa com um nó, raiz, em RDF. Nesse nó devem ser definidos os *namespaces* para as sintaxes RDF, RDFS e OIL utilizadas na ontologia. De modo geral, estas são definidas utilizado-se os prefixos *rdf*, *rdfs* e *oil*, e apontam para as URLs em que se encontram os arquivos que contêm a descrição da sintaxe de cada linguagem.

```
<rdf:RDF
xmlns:rdf = "http://www.w3.org/1999/02/22-rdf-syntax-ns#"
Xmlns:rdfs= "http://www.w3.org/2000/01-rdf-schema#"
xmlns:oiled= "http://img.cs.man.ac.uk/oil/oiled#"
```

Em segundo lugar temos a **definição** da ontologia, responsável pela definição dos conceitos da ontologia. No trecho de código que se segue mostramos um exemplo de definições de conceitos em OIL.

```
class-def Produto
        slot-def Preço
                domain Produto
        slot-def ManufaturadoPor
                domain Produto
class-def Impressora
        subclass-of Produto
class-def ImpressoraHP
        subclass-of Impressora
```

56 Capítulo Quatro

```
        slot-constraint ManufaturadoPor
            has-value "Hewlett Packard"
class-def ImpressoraEPSON
        subclass-of Impressora
        slot-constraint ManufaturadoPor
            has-value "EPSON"
```

Note que a primitiva subclass-of é a responsável pela construção da taxonomia de conceitos. Além da construção da hierarquia de conceitos, OIL permite que se expresse disjunção entre os conceitos. Podemos definir que os conceitos ImpressoraHP e ImpressoraEPSON não possuem sobreposição. Para tal fazemos uso da primitiva *disjoint* para representar que os conceitos são disjuntos, como ilustrado no trecho de código a seguir, e declaramos explicitamente cada conceito pertencente ao conjunto disjunto e uma subclasse do conceito Impressora.

```
disjoint ImpressoraHP
class-def ImpressoraHP
        subclass-of Impressora
class-def ImpressoraEPSON
        subclass-of Impressora
```

Por fim temos o nível de **objeto**, onde instâncias são armazenadas. No entanto, esse nível só existe nas implementações das sublinguagens Heavy Oil e Instance Oil.

A comunidade de pesquisadores que vem utilizando a linguagem OIL disponibilizou uma série de ferramentas para edição e verificação (através de mecanismos de inferência) para ontologias. Atualmente existem três editores disponíveis:

- OntoEdit (Ontology Engineering Environment), http://ontoserver.aifb.uni-karlsruhe.de/ontoedit) desenvolvido pelo Knowledge Management Group do AIFB Institute, da Universidade de Karslruhe, Alemanha;
- OILEd, http://oiled.man.ac.uk/, editor customizado e livremente distribuído pela Universidade de Manchester, Inglaterra;
- Protégé-2000, http://smi.stanford.edu/projects/protege/, editor de ontologias desenvolvido pela Universidade de Stanford, Estados Unidos.

Um mecanismo de inferência para o OILEd, que se chama FaCT, está disponível no site público da OIL. Os serviços de inferência oferecidos incluem detecção de inconsistências e a determinação de relacionamentos do tipo subclasse de. Mostramos a ferramenta OILEd na Figura 4.4. A OIL provê uma extensão para RDF, permitindo que ontologias escritas em OIL sejam traduzidas, com perda de expressividade, para RDF ou RDFS (RDF + RDF-Schema). Dessa forma, ontologias escritas em OIL são documentos válidos de RDF.

4.4 DAML

Na mesma época em que o consórcio europeu estava criando a OIL, o Defense Advanced Research Projects Agency (DARPA), agência americana que financiou muito do trabalho original da Internet (chamava-se ARPAnet, então), em conjunto com o consórcio W3C, estava desenvolvendo a linguagem DARPA Agent Markup Language (DAML) através da extensão do RDF, de modo a acrescentar construtos mais expressivos. O objetivo dessa linguagem era facilitar a interação de agentes de software autônomos na Web [Hendler01].

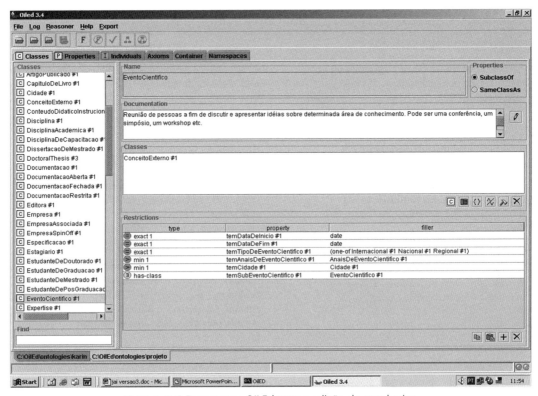

FIGURA 4.4 Ferramenta OILEd para a edição de ontologias.

A primeira especificação para uma linguagem de ontologias, DAML-ONT, foi lançada em outubro de 2000. A DARPA mantém em seu *site* uma biblioteca pública de ontologias que contém mais de 200 entradas (www.daml.org/ontologies).

A linguagem DAML herdou muitos aspectos presentes em OIL, apresentados na seção anterior. Podemos dizer que as duas linguagens apresentam funcionalidades relativamente similares. Na Tabela 4.1 resumimos as diferenças entre DAML e OIL.

4.5 DAML + OIL

Em dezembro de 2000 o DAML-ONT foi substituído pela linguagem DAML-OIL. A última foi criada como a combinação das duas linguagens DAML e OIL, que apresentavam características similares. A semântica formal de DAML+OIL é fornecida através do mapeamento da linguagem para a linguagem KIF (Knowledger Interchange Format).

DAML + OIL é dividida em duas partes, domínio dos objetos, que consiste nos objetos que são membros de classes definidas na ontologia DAML, e domínio dos tipos de dados, que consiste nos valores importados do modelo XML. A idéia por trás da separação é permitir a implementação de mecanismos de inferência, já que realizar inferências sobre tipos concretos de dados não seria possível. DAML é composta por elementos de classe, expressões de classe e propriedades:

58 Capítulo Quatro

TABELA 4.1 Comparação entre as linguagens OIL e DAML

Similaridades	Diferenças
Ambas oferecem suporte a hierarquias de conceitos e propriedades, baseadas nos relacionamentos de subclasse e subpropriedade.	A OIL oferece melhor compatibilidade com RDF-Schema do que DAML.
Ambas permitem que conceitos sejam construídos a partir de outros conceitos utilizando combinações dos conectivos OR, AND e NOT.	A OIL foi projetada de modo a permitir a inferência de modo completo e eficiente. Algumas construções em DAML fazem com que a inferência em DAML se torne impossível.
Ambas permitem que sejam definidos o domínio, o escopo e a cardinalidade das propriedades que vão compor as restrições dos conceitos.	Em OIL podemos explicitar condições que sejam suficientes ou necessárias e suficientes. A última opção permite a classificação automática de conceitos.
Ambas oferecem propriedades transitivas e inversas	DAML permite a especificação de valores *default*, ou seja, valores que serão inicializados se nenhum outro for definido pelo modelador da ontologia. A OIL, no entanto, não permite a utilização de valores *default*, pois não existe uma semântica formal clara para tratá-los.
Ambas oferecem apoio a tipos de dados concretos (inteiros, cadeias, etc.).	

Elementos de classe – associam uma classe a sua definição. Em uma definição podem estar presentes os seguintes elementos: rdfs:SubClassOf, daml:DisjointWith, daml: DisjointUnionOf, daml: SameClassAs e daml:EquivalentTo. Note que a primeira expressão, SubClassOf, que indica a generalização da classe, foi importada diretamente da definição presente no RDFS. Isso se dá porque a linguagem DAML+OIL funciona como uma camada sobre o RDFS, como ilustrado na Figura 4.1. As expressões restantes introduzem expressões lógicas que aumentam o poder expressivo da linguagem DAML+OIL através de conectivos do tipo disjunção, união e equivalência.

Expressões de classe – são as formas possíveis de referenciar uma classe. Podem ser do tipo nome de classe, enumeração, restrição e combinação booleana. Na linguagem DAML + OIL não é possível atribuir o mesmo nome a duas classes distintas, de modo que o nome funciona como identificador.

Propriedades – associa uma propriedade a sua definição. Propriedades podem ser definidas de acordo com os seguintes elementos: rfds:SubPropertyOf, domínio, rdfs:range, daml:SamePropertyAs, daml: EquivalentTo, daml:InverseOf. Note que algumas das propriedades são definidas na camada DAML (aquelas que começam com daml:) outras são importadas da camada RDF inferior (começam com rdfs:). A estratificação em camadas está representada na Figura 4.1.

A seguir apresentamos parte de uma ontologia escrita na linguagem DAML+OIL. Note a semelhança com outras linguagens de *markup*, por exemplo, HTML e XML. Evidenciamos em negrito o fato de a linguagem importar elementos que se encontram presentes na subcamada RDF-Schema (aqueles que iniciam com a *tag* rdf ou rdfs). Essa ontologia foi criada utilizando-se a ferramenta OILEd, que está ilustrada na Figura 4.4 da seção anterior.

O exemplo que se segue é parte da ontologia de sobremesas, que utilizaremos para ilustrar o processo de construção de ontologias na Seção 6. No código a seguir mostramos os cabeçalhos da ontologia, identificando seu criador, Karin. Também ilustramos a criação da classe Doce, uma de suas restrições, base biscoito, e o fato de que essa classe é subclasse da classe torta (penúltima linha).

```
</daml:Ontology>
  <daml:Class
rdf:about="file:C:\Users\karin\Cursos\Ontologias\sobremesa.daml#sobremesa">
      <rdfs:label>sobremesa</rdfs:label>
      <rdfs:comment><![CDATA[]]></rdfs:comment>
      <OILed:creationDate><![CDATA[2003-08-13T20:10:07Z]]></OILed:creationDate>
      <OILed:creator><![CDATA[karin]]></OILed:creator>
      <rdfs:subClassOf>
         <daml:Restriction>
            <daml:onProperty
rdf:resource="file:C:\Users\karin\Cursos\Ontologias\sobremesa.
            daml#Doce"/>
            <daml:hasClass
rdf:resource="http://www.w3.org/2000/10/XMLSchema#boolean"/>
         </daml:Restriction>
      </rdfs:subClassOf>
  </daml:Class>
  <daml:Class
rdf:about="file:C:\Users\karin\Cursos\Ontologias\sobremesa.daml#base_biscoito">
      <rdfs:label>base_biscoito</rdfs:label>
      <rdfs:comment><![CDATA[]]></rdfs:comment>
      <OILed:creationDate><![CDATA[2003-08-13T20:11:41Z]]></OILed:creationDate>
      <OILed:creator><![CDATA[karin]]></OILed:creator>
      <rdfs:subClassOf>
         <daml:Class
rdf:about="file:C:\Users\karin\Cursos\Ontologias\sobremesa.daml#torta"/>
      </rdfs:subClassOf>
```

4.6 OWL

Recentemente o consórcio W3C lançou a Web Ontology Language (OWL) como uma revisão da linguagem DAML+OIL. OWL foi projetada de modo a atender as necessidades das aplicações para a Web Semântica, que podem ser resumidas em:

- Construção de ontologias
  - Criar uma ontologia
  - Explicitar conceitos fornecendo informações sobre os mesmos
  - Explicitar propriedades fornecendo informações sobre as mesmas

- Explicitar fatos sobre um determinado domínio
  - Fornecer informações sobre indivíduos que fazem parte do domínio em questão

- Racionalizar sobre ontologias e fatos
  - Determinar as conseqüências do que foi construído e explicitado.

De modo similar à DAML+OIL, a intenção da OWL é representar conceitos e seus relacionamentos na forma de uma ontologia. OWL possui três linguagens, em ordem crescente de expressividade:

60 Capítulo Quatro

- OWL Lite
- OWL DL
- OWL Full

OWL Lite suporta a criação de hierarquias simplificadas de classificação e suas restrições, i.e., as que não possuem axiomas nem estruturas de relacionamentos sofisticadas. São suportadas restrições mais simples, e.g., cardinalidade. A intenção por trás do OWL Lite é oferecer suporte à migração de tesauros e taxonomias para o formato de ontologias. OWL – DL (DL é o acrônimo para lógica de descrição, pois essa linguagem pode ser mapeada para linguagens desse tipo de lógica, tais como $\mathcal{SHIQ}$ e $\mathcal{SHIQ}$-d). Segundo seus proponentes, a linguagem OWL Full

"suporta o máximo de expressividade enquanto mantém completude computacional (para todas as computações se garante tempo finito)". [McGuiness03]

4.6.1 Elementos Básicos de OWL

4.6.1.1 Namespaces

Antes de declarar um conjunto de conceitos, é necessário indicar quais vocabulários estão sendo utilizados. Dessa forma, é padrão para todas as ontologias ter um componente que inclua um conjunto dessas indicações no formato de XML *namespaces*. Os *namespaces* são declarações que se localizam entre etiquetas do tipo `rdf:RDF`. Essas declarações permitem que os identificadores que estarão presentes na ontologia sejam interpretados sem ambigüidades. Uma ontologia típica em OWL começa com um conjunto de declarações de *namespaces*. No trecho de código a seguir reproduzimos o exemplo fornecido pelo manual de OWL da própria W3C.

```
<rdf:RDF
    xmlns     ="http://www.w3.org/TR/2004/REC-owl-guide-20040210/wine#"
    xmlns:vin ="http://www.w3.org/TR/2004/REC-owl-guide-20040210/wine#"
    xml:base  ="http://www.w3.org/TR/2004/REC-owl-guide-20040210/wine#"
    xmlns:food="http://www.w3.org/TR/2004/REC-owl-guide-20040210/food#"
    xmlns:owl ="http://www.w3.org/2002/07/owl#"
    xmlns:rdf ="http://www.w3.org/1999/02/22-rdf-syntax-ns#"
    xmlns:rdfs="http://www.w3.org/2000/01/rdf-schema#"
    xmlns:xsd ="http://www.w3.org/2001/XMLSchema#">
```

As primeiras duas declarações identificam o *namespace* da própria ontologia. Na primeira linha temos o *namespace default*, que explicita que qualquer nome utilizado dentro dessa ontologia que não contenha nenhum prefixo se refere à própria ontologia. Na segunda declaração identificamos o nome da ontologia com o prefixo vin (esse exemplo se refere a uma ontologia sobre vinhos, exemplo clássico utilizado pela comunidade da Web Semântica. Pode ser encontrado na íntegra em `http://www.daml.org/ontologies/76`). A terceira declaração identifica a URI base para essa ontologia. A quarta linha, por sua vez, identifica o nome de uma outra ontologia, a de comida (*food*), da qual alguns conceitos foram importados. A quinta linha indica que os elementos que contêm o prefixo `owl:` devem ser interpretados segundo a sintaxe provida pelo documento localizado no *namespace* chamado `http://www.w3.org/2002/07/owl#`. Esta é a declaração convencional de OWL, que serve para introduzir o vocabulário suportado por OWL.

Finalmente, OWL depende de primitivas definidas nas camadas inferiores, ou seja, tipos de dados nativos de RDF, RDFS e do XML Schemas. Nesse exemplo, o prefixo `rdf:` se refere aos elementos utilizados que estão definidos em `http://www.w3.org/1999/02/22-rdf-syntax-ns#`. As duas próximas declarações garantem o mesmo para o RDF-Schema (`rdfs:`) e para o XML Schema datatype (`xsd:`).

4.6.1.2 Cabeçalhos

Uma vez que os *namespaces* foram definidos, é comum incluir uma coleção de sentenças sobre a ontologia agrupadas sob a etiqueta `owl:Ontology`. Essas etiquetas são responsáveis por registrar comentários, pelo controle de versão e pela inclusão de conceitos e propriedades de outras ontologias. Apresentamos um exemplo a seguir:

```
<owl:Ontology rdf:about="">
  <rdfs:comment>Este e um exemplo de comentario dentro de uma ontologia escrita em
OWL </rdfs:comment>
  <owl:priorVersion
rdf:resource="http://www.w3.org/TR/2003/PR-owl-guide-20031215/wine"/>
  <owl:imports
rdf:resource="http://www.w3.org/TR/2004/REC-owl-guide-20040210/food"/>
  <rdfs:label>Ontologia dos Vinhos</rdfs:label>
```

O elemento `owl:Ontology` é o lugar em que se colocam os metadados referentes ao documento. Essa *tag* pode ser utilizada para armazenar a versão da ontologia e comentários adicionais que ajudem a identificá-la. O atributo `rdf:about` fornece o nome ou referência para a ontologia. Quando o valor desse atributo é "", caso-padrão, o nome da ontologia é a URI do elemento `owl:ontology`. Tipicamente, essa é a URI do documento que contém a ontologia.

O atributo `rdfs:comment` fornece a possibilidade de incluir um comentário sobre a ontologia. O atributo `owl:priorVersion` é uma *tag* padrão utilizada de modo a fornecer indicativos para sistemas de controle de versão. O atributo `owl:imports` fornece um mecanismo de inclusão. Essa *tag* aceita um único argumento, identificado através do atributo `rdf:resource`.

4.6.1.3 Classes

Uma classe representa um conjunto ou coleção de indivíduos (objetos, pessoas, coisas) que compartilham de um grupo de características que os distinguem dos demais. Utilizamos classes para descrever conceitos de um domínio, por exemplo, móveis, bichos de estimação, empregados.

Em OWL classes são utilizadas para descrever os conceitos mais básicos de um domínio, que vão servir como raízes de várias taxonomias. Cada indivíduo em OWL pertence a uma classe genérica, `owl:Thing`. Todos os indivíduos em uma ontologia OWL pertencem à classe `owl:Thing`. Dessa forma, toda classe definida pelos usuários é implicitamente uma subclasse da classe `owl:Thing`. Essa conceitualização faz com que exista sempre uma única raiz para qualquer taxonomia. Não é um conceito novo, Aristóteles introduziu o *genus supremo* em sua classificação, substância. OWL chama-o, de maneira convenientemente abstrata, de *Thing* (Coisa). Classes são definidas utilizando-se a *tag* owl:Class. O nome da classe aparece entre aspas, utilizando-se o atributo rdf:ID.

```
<owl:Class rdf:ID="Bicho_De_Estimacao"/>
<owl:Class rdf:ID="Animal_Selvagem"/>
<owl:Class rdf:ID="Planta"/>
```

Note que através dessas sentenças apenas dizemos que as classes Bicho_De_Estimacao, Animal_Selvagem e Planta existem. Formalmente nada mais se conhece sobre essas classes, além de sua exis-

62 Capítulo Quatro

tência. O fato de estarmos utilizando nomes muito comuns em português não significa nada para a ontologia. Poderíamos ter utilizado o nome XPTO em vez de Animal_De_Estimacao, com o mesmo efeito. Para dar significado à classe animais de estimação teremos que explicitar todas as características que a definem, por exemplo: cada indivíduo dessa classe pode ser um {cachorro, gato, pássaro}; reside dentro de casas ou apartamentos; depende de seres humanos para sua subsistência; come ração. Essas asserções (chamadas de restrições em OWL) terão de ser adicionadas à ontologia utilizando-se novas classes (ração, por exemplo) e propriedades (come). Mais adiante descrevemos como definir propriedades em OWL, e no Capítulo 8 mostramos um exemplo completo de construção de ontologia.

O construtor fundamental de uma taxonomia é rdfs:subClassOf, que define a hierarquia de classes, através de relacionamentos de generalização (tipo-de). Por exemplo, temos a sentença: "Um cachorro é um tipo de animal de estimação". Em OWL classificamos os conceitos Animal_De_Estimacao e Cachorro como classes e estabelecemos um relacionamento de generalização entre eles utilizando a *tag* rdfs:subClassOf. Ilustramos esta construção a seguir:

```
<owl:Class rdf:ID="Cachorro">
  <rdfs:subClassOf
rdf:resource="#Animal_De_Estimacao" />
  ...
</owl:Class>
```

É importante notar que esse relacionamento é **transitivo**. Ou seja, se existe uma classe Dalmata que é subclasse da classe Cachorro e esta, por sua vez, é subclasse de Animal_De_Estimacao, temos que a classe Dalmata é subclasse de Animal_De_Estimacao.

Além de seu nome, uma classe pode também conter documentação, através da *tag* rdfs:comment e expressões:

Owl:disjointWith explicita que uma classe não pode compartilhar instâncias com classes que mantêm esse tipo de relacionamento. O exemplo canônico é masculino e feminino. No trecho de código OWL, a seguir, representamos esse exemplo.

```
<owl:Class rdf:ID="Masculino">
  <rdfs:subClassOf rdf:resource="#Sexo"/>
  <owl:disjointWith rdf:resource="#Feminino"/>
</owl:Class>
```

4.6.1.4 Indivíduos

Indivíduos são objetos do mundo; pertencem a classes e são relacionados a outros indivíduos (e classes) através de propriedades. Indivíduos são os membros das classes.

Em OWL um indivíduo é adicionado se declararmos que o mesmo é membro de uma classe.

```
<Cachorro rdf:ID="Rin_Tin_Tin" />
```

Note que essa sentença é equivalente a:

```
<owl:Thing rdf:ID="Rin_Tin_Tin" />
```

```
<owl:Thing rdf:about="#Rin_Tin_Tin">
  <rdf:type rdf:resource="#Cachorro"/>
</owl:Thing>
```

4.6.1.5 Propriedades

Propriedades servem para descrever fatos em geral. Podem se referir a todos os membros que pertencem a uma classe, por exemplo, todos os cachorros comem ração, ou se referir a um indivíduo dessa classe, o cachorro Totó nasceu em 2001. Propriedades em OWL são relacionamentos binários. Existem dois tipos de propriedades:

- Propriedades do tipo *object* – relacionamentos entre duas classes.

Exemplo:

```
<owl:ObjectProperty rdf:ID="come_racao">
  <rdfs:domain rdf:resource="#Cachorro"/>
  <rdfs:range rdf:resource="#Racao"/>
</owl:ObjectProperty>
```

- Propriedades do tipo *datatype* – que indicam um relacionamento entre instâncias de classes e literais expressos em RDF e *datatypes* do XML Schema. Referências a esses datatypes devem ser feitas indicando-se a URI http://www.w3.org/2001/XMLSchema. Os datatypes ilustrados na tabela a seguir são os recomendados pelo W3C para utilização em OWL.

xsd:string	xsd:normalizedString	xsd:boolean	
xsd:decimal	xsd:float	xsd:double	
xsd:integer	xsd:nonNegativeInteger	xsd:positiveInteger	
xsd:nonPositiveInteger	xsd:negativeInteger		
xsd:long	xsd:int	xsd:short	xsd:byte
xsd:unsignedLong	xsd:unsignedInt	xsd:unsignedShort	xsd:unsignedByte
xsd:hexBinary	xsd:base64Binary		
xsd:dateTime	xsd:time	xsd:date	xsd:gYearMonth
xsd:gYear	xsd:gMonthDay	xsd:gDay	xsd:gMonth
xsd:anyURI	xsd:token	xsd:language	
xsd:NMTOKEN	xsd:Name	xsd:NCName	

O exemplo a seguir demonstra através de uma propriedade do tipo *datatype* que relaciona todos os seres vivos com um ano de nascimento.

```
<owl:Class rdf:ID="SerVivo" />

<owl:DatatypeProperty rdf:ID="anoNascimento">
  <rdfs:domain rdf:resource="#SerVivo" />
  <rdfs:range  rdf:resource="&xsd;positiveInteger"/>
</owl:DatatypeProperty>
```

Propriedades do tipo datatype também podem ser adicionadas a indivíduos, como, por exemplo, a propriedade que afirma que a instância chamada Totó, da classe cachorro, tem o valor 2001 registrado como seu ano de nascimento.

```
<owl:Class rdf:ID="Cachorro" />

<Cachorro rdf:ID="Totó">
  <anoNascimento
rdf:datatype="&xsd;positiveInteger">2001</anoNascimento>
</Cachorro>
```

4.6.1.6 Restrições

Em OWL propriedades são utilizadas para criar restrições (*restrictions*). Como o nome sugere, uma restrição é utilizada para definir alguns limites para indivíduos que pertencem a uma classe. Restrições em OWL podem ser de três tipos:

- Restrições que utilizam quantificadores
- Restrições de cardinalidade
- Restrições do tipo *hasValue* ("tem valor de")

Restrições podem se utilizar de dois tipos de quantificadores: o quantificador existencial ($\exists$) e o quantificador universal ($\forall$). O quantificador existencial indica a existência de *pelo menos um* elemento, e em OWL é representado pela expressão someValuesFrom. O quantificador existencial pode ser interpretado como *apenas* e é representado em OWL pela expressão allValuesFrom. Detalhamos os tipos de restrição a seguir.

4.6.1.6.1 Restrições existenciais

Restrições do tipo existencial são de longe as mais comuns em OWL. Para um conjunto de indivíduos, uma restrição existencial especifica a *existência de* (pelo menos um) relacionamento que utiliza uma dada propriedade com um indivíduo de uma classe específica. Utilizemos como exemplo uma ontologia de sobremesas que descreva pudins, mousses, tortas, seus recheios e coberturas. Possíveis classes dessa ontologia seriam Torta, Mousse, Recheio_Chocolate e Calda. Indivíduos poderiam ser Torta_Crocante, Torta_Floresta_Negra, Calda_de_Chocolate_amargo e Brigadeiro. Propriedades seriam temCalda, temRecheio e servidaQuente. Para exemplificarmos as restrições do tipo existencial, vamos imaginar um exemplo que utiliza a propriedade temRecheio: $\exists$ temRecheio Recheio_Chocolate. Essa restrição descreve todos os indivíduos que têm pelo menos um relacionamento, que utiliza a propriedade temRecheio, para um indivíduo membro da classe Recheio_Chocolate (Brigadeiro, Chocolate_Amargo, Nougat, por exemplo). Em português seriam todos os indivíduos que têm pelo menos um recheio de chocolate.

Neste capítulo introduzimos uma série de linguagens para o desenvolvimento de ontologias. Enfatizamos o aspecto de ontologias enquanto artefatos de software. Apresentamos um breve histórico das linguagens propostas para a elaboração de ontologias, detalhando as linguagens de maior destaque na construção de ontologias para a Web Semântica. Como podemos observar, o padrão atual, a linguagem OWL, não foi criado da noite para o dia, mas resultou da evolução dos diversos padrões. Existe um esforço global no sentido de definir um único padrão, o que pode ser observado pela iniciativa da união dos padrões DAML e OIL e sua subseqüente evolução para a linguagem OWL. A maior parte das ferramentas para edição de ontologias já oferece suporte (ou pelo menos tradução) para a linguagem OWL. Esse é o caso do OILEd e do Protege-2000. No caso do último é possível construir uma ontologia diretamente em OWL. No próximo capítulo vamos mudar nosso foco para o processo de construção de ontologias para a Web Semântica.

Leitura Recomendada

[**Gómez-Pérez02**] GÓMEZ-PÉREZ, A.; Corcho, O. **Ontology Languages for the Semantic Web**. *The IEEE Intelligent Systems*, January/February (2002).

[**Dean**] DEAN, M., Schreiber, G.; Bechhofer, S.; Harmelen, F. V.; Hendler, J.; Horrocks, I.; McGuinness, D. L.; Patel-Schneider, P. F.; Stein, L. A. **OWL Web Ontology Language Reference**. Disponível em http://www.w3.org/TR/owl-ref/

[**OWL1**] **Manual da linguagem OWL**. Disponível em: http://www.w3.org/TR/2004/REC-owl-guide-20040210/.

[**OWL2**] **Estrutura das ontologias escritas na linguagem OWL**. Disponível em http://www.w3.org/TR/2004/REC-owl-guide-20040210/#StructureOfOntologies.

[**RDF**] **W3C – RDF Primer**. Disponível em http://www.w3.org/.

[**Horrocks00**] HORROCKS, I.; Fensel, D.; Harmelen, H.; Decker, S.; Erdmann, M.; Klein, M. **Oil in a Nutshell**. Proceedings of the 12th International Conference in Knowledge Engineering and Knowledge Management (EKAW'00). Lecture Notes in Artificial Intelligence (LNAI 1937). Springer Verlag, Berlin, Germany, 2000. pp.1-16.

[**Horrocks99**] HORROCKS, I.; Sattler, U.; Tobies, S. **Practical Reasoning for Expressive Description Logics**. In: Ganzinger, H.; McAllester, D.; Voronkov, A. eds. Proceedings of the 6th International Conference on Logic for Programming and Automated Reasoning (LPAR'99), number 1705 in Lecture Notes in Artificial Intelligence, pages 161-180. Springer-Verlag, 1999.

[**DAML**] **DAML + OIL Knowledge Representation Ontology**. Disponível em http://www.daml.org/2001/03/daml+oil.

[**Heflin99**] HEFLIN, J.; Hendler, J.; Luke, S. **SHOE**: A Knowledge Representation Language for Internet Applications. *Technical Report* CS-TR-4078 (UMIACS TR-99-71), 1999.

[**Gómez-Pérez04**] GÓMEZ-PÉREZ, A.; Fernández-Pérez, M.; Corcho, O. **Ontological Engineering**. Springer Verlag, 2004.

[**Hjelm01**] HJELM, H. **Creating the Semantic Web with RDF**. Wiley, 2001.

[**Genesereth91**] GENESERETH, M. R. Knowledge Interchange Format. In: Allen, J.; Fikes, R.; Sandewall, E. eds. Principles of Knowledge Representation and Reasoning: Proceedings of the Second International Conference (KR'91). Morgan Kaufmann Publishers, San Francisco, California, 1991.

CAPÍTULO 5

Por Onde Começar? Metodologias para a Construção de Ontologias: Arte ou Engenharia?

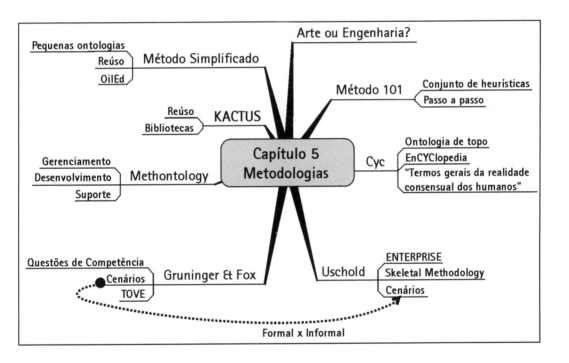

68 Capítulo Cinco

Ontologia, como definido por Gruber, é *"uma especificação formal e explícita de uma conceitualização compartilhada"*. Essa definição é suficiente para compreendermos o que ontologias são e suas contribuições. Também fica claro que entre as maiores razões para se construir uma ontologia estão o compartilhamento da informação e a possibilidade de reúso do conhecimento sobre domínios específicos. Cientificamente esta é uma argumentação perfeita, porém a demonstração da necessidade e da utilidade de ontologias não é de muita ajuda para a construção das próprias. Segundo Nicola Guarino e Chris Welty,

"a disciplina de ontologia está evoluindo ao encontro de uma disciplina, e nesse processo está surgindo claramente a necessidade de uma metodologia". [Guarino e Welty]

Cientistas do mundo todo estão buscando a metodologia mais adequada para o desenvolvimento de ontologias para a Web Semântica. Vários grupos de pesquisa estão empenhados nessa tarefa, entre eles pesquisadores das universidades de Manchester, Stanford, Karlsruhe, Politécnico de Milão, PUC-Rio, Toronto, Maryland, Vrije e MIT, além de organizações tais como DARPA, Bell Labs e W3C, entre muitas outras. Talvez as variáveis sejam tantas que não seja possível desenvolver uma única metodologia adequada para todas as situações. É provável que a melhor solução seja uma escolha entre algumas possibilidades ou a composição de várias metodologias.

Entendendo isso, pesquisadores da área estão empenhados na criação de uma disciplina de **Engenharia de Ontologias**. A Engenharia, como ciência aplicada, tem objetivos distintos da ciência pura, como colocado precisamente por John Sowa:

"Engenheiros têm um objetivo mais modesto. Ao contrário de procurar a melhor teoria possível, que resolva todos os problemas, ficam satisfeitos com a teoria que é boa o suficiente para o problema específico que têm em mãos. Quando lhes é dado um novo problema, procuram uma teoria que possa resolvê-lo com uma aproximação aceitável, dentro de suas restrições de prazo, orçamento e ferramentas disponíveis. Apesar de ninguém (os cientistas) ainda ter descoberto uma teoria que resolva todos os problemas, as pessoas no mundo todo têm tido sucesso ao encontrar teorias mais ou menos adequadas para lidar com problemas rotineiros da vida. À medida que a ciência progride, também avançam as técnicas de Engenharia, porém os engenheiros não precisam esperar a chegada da teoria perfeita para que possam fazer seu trabalho." [John Sowa]

É com esse espírito que apresentamos as diferentes propostas de metodologias para apoiar o processo de construção de ontologias. Nenhuma delas é a mais adequada. Todas têm sua utilidade, dependendo das necessidades de cada aplicação. Neste capítulo discutiremos algumas dessas metodologias, de modo a melhor entender as dificuldades envolvidas no processo de levantamento, modelagem e construção de ontologias.

5.1 Processo Proposto pelo Método Cyc

O primeiro registro de método ou conjunto de heurísticas para a construção de ontologias foi publicado com os resultados do projeto Cyc (redução de *enCYClopaedia*, ou enciclopédia). Esse projeto objetivou a construção de uma enorme base de conhecimento que, segundo seus projetistas, contém os "termos mais gerais da realidade consensual dos humanos". O projeto foi iniciado na década de 1980, pela Microelectronics and Computer Corporation, MCC, baseado em um núcleo de cerca de um milhão de sentenças que foram incluídas manualmente na base de conhecimento do Cyc. A construção dessa base seguiu três fases distintas, como ilustrado na Figura 5.1.

Figura 5.1 Processo de construção da ontologia Cyc.

A base de conhecimento Cyc está continuamente sendo atualizada e acrescida. Além do processo ilustrado na Figura 5.1, foram desenvolvidas microteorias para apoiar a elicitação de informação em domínios específicos, tais como Química e Astronomia. Estas microteorias adaptam algumas hipóteses e fazem simplificações de modo a facilitar a coleta e a modelagem em determinados domínios. No Capítulo 6 discutiremos a ontologia Cyc em mais detalhes.

5.2 Metodologia Proposta por Uschold

A importância das ontologias como modelo conceitual para a captura e a reutilização de informação é bem compreendida em meios acadêmicos. Baseado na prática da construção da ontologia de topo **Enterprise,** o grupo do pesquisador Mike Uschold, da Universidade de Edimburgo, em cooperação com outras empresas, propôs a primeira metodologia, também conhecida como "*skeletal methodology*", para construção de ontologias.

O processo de construção de uma ontologia, segundo Uschold, deve ser guiado por **cenários de motivação.** A técnica de cenários, proposta por John Carroll para o *design* de interfaces, é utilizada largamente no desenvolvimento de software, seja através de casos de uso em desenvolvimento orientado a objetos ou através de "historietas" (*user stories*) no desenvolvimento utilizando-se metodologias ágeis, por exemplo, Extreme Programming. Essa técnica se baseia na descrição de situações reais e na seqüência de ações que devem ser tomadas para que seus objetivos sejam atingidos. Cenários são muito úteis na comunicação, na modelagem e na validação de informações junto a usuários. Na Tabela 5.1 resumimos as vantagens principais oferecidas pelo enfoque de cenários no desenvolvimento de sistemas.

TABELA 5.1 Algumas vantagens da adoção de cenários no desenvolvimento de sistemas. [Fonte: Julio Cesar Sampaio do Prado Leite]
Fáceis de entender, pois são escritos em linguagem natural
Utilizam a linguagem do problema (dialeto do usuário), e não o linguajar técnico de especificações de requisitos
Ajudam a unificar critérios
Estimulam o pensamento, uma vez que apresentam várias alternativas
Organizam a informação, uma vez que a grande maioria das representações de cenários apresenta seu próprio *template*
Ajudam a manter a rastreabilidade de requisitos
Ajudam no treinamento de novos participantes do projeto (usuários e desenvolvedores)

No caso do desenvolvimento de sistemas, cenários são utilizados para descrever conjuntos de funcionalidades que o sistema deve fornecer. No caso de ontologias, cenários de motivação são utilizados para descrever os questionamentos (ou tipo de questionamentos) que não estão sendo adequadamente tratados pelas ontologias atuais.

> *"Os cenários de motivação são problemas ou exemplos que não estão sendo tratados de forma adequada pelas ontologias existentes. Um cenário de motivação também fornece um conjunto de soluções intuitivas para os problemas descritos. Essas soluções fornecem uma semântica informal para os objetos e relacionamentos que serão incluídos na ontologia mais tarde. Qualquer proposta para uma nova ontologia ou extensão a uma ontologia existente deve ser descrita através de um ou mais cenários de motivação."* [Uschold.]

O processo de construção pregado pelo autor é composto de quatro estágios distintos – identificação, construção, avaliação e documentação. Ilustramos o método proposto na Figura 5.2 e detalhamos o processo a seguir:

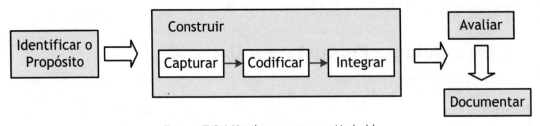

FIGURA 5.2 Método proposto por Uschold.

1. **Identificação de propósito da ontologia**. Definir por que construir a ontologia e para que ela será utilizada. Uma ontologia pode ser desenvolvida com o intuito de compartilhar, reutilizar ou servir como parte de uma base de conhecimento.

2. **Construção da ontologia**

    Captura. Definir textualmente conceitos e relacionamentos. É importante notar que essas descrições textuais não devem ser realizadas utilizando-se um modelo tradicional de dicionário, mas sim tentando maximizar a utilização de outros termos que compõem essa descrição. Dessa forma estaremos, de modo informal, identificando os relacionamentos entre os conceitos-chave.

Codificação. Codificar a ontologia, através da representação dos conceitos e relacionamentos definidos em 2.1, utilizando uma linguagem formal. É necessário decidir se cada termo será modelado como classe, entidade ou relacionamento.

Integração. Questionar a possibilidade de reutilização de ontologias existentes. Essa atividade pode ser realizada em paralelo com atividades anteriores.

3. **Avaliação da ontologia.** Utilizar critérios técnicos: verificação da especificação de requisitos, validação das questões de competência, comparação com o mundo real.

4. **Documentação.** Descrição do processo. O formato final aceita variações, dependendo do tipo de ontologia. Os usuários podem determinar suas próprias convenções, como, por exemplo, o nome de classes em letra maiúscula e os de relacionamento em letras minúsculas.

Esse método foi criticado por apresentar muito pouco suporte para o processo de conceitualização da ontologia. O processo de levantamento de termos proposto é muito informal, e existe um salto muito grande para a fase de codificação. Uma representação intermediária deveria ser proposta, com heurísticas que auxiliassem os usuários a decidir quais termos incluir na ontologia e como classificá-los.

5.3 Metodologia do Projeto TOVE

Gruninger e Fox propuseram a metodologia Toronto Virtual Enterprise (TOVE) em 1995. A metodologia foi derivada da experiência dos autores no desenvolvimento de ontologias para os domínios de processos de negócios e corporativo. Os autores utilizam o que chamam de cenários de motivação para descrever problemas e exemplos que não estejam adequadamente referenciados por ontologias existentes, conforme proposto por Uschold (ver Seção 5.2). Após o desenvolvimento desses cenários, o desenvolvedor deve elaborar questões de competência para ontologia, i.e., quais são as questões que a ontologia deve responder. Estas são elaboradas com o propósito de auxiliar na análise da ontologia.

"A partir dos cenários de motivação, um conjunto de questionamentos vai ser levantado, resultando em uma série de demandas que devem ser respondidas pela ontologia corrente. Consideramos esses questionamentos como requisitos de expressividade no formato de questões. Uma ontologia deve ser capaz de representar essas questões utilizando sua terminologia e caracterizar as respostas a essas questões utilizando seus próprios axiomas e definições."
"As questões de competência especificam os requisitos de uma ontologia e, como tais, são os mecanismos de definição do espaço de projeto da própria ontologia." [Gruninger e Fox]

Ilustramos o método de TOVE na Figura 5.3 e detalhamos suas etapas a seguir:

1. **Descrição de cenários de motivação.** Os cenários de motivação são descrições de problemas ou exemplos que não são cobertos adequadamente por ontologias existentes. A partir desses cenários-problema se chega a um conjunto de soluções possíveis, que carregam a semântica informal dos objetos e relações que posteriormente serão incluídos na ontologia;
2. **Formulação informal das questões de competência.** Baseadas nos cenários, são elaboradas questões de competência com a intenção de que seja possível representá-las e respondê-las utilizando-se a ontologia a ser desenvolvida;
3. **Especificação dos termos da ontologia através de uma linguagem formal**.
   3.1 Definição de um conjunto de termos/conceitos a partir de questões de competência. Esses conceitos servirão de base para a especificação numa linguagem formal;
   3.2 Especificação formal da ontologia usando uma linguagem de representação de conhecimento, como, por exemplo, Lógica de Primeira Ordem ou KIF (Knowledge Interchange Format);

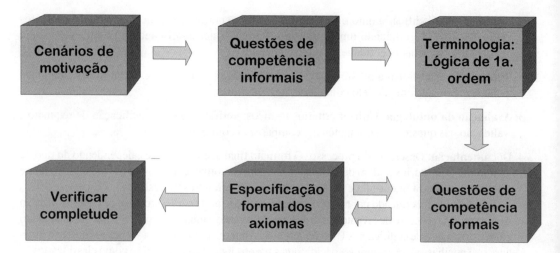

Figura 5.3 Metodologia TOVE para o desenvolvimento de ontologias.

4. **Descrição formal das questões de competência.** Descrição das questões de competência usando uma linguagem formal;
5. **Especificação formal dos axiomas.** Criação das regras, descritas em linguagem formal, a fim de definir a semântica dos termos e os relacionamentos da ontologia;
6. **Verificação da completude da ontologia.** Estabelecimento de condições que caracterizem a ontologia como completa por meio das questões de competência formalmente descritas.

Na nossa opinião, a maior falha desse enfoque é supor que os conceitos e relacionamentos de uma ontologia podem ser derivados dos cenários motivacionais apenas. Na realidade, a técnica de cenários é mais bem empregada para a observação de aspectos dinâmicos do domínio do que para a identificação de suas entidades estáticas.

5.4 Methontology

O *Methontology* é um *framework* desenvolvido no laboratório de Inteligência Artificial do Politécnico de Madri que fornece apoio automatizado para a construção de ontologias.

O Methontology é baseado no processo-padrão IEEE para o desenvolvimento de software. O processo de desenvolvimento de ontologias referencia *quais* as atividades que devem ser cumpridas ao se construir ontologias. Segundo seus autores, Assunción Gómez-Pérez, Mariano Fernandéz e Natalia Juristo, é fundamental chegar a um acordo quanto a essas atividades, sobretudo se a ontologia está sendo desenvolvida por times que se encontram dispersos geograficamente. Eles classificam as atividades em três grupos: Atividades de gerenciamento de ontologias, Atividades ligadas ao desenvolvimento de ontologias e Atividades de manutenção de ontologias. Listamos as atividades de cada grupo a seguir:

- **Atividades de gerenciamento de ontologias** – elaboração de cronogramas, controle, garantia da qualidade.
- **Atividades ligadas ao desenvolvimento de ontologias** – estudo do ambiente, estudo de viabilidade, especificação, conceituação, formalização, implementação, manutenção, uso.
- **Atividades de suporte** – aquisição do conhecimento, avaliação, integração, documentação, integração, gerência da configuração, alinhamento.

Essas atividades são suportadas pelo ODE (Ontology Development Environment), que fornece apoio automatizado para o processo de desenvolvimento de ontologias. Os autores utilizam técnicas de elicitação bem semelhantes à que temos praticado no levantamento de requisitos de software, e.g., entrevistas estruturadas, questionários e leitura de documentos do domínio. O processo de desenvolvimento de ontologias proposto está ilustrado na Figura 5.4 e é descrito a seguir:

Plano: ao iniciar o projeto de uma ontologia é necessário planejar as tarefas que serão realizadas. Nesse plano é necessário descrever uma previsão do número de horas, recursos e ferramentas que serão necessários.

Especificação: nessa fase são definidos o escopo e os objetivos da ontologia. Nessa fase são respondidos os seguintes questionamentos:

- Por que esta ontologia está sendo construída?
- Quais serão seus usuários?

As respostas a esses questionamentos devem ser escritas em um documento que servirá como a especificação de requisitos da ontologia. O nível de formalismo desse documento é escolhido pelos desenvolvedores. A ontologia Enterprise, desenvolvida por Uschold (ver Seção 5.2), é um exemplo de metodologia informal escrita em linguagem natural enquanto a ontologia TOVE, desenvolvida por Gruninger e Fox (ver Seção 5.3), é um exemplo de uma ontologia formal, que faz uso de um conjunto de questões de competência formalmente descritas.

Conceitualização: nessa fase é realizado o levantamento dos termos da ontologia. Podem ser utilizadas as técnicas tradicionalmente aplicadas por engenheiros de requisitos no processo na elicitação de informação. Julio César Sampaio do Prado Leite, da PUC-Rio, fez um estudo comparativo das técnicas de Elicitação de Requisitos. Reproduzimos parte desse estudo na Tabela 5.2.

Uma vez que se tenha adquirido o conhecimento necessário, este é organizado através de um modelo conceitual. Alguns autores utilizam o UML para representar classes, propriedades e seus relacionamentos nesse estágio. Esta é uma representação intermediária, no sentido que é mais formal do que a lista inicial de termos em linguagem natural e menos formal do que descrições que utilizam lógica ou modelos baseados em *Frames* (ver Capítulo 3).

TABELA 5.2 Algumas técnicas de Elicitação de Requisitos. [Fonte: Julio Cesar Sampaio do Prado Leite]

Técnicas	Entrevistas	Leitura Dinâmica de Documentos	Questionários	Workshop de Requisitos	Observação	Análise de Protocolo	Enfoque Antropológico	Bases de Requisitos Não Funcionais
Vantagens	Contato direto com atores, possibilidade de validação imediata	Facilidade de acesso às fontes de informação; volume de informação	Padronização de perguntas; tratamento estatístico	Múltiplas opiniões, criação coletiva	Baixo custo, pouca complexidade da tarefa	Fatos não observáveis, melhor compreensão dos fatos	Visão de dentro para fora contextualizada	Reutilização de conhecimento; antecipação de aspectos implementacionais; identificação de conflitos
Desvantagens	Conhecimento tácito, diferenças culturais	Dispersão das informações; volume de trabalho requerido para identificação dos fatos	Limitação das respostas; pouca interação; participação	Dispersão, custo	Dependência do ator (observador); superficialidade decorrente da pouca exposição ao universo de informações	Foco na performance; o que se diz não é o que se faz	Tempo; pouca sistematização	Custo de construção de base; RNF; falsa impressão de completude

Formalização: nessa etapa se formaliza o modelo conceitual da fase anterior através de uma linguagem formal para descrição de ontologias. Lógica de descrição ou modelos baseados em *Frames* são algumas opções.

Integração: nessa etapa é realizada a integração do modelo em desenvolvimento com outras ontologias. A Methontology faz uma previsão para o reuso de conceitos de outras ontologias.

Implementação: de modo a tornar a ontologia passível de processamento automático, ou seja, computável, é necessário implementá-la em uma linguagem. OIL, DAML+OIL e OWL são alguns exemplos de linguagens que podem ser utilizadas nessa etapa.

Avaliação: antes de disponibilizar a ontologia é necessário avaliá-la, para garantir qualidade e adequação aos padrões (em particular a aderência a ontologias de topo, se alguma foi utilizada como referência na construção da atual ontologia).

Documentação: a etapa de documentação serve para garantir a evolução da ontologia. Da mesma forma que qualquer outro artefato produzido durante o desenvolvimento de software, a ontologia precisa ser documentada de forma adequada para permitir que modificações e reúso sejam possíveis no futuro.

Manutenção: ontologias são teorias sobre o mundo ou parte do mundo (domínio). Da mesma forma que o mundo está em constante evolução, a ontologia também deve sofrer um constante processo de manutenção ou ficará obsoleta.

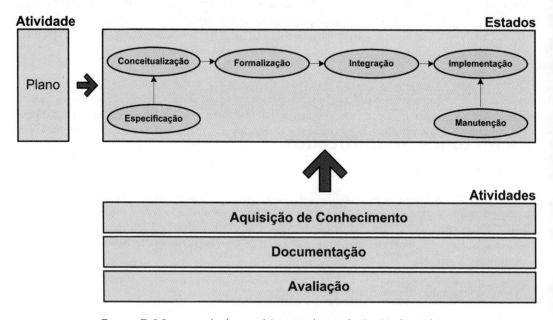

Figura 5.4 Processo de desenvolvimento de ontologias Methontology.

5.5 Método Utilizado pelo Projeto KACTUS

O projeto europeu Esprit–KACTUS tinha como objetivo investigar a reutilização de conhecimento em sistemas e o papel de ontologias nesse processo. O método de construção de ontologias que os europeus propõem é fortemente baseado na possibilidade de reúso de conceitos definidos em outras ontologias. O processo de construção de novas ontologias é, portanto, fortemente condicionado à análise e à adaptação de conceitos de outras ontologias (ontologias de topo e domínio). O processo proposto segue os seguintes passos:

1. **Especificação da aplicação** – contexto e projeto dos componentes da aplicação. Nessa fase é necessário fornecer uma lista de termos e tarefas que fazem parte da aplicação, de modo a iniciar a pesquisa em outras ontologias.
2. **Desenho preliminar baseado em categorias relevantes de ontologias de topo** – nessa fase temos o resultado da busca por termos e tarefas em outras ontologias. Esse processo leva em conta a busca em ontologias de topo genéricas e outras ontologias de domínio que estejam disponíveis. Essas ontologias são refinadas e estendidas de modo a servir a nova aplicação.
3. **Refinamento e estruturação** – para atingir um *design* definitivo na ontologia da aplicação, os projetistas devem fazer uso das recomendações tradicionais da Engenharia de Conhecimento.

Na realidade, as diretivas propostas por esse método são muito gerais para realmente oferecerem subsídios para o desenvolvimento de ontologias. Também faltam os processos para a documentação, a avaliação e a manutenção das ontologias criadas. A importância do projeto KACTUS para a comunidade foi apontar a necessidade de se considerar o reúso de ontologias existentes antes de se começar a desenvolver ontologias do zero. Além de poupar esforços, o reúso de conceitos de outras ontologias apresenta as seguintes vantagens:

- Reduz o tempo de desenvolvimento de ontologias.
- Diminui o risco de desenvolvimento, já que se está reutilizando conceitos que foram testados por outras aplicações.
- Induz consistência no vocabulário.
- Utiliza ontologias de topo:
  - i. Incentivo à continuidade na atualização e na adição de novos conceitos.
  - ii. Rastreabilidade da informação.
  - iii. Selo de qualidade, se a ontologia utilizada tiver *"pedigree"*.
- Comunidade de usuários familiarizados com as ontologias que serviram de base.

5.6 Métodos Simplificados

5.6.1 Método 101

Esse método foi proposto por Natalya Noy e Deborah McGuiness como "um guia para a criação da sua primeira ontologia". A sigla 101 em inglês é o código utilizado para a primeira de uma série de disciplinas em uma universidade, por exemplo, Cálculo I, Física I e Eletromagnetismo I. Nesse método as autoras resumem suas experiências com o desenvolvimento das ferramentas Protégé2000, Ontolingua e Chimaera.

De modo resumido, o processo de construção de uma ontologia envolve:

- Definição das classes dessa ontologia,
- Arrumação das classes em uma hierarquia taxonômica (subclasses e superclasses),
- Definição de propriedades (atributos) e valores para os mesmos,
- Preenchimento dos valores das propriedades para cada instância.

Deve-se lembrar, porém, que não existe uma maneira correta de se modelar um domínio – sempre existem várias alternativas. A melhor solução depende da aplicação e de possíveis extensões. O desenvolvimento de ontologias não é um processo linear. Muitas iterações e refinamentos são necessários para se chegar a um modelo adequado. Um processo de validação, com especialistas do domínio e futuros usuários, é muito proveitoso no final de cada versão. Como resultado, é possível que novas modificações tenham que ser incorporadas à ontologia, fazendo com que as fases iniciais tenham de ser repetidas. Na Figura 5.5 ilustramos o método proposto e detalhamos cada um de seus sete passos.

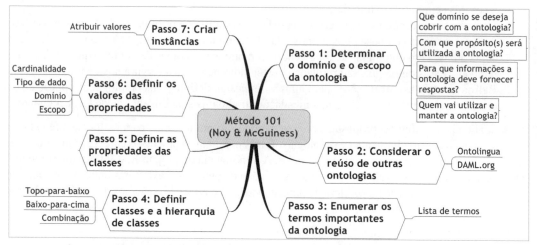

Figura 5.5 Método 101 para o desenvolvimento de ontologias.

Passo 1: Determinar o domínio e o escopo da ontologia

Para se determinar o domínio e o escopo, as autoras sugerem que sejam feitos os seguintes questionamentos:

- Que domínio se deseja cobrir com a ontologia?
- Com que propósito(s) será utilizada a ontologia?
- Para que informações a ontologia deve fornecer respostas?
- Quem vai utilizar e manter a ontologia?

Repare que as perguntas anteriores nada mais são do que versões informais das questões de competência propostas por Gruninger (ver Seção 5.3). Essas questões vão servir para avaliar a ontologia quando estiver pronta. Nesse momento vamos verificar se "a ontologia contém informação suficiente para responder a todas essas perguntas".

Passo 2: Considerar o reúso de outras ontologias

Sempre vale a pena verificar se alguém já codificou os termos em uma ontologia ou se é possível refinar um modelo existente para o nosso domínio de aplicação. A reutilização de outros modelos pode ser um requisito, se nosso sistema tem de interagir como outras aplicações comprometidas com ontologias existentes. Muitas ontologias estão disponíveis eletronicamente e podem ser facilmente importadas para editores ou ambientes de desenvolvimento. O formalismo em que a ontologia está representada não é tão significativo, na medida em que os editores são capazes de importar e exportar para diferentes formatos e linguagens.

Atualmente existem bibliotecas de ontologias que disponibilizam um grande número de modelos para o reúso. As bibliotecas do projeto Ontolingua (www.ksl.stanford.edu/software/ontolingua) e a biblioteca pública de DAML (www.daml.org/ontologies) são apenas alguns exemplos. O próprio site do projeto KACTUS (veja Seção 5.5) disponibiliza um grande número de ontologias para reúso.

Passo 3: Enumerar os termos importantes da ontologia

É importante fazer uma lista de termos que se deseja definir ou explicar para os usuários. Quais são os termos dos quais você gostaria de incluir? Quais as propriedades desses termos? É fundamental obter uma lista inicial de termos sem a preocupação com redundâncias ou detalhar exaustivamente seus relacionamentos. Esse tipo de refinamento será trabalhado nos próximos passos.

Passo 4: Definir classes e a hierarquia de classes

Esse passo acontece quase em paralelo com o passo seguinte, definir propriedades, pois seria antinatural fazer um e depois o outro. O que acontece na realidade é que definimos uma classe, passamos a descrever suas propriedades, passamos para a próxima classe, definimos suas propriedades, e assim sucessivamente.

Existem várias estratégias para se definir uma hierarquia:

Topo-para-baixo (*top-down*) – é a mais comum de todas, pois remete à maneira cartesiana com que fomos treinados para a resolução de problemas. Essa estratégia, também conhecida como decomposição funcional, é largamente aplicada no desenvolvimento de sistemas. Um exemplo quase canônico da utilização desse tipo de hierarquia é a Análise Estruturada.

A decomposição topo-para-baixo se inicia ao definirmos os conceitos mais gerais e segue através de um processo de decomposição, onde colocamos abaixo do termo mais abrangente (pai ou superclasse) os termos mais específicos (filhos ou subclasses) através de relacionamentos de especialização.

Baixo-para-cima (*bottom up*) – nessa estratégia definimos primeiramente o conjunto de termos mais específicos para depois identificarmos possíveis grupamentos. Os grupos devem ser organizados segundo uma estratégia de generalização, onde uma classe mais genérica é escolhida como "pai", ou "superclasse", para conceitos mais específicos. Esse tipo de estratégia permite que se tenha uma visão total do conjunto de termos da ontologia. Esse tipo de enfoque diminui grandemente o risco de ter de fazer uma escolha de decomposição muito cedo no processo e, de maneira geral, resulta em ontologias mais bem balanceadas (número de filhos por classe mais bem distribuído).

Combinação – utiliza um misto das duas estratégias descritas anteriormente. Conceitos mais salientes são identificados e escolhidos. O processo de generalização e decomposição é guiado por esse conjunto de termos.

Apesar de nenhum dos enfoques ser melhor do que os outros, a combinação é tida como a favorita pelos usuários menos experientes. A justificativa, segundo Eleanor Rosch, é de que os conceitos mais utilizados no mundo real tendem a ser os intermediários, nem os mais gerais, nem os mais específicos.

As classes devem ser organizadas em uma hierarquia taxonômica através do seguinte questionamento:

Se uma classe A é superclasse de uma classe B, então toda instância de B também é instância de A.

Em outras palavras, B representa um conceito que é um tipo de A. Por exemplo, imagine a hierarquia de conceitos representada pela Figura 5.6. A classe Táxi é subclasse da classe Meio de Transporte, portanto toda instância de Táxi (o táxi amarelo, chapa LNJ 1053, por exemplo) também é instância de Meio de Transporte.

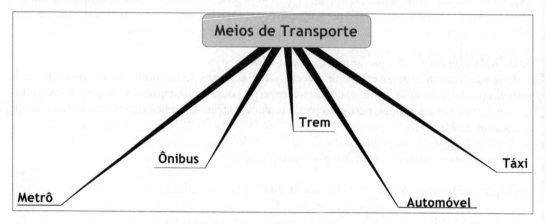

FIGURA 5.6 Taxonomia de Meios de Transporte.

Passo 5: Definir as propriedades das classes

As classes isoladamente não forneceram subsídios suficientes para responder às questões de competência do Passo 1. Uma vez que classes foram definidas, é necessário descrever a estrutura interna de seus conceitos.

No passo anterior já foram selecionadas as classes da lista obtida no Passo 3. Os termos restantes provavelmente representam características, ou seja, propriedades das classes. Para cada propriedade dessa lista devemos determinar a que classe(s) pertence(m). De modo geral existem vários tipos de propriedades relativas a classes: intrínsecas, extrínsecas, partes, estrutura, relacionamentos com outras classes e relacionamentos com outros itens, entre muitas outras. Todas as subclasses de uma classe herdam as propriedades da classe-pai. Dessa forma, se no exemplo ilustrado pela Figura 5.6 a classe Meio de Transporte tiver uma propriedade "possui licença no Detran", todas as instâncias da subclasse Táxi vão herdar essa propriedade. Conseqüentemente, o táxi amarelo, chapa LNJ 1053, também possui uma licença no Detran.

Passo 6: Definir os valores das propriedades

Propriedades podem assumir diferentes valores, dependendo da expressividade da linguagem de ontologia que está sendo utilizada. Cardinalidade é um exemplo. Alguns sistemas permitem que propriedades assumam um único valor enquanto outros permitem cardinalidade múltipla (multivalorada). A chapa de um veículo tem cardinalidade única, enquanto a lista de motoristas autorizados pode incluir vários valores.

Em algumas linguagens é permitido utilizar tipos de dados no preenchimento de valores de propriedades, OWL, por exemplo. Os tipos de dados mais comuns são:

- Cadeia de caracteres
- Números (às vezes valores mais específicos, tais como inteiros ou ponto flutuante, são especificados)

- Booleanos
- Listas enumeradas de elementos

Passo 7: Criar instâncias

O último passo nesse método é criar as instâncias individuais para classes na hierarquia. Definir uma instância individual requer escolher a classe, criar a instância propriamente dita e preencher os valores das propriedades desta classe.

5.6.2 Método Proposto por Ian Horrocks

O grupo de Manchester, responsável pela criação da ferramenta de edição de ontologias OILEd, liderado por Ian Horrocks, tem uma longa tradição no ensino e no treinamento no desenvolvimento de ontologias. Responsáveis pela implementação da linguagem OIL, pela subseqüente união com a linguagem DAML e agora suportando a edição de ontologias em OWL, eles propõem um método simplificado para a criação de pequenas ontologias. Esse método está descrito a seguir:

Método Simplificado para Construção de Ontologias Ian Horrocks

1. Determine como o mundo (domínio) deve funcionar
2. Determine as classes e propriedades desse domínio
3. Determine domínios (*domains*) e escopo (*range*) para as propriedades desse domínio
4. Determine as características das classes
5. Adicione indivíduos e relacionamentos à medida que forem necessários
6. Realize os passos anteriores de maneira iterativa até que se chegue a um resultado "suficientemente bom"
7. Empacote tudo em uma ontologia
8. Se outra pessoa já fez parte do trabalho → Importe
9. Verifique a consistência da ontologia (utilizando uma ferramenta de racionalização – FaCT, por exemplo)
10. Verifique se as classes são coerentes

Leitura Recomendada

[**Fernández-Lopez97**] FERNÁNDEZ, M.; Gómez-Pérez, A.; Juristo, N. **METHONTOLOGY**: From Ontological Arts Towards Ontological Engineering. In: Proceedings of the AAAI97 Spring Symposium Series on Ontological Engineering, Stanford, USA, pp. 33–40, March 1997.

[**Gómez-Pérez98**] GÓMEZ-PÉREZ, A. **Knowledge sharing and reuse**. In: The Handbook of Applied Expert Systems. CRC Press, 1998.

[**Gómez-Pérez04**] GÓMEZ-PÉREZ, A., Fernandez-Pérez, M., Corcho, O. **Ontological Engineering**. Springer Verlag, 2004.

[**Gruninger95**] GRUNINGER, M.; Fox, M. **Methodology for the Design and Evaluation of Ontologies**: Proceedings of the Workshop on basic Ontological Issues in Knowledge Sharing. IJCAI-95, Canada, 1995.

[**Noy01**] NOY, N.; McGuiness, D. **Ontology Development 101** – A guide to creating your first ontology. *KSL Technical Report*, Standford University, 2001.

[**Sure03**] SURE, Y.; Studer, R. **A methodology for Ontology based knowledge management.** In: Davies, J.; Fensel, D.; Hamellen, F.V. (eds.). Towards the Semantic Web: Ontology Driven Knowledge Management. Wiley and Sons, 2003. pp. 33-46.

[Ushold96] USHOLD, M.; Gruninger, M. **Ontologies**: Principles, Methods and Applications. Knowledge Engineering Review, Vol. 11 No. 2 – 1996. pp. 93-136.

[Leite93] LEITE, J.C.S.P.; Franco, A.P.M. **A Strategy for Conceptual Model Acquisition**. Proceedings of the IEEE International Symposium on Requirements Engineering, IEEE Computer Society Press. pp. 243-246, San Diego, 1993.

[Jacobson92] JACOBSON, I. *et al.* **Object Oriented Software Engineering**: A use case driven approach. Addison Wesley/ACM Press, Reading MA, 1992.

[Carroll00] CARROLL, J.M. **Making Use: Scenario-Based Design of Human-Computer Interactions**. MIT Press, 2000.

CAPÍTULO 6

Reinventar a Roda? Outras Ontologias

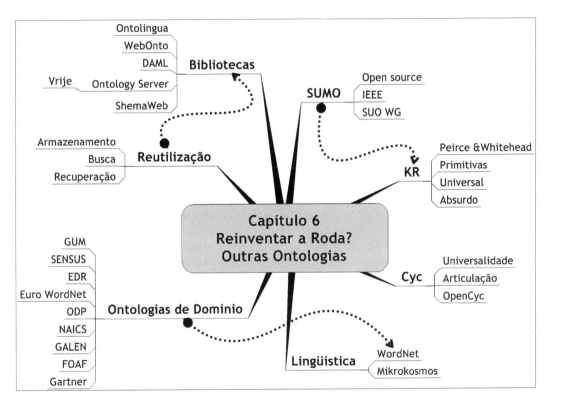

82 Capítulo Seis

"A Filosofia não pode se tornar cientificamente saudável sem um imenso vocabulário técnico. Dificilmente podemos imaginar nossos bisnetos virando as páginas de um dicionário sem se impressionar com a economia de palavras com que seus avós tentaram manipular a Metafísica e a Lógica. Antes desse dia, será um requisito indispensável que cada um desses termos tenha um significado único que, independentemente de sua amplitude, não pode ser vago. Isso vai envolver uma revolução na terminologia, pois na presente condição um pensamento filosófico, seja qual for sua precisão, raramente pode ser expresso sem longas explicações." [Charles Sanders Peirce]

Neste capítulo apresentamos algumas das ontologias mais "famosas". Em primeiro lugar apresentamos as ontologias de topo, ou *upper ontologies*, Sumo, KR e Cyc. Essas ontologias são grandes modelos de representação do conhecimento que objetivam modelar o conhecimento humano e servir como referência. Na seção seguinte apresentamos a ontologia lingüística WordNet. Na Seção 6.3 apresentamos algumas ontologias de domínio que tiveram impacto nos métodos de desenvolvimento de ontologias para a Web Semântica. No final do capítulo revisamos algumas bibliotecas e repositórios de ontologias.

6.1 Ontologias de Topo

6.1.1 Sumo

A SUMO, ou *Suggested Upper Merged Ontology* (ontologia de topo incorporada sugerida), é uma ontologia de topo que foi proposta pelo grupo de trabalho de ontologias, o Standard Upper Ontology (SUO) Working Group da IEEE, formado por um grupo de colaboradores de diversas áreas. Esta é uma iniciativa de software livre e tem como objetivo a construção de padrão público, a ser disponibilizado livremente através da Internet. A lista do SUO foi criada em maio de 2000, e logo contou com um grande número de colaboradores qualificados da indústria, do governo e de instituições de pesquisa nas áreas de Engenharia, Filosofia e Ciência da Informação. O projeto foi autorizado sob a licença IEEE Working Group P1600.1, e é atualmente liderado por James Schoening.

A ontologia SUMO está sendo construída de modo a fornecer definições para termos de propósito geral e servir como fundação para ontologias de domínios mais específicos. Subentende-se que, entre outras coisas, a ontologia SUMO vai possibilitar:

- Progresso em aplicativos ligados ao comércio eletrônico
- Integração de software com base na Internet
- Buscas mais precisas baseadas em palavras-chave e
- Fornecimento de um conjunto de definições precisas para programação de aplicativos de software de ponta.

O objetivo do grupo SUO é fornecer uma ontologia de topo contendo um número total de termos genéricos estimado entre 1.000 e 2.500. Esses termos genéricos poderão ser especializados para a criação de ontologias para domínios específicos. A ontologia SUMO servirá para uma variedade de propósitos, entre outros:

- Projeto de bases de conhecimento e de dados. Desenvolvedores poderão articular novos conhecimentos e definir elementos de dados em termos de uma ontologia comum, dessa forma ganhando em interoperabilidade com outros sistemas baseados no mesmo padrão.
- Reutilização/integração de bases de dados legadas. Elementos de dados pertencentes a sistemas existentes necessitam ser mapeados apenas uma única vez para dentro da ontologia.

- Integração de ontologias de domínio. Essas ontologias (se em conformidade com os padrões da ontologia SUMO) serão capazes de interoperar através do compartilhamento de termos e definições.

A ontologia SUMO foi desenvolvida pela Teknowledge Corporation baseada nos comentários dos colaboradores do grupo SUO; essa ontologia é o documento inicial produzido pelo grupo de trabalho SUO. A ontologia foi criada através da integração de conteúdo ontológico disponibilizado publicamente. Algumas das ontologias que, entre outras, serviram de base para esse processo foram a ontologia de topo proposta por John Sowa, ontologias desenvolvidas pela ITBM-CNR e as ontologias disponíveis no servidor do Ontolingua. A linguagem de representação do conhecimento da ontologia SUMO é uma versão simplificada da linguagem KIF (Knowledge Interchange Format), muito utilizada pela comunidade de Representação do Conhecimento, chamada SUO-KIF.

O processo de construção da ontologia SUMO está ilustrado na Figura 6.1, a seguir:

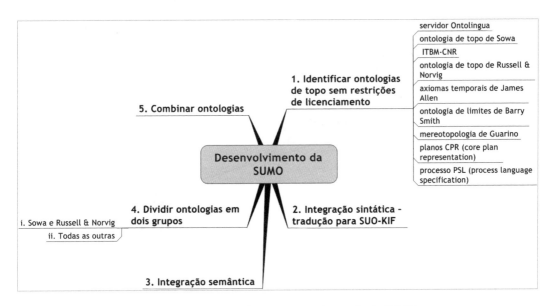

FIGURA 6.1 Processo de construção da ontologia SUMO.

1. Identificar ontologias de topo sem restrições de licenciamento. Esse processo incluiu o conteúdo de bibliotecas on line e ontologias independentes. Foram identificadas, entre outras, as ontologias presentes no servidor do projeto Ontolingua, a ontologia de topo proposta por John Sowa, a ontologia ITBM-CNR, a ontologia de topo proposta por Russell & Norvig, o conjunto de axiomas temporais proposto por James Allen, a ontologia de limites de Barry Smith, a mereotopologia proposta por Guarino, a representação de planos CPR (core plan representation) e a linguagem de especificação de processo PSL (process language specification).
2. Integração sintática. Nesta fase foi realizada a tradução das linguagens de sua codificação nativa (utilizada em sua implementação-padrão) para a linguagem da ontologia SUMO, a linguagem SUO-KIF.
3. Integração semântica. Nesta fase são combinadas as ontologias em um único *framework*, que deve ser consistente. Esta fase, segundo Ian Niles e Adam Pease, foi a mais difícil.
4. Dividir ontologias em dois grupos. Para chegar aos objetivos do item 3, foi necessário dividir as ontologias em dois grupos. No primeiro ficaram as ontologias de topo mais genéricas, isto é, as

ontologias propostas por Sowa e Russell e Norvig. No segundo grupo ficaram todas as outras representações.
5. Combinar ontologias. As ontologias propostas por Sowa e Russell & Novig foram amalgamadas em uma estrutura conceitual única, que foi utilizada na comparação com as ontologias restantes. Durante o processo de combinação em si, foram identificados quatro tipos de situações:
   i. Situação I – o novo conceito/axioma não estava presente na ontologia (até o momento). Se julgado de importância, o conceito era incluído.
   ii. Situação II – o novo conceito/axioma foi julgado fora de lugar em uma ontologia que está sendo montada com o intuito de ser de larga aplicação, isto é, o conceito/axioma é muito particular ou pertence a um domínio específico. Esses conceitos ficaram de fora da ontologia.
   iii. Situação III – foi detectada sobreposição total entre o conceito/axioma a ser incluído e outros já pertencentes à ontologia. Esses conceitos não foram incluídos na ontologia.
   iv. Situação IV – foi detectada sobreposição parcial entre os conceitos/axiomas a serem incluídos e outros presentes na ontologia. Eles tiveram de ser analisados e discutidos individualmente. A decisão relativa à inclusão do conceito/axioma foi tomada caso a caso.

Na Figura 6.2 ilustramos as classes superiores do resultado desse processo, a primeira versão da ontologia SUMO. Essa ontologia continua em evolução.

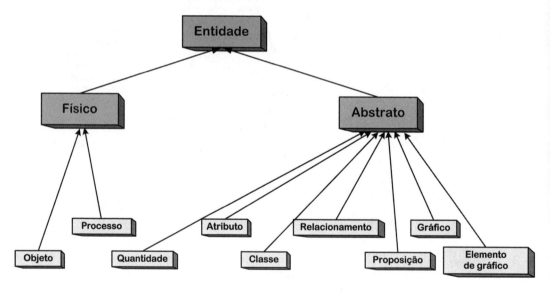

FIGURA 6.2 Classes superiores da SUMO.

Abaixo do conceito Físico, estão as classes, naturalmente disjuntas[1], Objeto e Processo. A seguir apresentamos um exemplo de um axioma escrito na linguagem SUO-KIF:

---

[1] Objetos e processos são naturalmente disjuntos em ontologias que utilizam perspectivas tridimensionais, que é o caso da SUMO. Isso não é verdade para ontologias em 4D, que não se utilizam do contínuo temporal. O próprio site do SUO possui uma discussão interessante sobre o assunto: http://suo.ieee.org.

```
((<=>
    (instance-of ?OBJ SelfConnectedObject)
    (forall (?PART1 ?PART2)
        (<=>
            (and
                (part-of ?PART1 ?OBJ)
                (part-of ?PART2 ?OBJ))
            (connected ?PART1 ?PART2) ))
```

onde `connected` é a generalização da noção de conexão que une as partes de um todo. A Figura 6.3 ilustra uma busca realizada na ontologia SUMO, disponível *on line*, pela palavra (book) livro.

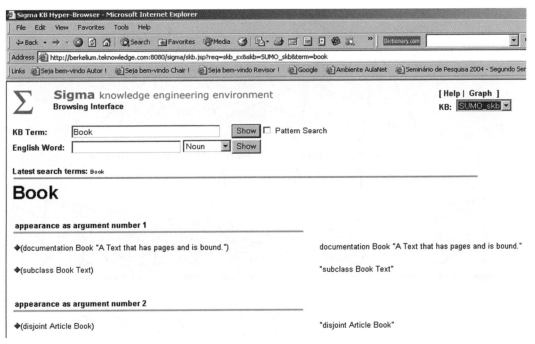

FIGURA 6.3 Conceito book (livro) na ontologia SUMO.

O ramo Abstrato da ontologia do SUMO é constituído de quatro elementos: Conjunto, Proposição, Quantidade e Atributo. O elemento Conjunto representa os conceitos da Teoria dos Conjuntos. Uma classe é um conjunto com a propriedade ou conjunto de propriedades que constituem os requisitos para se pertencer à mesma classe. O elemento proposição corresponde à noção de conteúdo (informação). O elemento Atributo inclui qualidades e propriedades. Quantidade pode ser dividida em Número e Quantidade Física. Na próxima seção apresentamos a ontologia KR, que serviu de base para a confecção dessa ontologia; note as semelhanças entre as classes.

6.1.2 Ontologia KR Proposta por John Sowa

Baseado nas distinções observadas por alguns filósofos, em particular a semiótica de Peirce e as categorias de existência enumeradas por Whitehead, John Sowa propôs uma ontologia de topo chamada KR (knowledge representation ontology). As categorias foram derivadas a partir de combinações da divisão da categoria superior. Essa categoria, também chamada de categoria universal e representada pelo símbolo **T**, foi subdivida nas seguintes combinações:

- Físico e Abstrato (F, A)
- Independente, Relativo ou Mediação (I, R, M)
- Contínuo e Ocorrente (C, O)

No fundo está o tipo absurdo ⊥, que representa uma conjunção contraditória de todas as categorias. Esse tipo completa a categoria, pois serve como subtipo de qualquer outro. Essa ontologia está ilustrada na Figura 6.4, a seguir.

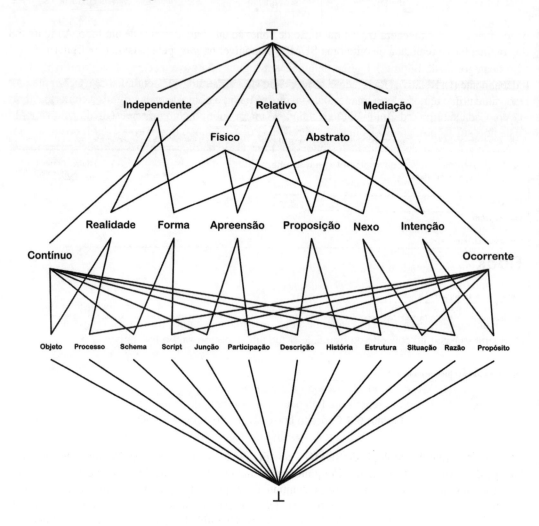

Figura 6.4 Ontologia de topo de Sowa.

As doze categorias centrais à ontologia e as primitivas das quais são derivadas podem ser representadas, alternativamente, através da matriz ilustrada na Tabela 6.1. A matriz é uma representação alternativa para a estrutura combinatória das categorias.

Tabela 6.1 Categorias centrais da ontologia KR

	Físico		Abstrato	
	Contínuo	**Ocorrente**	**Contínuo**	**Ocorrente**
Independente	Objeto	Processo	Schema	Script
Relativo	Junção	Participação	Descrição	História
Mediação	Estrutura	Situação	Razão	Propósito

As categorias da Figura 6.4 serão detalhadas a seguir. São nove as categorias primitivas: T, $\perp$, Independente (I), Relativo (R), Mediação (M), Físico (F), Abstrato (A), Contínuo (C) e Ocorrente (O). Doravante utilizaremos a letra maiúscula com que se inicia o nome de cada primitiva como sua abreviação. Cada subtipo é definido como o *infimum* (maior subtipo comum representado pelo símbolo $\cap$) de dois supertipos, cujos axiomas são herdados. Por exemplo, o tipo Forma é definido como a interseção dos tipos Independente $\cap$ Abstrato; dessa forma ele herda os axiomas tanto de Independente quanto de Abstrato, e é abreviado por IA, que indica seus supertipos.

T ( ) – Tipo Universal

Definição: é o tipo universal. Satisfaz os seguintes axiomas:

- Existe algo: $(\exists x)T(x)$.
- Tudo mais é uma instância de T: $(\forall x)T(x)$.
- Todo tipo é um subtipo de T: $(\forall t:\text{Tipo})t \leq T$.

Todos os outros tipos são definidos a partir da adição de algum tipo de diferença (*differentiae*) que o distingue de T. Essa diferença exprime a distinção que o distingue de T e de todos os outros tipos. Podemos pensar no conceito de Entidade como um sinônimo para o tipo universal T.

$\perp$ – Tipo Absurdo
(Aplica-se a IRMFACO, onde cada letra maiúscula representa a inicial de uma das nove classes primitivas, dessa forma I representa Independente, e assim por diante.)

Definição: tipo absurdo que herda todas as diferenciações (*differentiae*). Formalmente, $\perp$ é a primitiva que satisfaz os seguintes axiomas:

- Nada é instância de $\perp$: $\sim(\exists x)\perp(x)$.
- Todo tipo é supertipo de $\perp$: $(\forall t:\text{Tipo})\perp \leq t$.

Como $\perp$ representa a conjunção inconsistente de todos os tipos de diferenciação (*differentiae*), não é possível que nenhuma entidade existente seja uma instância de $\perp$. Dois tipos s e t são ditos incompatíveis se o único subtipo que tem em comum $s \cap t$ é o tipo absurdo $\perp$. Por exemplo, Cachorro$\cap$Gato $= \perp$, porque não é possível ser cachorro e gato ao mesmo tempo.

A – Abstrato

Definição: informação pura, distinta de qualquer codificação particular para a mesma. Por exemplo, essa informação que você está lendo agora está codificada em papel. Qualquer codificação física é uma representação da mesma informação em forma abstrata.

C – Contínuo

Definição: entidade cuja identidade continua reconhecível depois de um grande intervalo de tempo. Um contínuo possui apenas partes espaciais. Não possui partes temporais. Novas partes podem ser adquiridas. Partes velhas podem ser descartadas. Um contínuo físico é um objeto, enquanto um contínuo abstrato pode ser um modelo (schema) utilizado para representar algum objeto.

F – Físico

Definição: entidade que tem uma localização espaço-temporal. Físico é uma primitiva que satisfaz os seguintes axiomas:

* Qualquer coisa física está localizada em um lugar. $(\forall x{:}\text{Físico})(\exists y{:}\text{Local})\text{loc}(x,y)$.
* Qualquer coisa física ocorre em um momento no tempo: $(\forall x{:} \text{Físico})(\exists t{:}\text{Tempo})\text{pTemp}(x,t)$.

I – Independente

Definição: entidade caracterizada pela sua inerente primazia, independente dos relacionamentos que mantém com outras entidades.

M – Mediação

Definição: entidade caracterizada por agir como um "terceiro"[2], ou seja, trazer duas outras entidades para um relacionamento. Uma entidade independente não pode ter nenhum relacionamento com outra. Uma entidade relativa, no entanto, pode manter um relacionamento com outras. Nesse caso, uma entidade mediadora vai ser responsável pela criação desse relacionamento. Um exemplo é a entidade casamento, que medeia o relacionamento entre marido e mulher.

O – Ocorrente

Definição: entidade que não possui uma identidade estável durante um intervalo de tempo. De maneira formal, ocorrente é a primitiva que satisfaz os seguintes axiomas:

* As partes temporais de um ocorrente são chamadas estágios e existem em momentos distintos.
* As partes espaciais de um ocorrente são chamadas participantes, podem existir em um mesmo momento, mas um ocorrente pode ter diferentes participantes em diferentes estágios.
* Não existem condições de identidade que possam ser utilizadas para identificar dois ocorrentes observados em regiões que não tenham sobreposição de espaço ou tempo.

A vida de uma pessoa, por exemplo, é um ocorrente. Diferentes estágios da vida não podem ser confiavelmente identificados, a não ser que um contínuo, como as impressões digitais ou o DNA da pessoa, possa ser reconhecido em cada estágio. Mesmo assim, a identificação depende de uma inferência que pressupõe condições únicas de identificação.

---

[2] Essa noção vem da tricotomia de Peirce, onde os conceitos universais são classificados em grupos de três. Os conceitos podem apresentar características de "primeiro", "segundo" e "terceiro". Um exemplo é a tríade entidade, relação e representação, onde entidade é "primeiro", relação "segundo" e representação "terceiro". Mais detalhes podem ser encontrados em **The Essential Peirce**, 2 vols. (Editado por Nathan Houser, Christian Kloesel and the Peirce Edition Project, *Indiana University Press*, Indiana, 1998.)

R – Relativo

Definição: entidade em um relacionamento com outra entidade.

Essas definições se referem apenas às categorias superiores da ontologia KR. As definições para todos os tipos podem ser encontradas no livro de John Sowa, **Knowledge Representation**: Logical, Philosophical and Computational Foundations.

6.1.3 Cyc

O projeto Cyc representa o maior esforço jamais despendido no sentido de desenvolver uma ontologia de topo com a maior amplitude possível, que englobasse definições e axiomas para todos os conceitos. Em termos de trabalho, estima-se que já foram despendidos mais de 100 pessoas-ano no desenvolvimento desse modelo, que conta com mais de 100.000 conceitos. O Cyc, de modo oposto à ontologia SUMO, é proprietário e restrito.

A ontologia Cyc foi projetada como uma forma de acomodar todo o conhecimento humano. O próprio nome da ontologia foi derivado da palavra enciclopédia (*enCYClopaedia*, em inglês). As classes superiores do Cyc, cerca de 3.000, estão organizadas em 43 categorias, como, por exemplo, tempo, datas e espaço. A raiz da ontologia é a classe Thing (coisa), que representa o conjunto Universal. A Figura 6.5 ilustra parte das classes que compõem a ontologia superior do Cyc.

Segundo a Cycorp, empresa que detém os direitos do Cyc, esses três mil termos são aqueles que satisfazem os seguintes critérios:

- Universalidade – qualquer conceito imaginável pode ser corretamente relacionado com um desses 3.000 termos, independente de ser geral ou específico, arcano ou prosaico, do contexto, época e linguagem.
- Articulação – as distinções que são realizadas na ontologia são necessárias e suficientes para a maioria dos propósitos. Por necessária a Cycorp quer dizer que todas as distinções valem a pena ser feitas, ou seja, para cada uma existem justificações de ordem pragmática e teórica. Por suficientes a empresa quer dizer suficientes distinções foram realizadas de modo a habilitar e dar suporte ao compartilhamento de conhecimento, desambiguação de termos em linguagem natural, entre outras.

O Cyc pode ser utilizado na criação de ontologias de domínio. Nesse processo integramos as novas classes (do domínio em questão) à ontologia superior do Cyc através de um relacionamento de especialização (subclasse de) chamado *genls* na linguagem de construção da ontologia utilizada pelo Cyc, o CycL. Dessa forma, todos os conceitos de qualquer ontologia de domínio são, necessariamente, subclasses da classe *Thing*. Na Figura 6.6 ilustramos a codificação de alguns conceitos pertencentes à ontologia Cyc, *food* (comida) e *drink* (bebida).

A ontologia Cyc pode ser utilizada para dar apoio às seguintes atividades:

- Geração e compreensão de linguagem natural,
- Integração de bases de dado semânticas, verificação de consistência e mineração de dados,
- Recuperação de informações semânticas,
- Simulação de ontologias restritas,
- Construção e utilização de modelos de usuário,
- Compartilhamento de conhecimento por grupos trabalhando de forma independente.

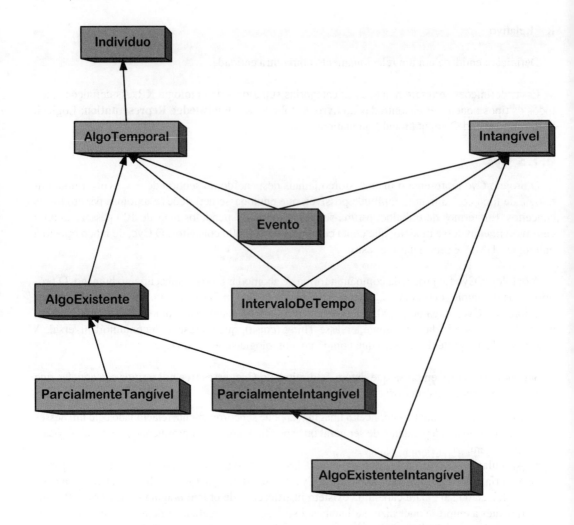

Figura 6.5 Algumas das classes da ontologia superior do Cyc.

Uma versão gratuita, OpenCyc, é disponibilizada publicamente pela Cycorp, na Internet. A empresa oferece várias ferramentas para auxiliar seus usuários a manipular a ontologia incluindo ferramentas de hipertexto, que permitem a visualização e a navegação de partes da ontologia. O release 1.0 do OpenCyc disponibiliza gratuitamente 6.000 conceitos, 60.000 sentenças sobre esses conceitos, um mecanismo de inferência e um browser para visualização da ontologia. Também são fornecidas a especificação da linguagem CycL e a documentação. Na Figura 6.7 ilustramos as classes superiores disponibilizadas pela versão de software livre do Cyc, a OpenCyc.

6.2 Ontologias de Domínio

Ontologias Lingüísticas

O WordNet pode ser considerado um tipo de ontologia lingüística. Comumente essas ontologias tentam descrever construções da linguagem, isto é, palavras, verbos, substantivos, em vez de descre-

FIGURA 6.6 Exemplos de conceitos pertencentes à ontologia Cyc.

ver um domínio em particular. Nesta seção vamos exemplificar o WordNet, também referenciado no Capítulo 2.

6.2.1 WordNet (http://www.cogsci.princeton.edu/~wn/)

O WordNet é um banco de dados léxico que fornece os possíveis significados de mais de 120.000 palavras em língua inglesa, organizados em conjuntos de sinônimos – *synsets*. O WordNet foi desenvolvido na Universidade de Princeton, coordenado pelo pesquisador George Miller.

Aplicativos de software que processam linguagem natural dependem grandemente do significado que as palavras em si podem ter. De modo geral, utilizamos dicionários para identificar qual o sentido correto para os termos que estamos utilizando. A maior parte dos dicionários, no entanto, foi desenvolvida para a conveniência de seres humanos, e são poucas as versões de dicionários que podem ser processadas por computadores. O WordNet foi desenvolvido de modo a cobrir essa falha, sendo seu objetivo fornecer uma base léxica on line para ser utilizada por programas. Substantivos, verbos, adjetivos e advérbios estão organizados em conjuntos de sinônimos, cada um representando um conceito léxico. Relacionamentos semânticos fazem a ligação entre os conjuntos de sinônimos (synsets). A Tabela 6.2 ilustra os relacionamentos semânticos no WordNet.

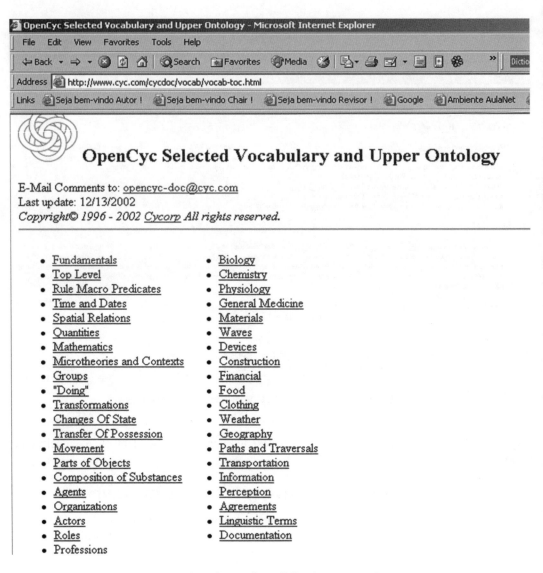

FIGURA 6.7 Classes disponibilizadas no OpenCyc.

6.2.2 Outras Ontologias de Interesse

GUM (Generalized Upper Model)

É uma ontologia lingüística ligada à semântica dos elementos da gramática. De forma oposta ao WordNet, que fornece a semântica dos termos, esta ontologia descreve a semântica de construtos gramaticais do tipo frases. Essa ontologia foi desenvolvida pelos seguintes grupos: Information Sciences Institute (EUA), GMD (Alemanha) e CNR (Itália).

SENSUS
http://www.isi.edu/natural-language/projects/ONTOLOGIES.html

O Sensus é uma ontologia de termos comumente utilizados em linguagem natural. Foi desenvolvido pelo grupo ISI e contém mais de 70.000 termos. A parte superior da ontologia contém cerca de 400 ter-

TABELA 6.2 Relacionamentos semânticos no WordNet [George Miller]

Relacionamento Semântico	Categoria Sintática	Exemplos
Sinônimo (similar)	S, Aj, V, Av	Cano, tubulação Subir, ascender Triste, infeliz Rápido, veloz
Antônimo (oposto)	Aj, Av (S,V)	Seco, molhado Forte, fraco Convidativo, repelente Rapidamente, vagarosamente
Hipônimo (subordinado)	S	Macieira, árvore Árvore, planta
Merônimo (parte-de)	S	Aba, chapéu Barco, frota
Maneira	V	Marcha, andar Sussurro, fala
Ligação/Conseqüência	V	Dirigir, pegar carona Divorciar, casar

Legenda: **S** = substantivo; **Aj** = adjetivo; **V** = verbo; **Av** = advérbio.

mos, que são referenciados como a Base da Ontologia. A fonte de informação utilizada na construção do SENSUS foi essencialmente disponibilizada em meio eletrônico, incluindo o próprio WordNet.

EDR (Electronic Dictionary Research)
http://www.iijnet.or.jp/edr/
Neste projeto japonês foi desenvolvido um dicionário com mais de 400.000 conceitos com mapeamentos para termos em inglês e japonês. Apesar de o EDR ter um número de conceitos superior ao do Cyc, não fornece tanto detalhe para os conceitos individualmente.

Euro WordNet
A Euro WordNet é uma base de dados com WordNets para várias línguas européias, estruturados da mesma forma que o WordNet original, através de conjuntos de sinônimos, os synsets. Estão disponíveis WordNets para as seguintes línguas: português, dinamarquês, sueco, norueguês, grego, basco, catalão, romeno, lituano, russo, búlgaro e eslovaco.

Projeto Open Directory (ODP)
http://dmoz.org/
O Open Directory, de forma similar à iniciativa SUO, é um projeto público que conta com o trabalho voluntário de colaboradores espalhados no mundo inteiro. Essa iniciativa tem como objetivo a construção de um enorme tesauro de termos codificados em RDF.

Cada pessoa (ou editor) organiza uma pequena porção da Web e a apresenta para a comunidade, que descarta as partes que estão ruins ou não têm interesse e adicionam o conteúdo julgado de qualidade. Atualmente o Open Directory conta com mais de 8.000 termos cadastrados e tem como usuários muitos sites de busca, entre eles o Google.

94 Capítulo Seis

NAICS
http://www.census.gov/epcd/www/naics.html

O North American Industry Classification System (NAICS) foi criado pelo Census Office do Estados Unidos em colaboração com entidades canadenses e mexicanas. O NAICS classifica produtos e serviços de modo geral. O NAICS foi desenvolvido com base na Standard Industrial Classification (SIC), que data da década de 1930. No atual catálogo os produtos são classificados utilizando-se um código de seis dígitos, em contraste com o antigo código do SIC, que continha apenas quatro dígitos e teve de ser evoluído. Setores cobertos pela especificação do NAICS incluem agricultura, mineração, construção, serviços de utilidade pública, atacado e varejo, acomodações e alimentação, finanças e imobiliário, entre outros.

GALEN
http://www.opengale.org/

Desenvolvida pela organização OpenGALEN, esta ontologia representa uma terminologia clínica. Ela foi desenvolvida para especificar restrições utilizadas em domínios médicos. Entre os objetivos dessa ontologia estão atender às demandas de integração e reúso de informações de pacientes, transmissão de dados e a necessidade de uma padronização para facilitar a realização de estatísticas na área da Saúde.

FOAF (Friend Of a Friend)
http://foafnaut.org/

A idéia desse modelo é compartilhar informação pessoal e sobre pessoas conhecidas. Cada fato é descrito utilizando-se um padrão de dados simples, descrito em triplas RDF. O FOAF fornece um vocabulário simples para descrever fatos básicos, como, por exemplo, "casado-com", "irmão-de", entre outros. Na Tabela 6.3 exemplificamos mais alguns atributos que podem ser descritos no FOAF.

TABELA 6.3 Alguns dos atributos do Friend of a Friend

Propriedade	Valor
Nick (apelido)	Uma cadeia de caracteres que fornece o nome ou apelido com que a pessoa deseja ser chamada.
Homepage (página pessoal)	A URL da página para fins pessoais.
Workplacehomepage (página do trabalho)	A URL da página de trabalho ou firma em que a pessoa trabalha.
Depiction (fotografia)	A URL de uma fotografia da pessoa.
Phone (telefone)	Número de telefone da pessoa.

A seguir mostramos um exemplo de código, em RDF, de como pode ser uma identificação no FOAF. Note na última porção do código a etiqueta foaf:knows, que fornece uma indicação de uma pessoa conhecida. Dessa forma vai-se montando a rede de conhecimentos. O princípio que rege a construção do FOAF é o famoso "seis graus de separação", em que qualquer pessoa no planeta estaria conectada a qualquer outro indivíduo através de uma rede de conhecimentos em, no máximo, seis nós.

```
<rdf:RDF
      xmlns:rdf="http://www.w3.org/1999/02/22-rdf-syntax-ns#"
      xmlns:foaf="http://xmlns.com/foaf/0.1/">

<foaf:Person>
      <foaf:name>Karin Breitman</foaf:name>
      <foaf:mbox rdf:resource="mailto:karin@inf.puc-rio.br" />
<foaf:nick >edd</foaf:nick>
      <foaf:workplacehomepage rdf:resource="http://www.inf.puc-rio.br/~karin" />
      <foaf:depiction
 rdf:resource="http://www.inf.puc-rio.br/~karin/foto/karin.jpg" />
      <foaf:knows>
      <foaf:Person>
      <foaf:mbox rdf:resource="mailto:daniel@waterloo.edu" />
      <foaf:name>Prof. Daniel M. Berry</foaf:name>
      </foaf:Person>
      </foaf:knows>
</foaf:Person>

</rdf:RDF>
```

O FOAF também permite a importação de outros vocabulários. O vCard (ver Capítulo 2) é um exemplo, através do mecanismo de namespace do RDF. Esse experimento serviu para demonstrar que dados distribuídos em escala mundial podem ser utilizados na prática sem que seja necessário utilizar tecnologia complexa ou padrões elaborados de dados. Mais informações sobre essa rede de conhecimentos podem ser obtidas nesse artigo publicado pela IBM, disponível em http://www-106.ibm.com/developerworks/xml/library/x-foaf.html.

Gartner
http://www.gartner.com
O grupo Gartner disponibilizou seu índice de tópicos, que é dividido em onze categorias, nos quais se enquadram as pesquisas realizadas pelo grupo. Estas são expandidas para mais de 500 subtópicos.

6.3 Bibliotecas de Ontologias

A reutilização de ontologias existentes está ficando cada vez mais importante para a integração de informação e o desenvolvimento de novas ontologias para a Web Semântica. Sistemas de gerência de bibliotecas de ontologias estão sendo diponibilizados de modo a apoiar o compartilhamento de ontologias desenvolvidas por grupos geograficamente dispersos. Esse tipo de sistema oferece várias funções para gerenciamento, adaptação e padronização de ontologias, de modo a facilitar e promover o reúso de ontologias. As características desejadas para esses sistemas podem ser resumidas em:

- Oferecer infra-estrutura para armazenamento, busca e recuperação de ontologias,
- Ser de fácil acesso,
- Oferecer suporte à reutilização de ontologias existentes,
- Suportar vários padrões de linguagem,
- Oferecer mecanismos de tradução das ontologias para as linguagens recomendadas,
- Oferecer suporte para a edição de ontologias.

Nesta seção descreveremos alguns desses sistemas. Veremos que cada um deles atende esses requisitos em determinado grau.

96 Capítulo Seis

Ontolingua
http://www-ksl-svc.stanford.edu:5915/doc/ontology-server-projects.html

O sistema Ontolingua foi desenvolvido em Stanford no início dos anos 1990. Consiste basicamente em um servidor, que serve como repositório de ontologias e uma linguagem de representação. As ontologias são disponibilizadas por esse sistema de modo a oferecer apoio ao desenvolvimento de novas ontologias. Ontolingua oferece suporte a tradução, teste e integração de ontologias. Os mecanismos de busca oferecidos são bem sofisticados. Entre outros, estão alojados no repositório do Ontolingua a Enterprise Ontology (ver Capítulo 5, Seção 5.2) e a ontologia InterMed, que tem como objetivo construir um servidor de vocabulário médico.

WebOnto
http://eldora.open.ac.uk:3000/Webonto

WebOnto é um sistema de biblioteca desenvolvido pelo Knowledge Media Institute da Open University de Londres. Foi projetado de modo a oferecer suporte à visualização e edição de ontologias. Nesse sistema uma interface gráfica interativa, que oferece suporte à criação coletiva, é disponibilizada para a manipulação das ontologias da biblioteca. A busca por ontologias é restrita à visualização e à navegação das ontologias presentes na base.

Biblioteca DAML
http://www.daml.org/ontologies/

Esta biblioteca é mantida pela DARPA e faz parte do projeto DAML (Agent Markup Language). Esse projeto tem como objetivo viabilizar a Web Semântica através do desenvolvimento e disponibilização de linguagens e ferramentas. Nesse *site* é disponibilizado um catálogo de ontologias, disponíveis nos formatos XML, HTML e DAML. A submissão de ontologias é pública e franqueada a todos. Atualmente essa biblioteca conta com um total de 282 ontologias, organizadas por URL, Data, Palavra-chave, Classe, Propriedade, categoria correspondente no Open Directory, namespace, Financiamento e nome da organização responsável pela submissão.

Ontology Server (da Universidade de Vrije, Bélgica)
http://www.starlab.vub.ac.be/research/index.htm

Este servidor foi desenvolvido e disponibilizado pela Universidade de Vrije, em Bruxelas. Seu objetivo é a utilização de técnicas de bancos de dados para o gerenciamento e a manutenção de ontologias. Um sistema de gerência de banco de dados (SGBD) é disponibilizado de modo a controlar a criação, a manutenção e a evolução da base de ontologias. Atualmente o repositório utiliza o MSQL Server 7.0. Nesse sistema a semântica é separada das ontologias, que passam a ser tratadas como um modelo que contém cinco primitivas (contexto, termos, conceitos, papéis e léxicos). Uma API foi disponibilizada para facilitar a busca de ontologias, que é realizada através de *queries*.

SchemaWeb
http://www.schemaWeb.info/

O SchemaWeb é um grande repositório de modelos, inclusive ontologias, expressos em RDF, OWL e DAML+OIL. Esse repositório é voltado para desenvolvedores de aplicações em RDF, em particular aqueles que utilizam agentes de software. Os esquemas são armazenados na base no formato de triplas RDF e podem ser recuperados por qualquer aplicativo. O SchemaWeb oferece suporte para humanos e máquinas. Aplicativos da Web Semântica podem pesquisar o conteúdo da base através de Web services, já que o repositório suporta os padrões SOAP e REST.

Leitura Recomendada

[**Niles01**] NILE, I.; Pease, A. **Towards a Standard Upper Ontology.** Proceedings of the FOIS'01. *ACM Computer Press*, October 17-19. Maine, USA, 2001.

[**Miller95**] MILLER, G. **WordNet**: A Lexical Database for English Communications of the ACM. November, 1995 pp.39-41

[**Genesereth91**] GENESERETH, M. R. **Knowledge Interchange Format.** In: J. Allen, R. Fikes, and E. Sandewall, eds. Principles of Knowledge Representation and Reasoning: Proceedings of the Second International Conference (KR'91). Morgan Kaufmann Publishers, San Francisco, California, 1991.

[**Guarino98**] GUARINO, N. **Formal Ontology and Information Systems.** In: Proceedings of the FOIS'98 – Formal Ontology in Information Systems. Trento, 1998.

[**Uschold98**] USCHOLD, M.; King, M.; Moralee, S.; Zorgios, Y. **The Enterprise Ontology.** The Knowledge Engineering Review, Vol. 13, Special Issue on Putting Ontologies to Use (Mike Uschold & Austin Tate, eds.).

[**Gómez-Pérez04**] GÓMEZ-PÉREZ, A.; Fernández-López, M.; Corcho, O. **Ontology Engineering**. Springer Verlag, 2004.

[**Peirce**] BURCH, R., "Charles Sanders Peirce", *The Stanford Encyclopedia of Philosophy (Fall 2001 Edition)*, Edward N. Zalta (ed.), disponível em: http://plato.stanford.edu/archives/fall2001/entries/peirce/.

[**Whitehead**] IRVINE, A. D. Alfred North Whitehead, *The Stanford Encyclopedia of Philosophy (Winter 2003 Edition)*, Edward N. Zalta (ed.), disponível em: http://plato.stanford.edu/archives/win2003/entries/whitehead/.

[**SUO**] SUO Information Flow Framework (SUO IFF) http://suo.ieee.org/IFF/.

[**Open Cyc**] http://www.opencyc.org/.

[**Sowa**] Categorias de alto nível da ontologia KR. Disponível em http://www.jfsowa.com/ontology/toplevel.htm.

CAPÍTULO **7**

Mão na Massa?

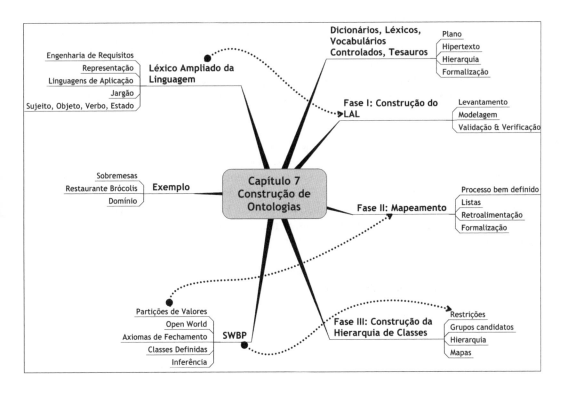

100 Capítulo Sete

7.1 Introdução

Neste capítulo vamos apresentar o Método para Construção de Ontologias, desenvolvido pelo grupo de Engenharia de Requisitos da PUC-Rio. Para apoiar o desenvolvimento de ontologias, que já foi definido como arte, em vez de ciência, propomos o processo baseado no Léxico Ampliado da Linguagem (LAL). A maior vantagem desse enfoque é poder contar com um método maduro para auxiliar na tarefa de levantamento, modelagem e validação dos conceitos e relacionamentos do Universo de Informação. O processo de construção do Léxico é estruturado e segue princípios sólidos de engenharia de software e técnicas já estabelecidas para captura, modelagem e posterior validação da informação modelada. O LAL provê a linguagem comum para a comunicação informal entre os interessados no processo de desenvolvimento de software, e.g., clientes, usuários e desenvolvedores, enquanto ontologias fornecem essa linguagem de modo mais formal, permitindo o compartilhamento de informações entre máquinas e agentes de software.

Em nossa visão, ontologias têm muito em comum com outras modelagens que utilizamos na nossa prática de software. Exemplos são modelos de Análise Estruturada, modelos de Entidade Relacionamento, da Análise Essencial e Orientação a Objeto. A construção desses modelos, bem como a de ontologias, envolve processos de descoberta, modelagem, validação e verificação da informação. É necessário identificar conceitos, entidades, relacionamentos, funções, dados e processos. Através da realização dessas tarefas, antigamente reunidas sob a alcunha de "Análise", são obtidos modelos conceituais que representam o domínio para o qual se deseja desenvolver um sistema.

Independentemente da modelagem, o primeiro passo é definir um vocabulário comum, que permita a comunicação entre usuários e desenvolvedores. Em nossa prática, utilizamos a construção desse vocabulário como parte do próprio processo de levantamento das informações. A idéia central atrás dessa técnica, desenvolvida por Julio Cesar Sampaio do Prado Leite no início dos anos 1990, é a existência de Linguagens de Aplicação. No mundo real existem várias culturas, que são refletidas através da linguagem utilizada pelos integrantes de diferentes grupos. A representação dessas linguagens é fundamental para que se possa entender e compartilhar conhecimento.

Na técnica desenvolvida por Leite, a linguagem é representada através do Léxico Ampliado da Linguagem, que oferece mais subsídios de modelagem do que um dicionário comum. O Léxico será apresentado em detalhes ainda neste capítulo. Outras metodologias de construção de ontologias também se utilizam da construção de dicionários em suas fases iniciais. Exemplos são a metodologia proposta por Uschold (ver Seção 5.2, fase de captura) e a Methontology (ver Seção 5.4).

O processo de construção de ontologias se inicia a partir da elaboração do Léxico da aplicação. Nele estão presentes termos que foram identificados como representativos daquele domínio, ou seja, os conceitos básicos, funções, qualidades e relacionamentos das entidades importantes. O Léxico representa todos esses conceitos na própria linguagem do domínio, através de termos e expressões empregadas por seus atores, também conhecido como **jargão**.

A partir do Léxico, realizamos um processo através do qual "formalizamos" seus termos em conceitos da Ontologia. Nesse processo, identificamos quais termos devem ser modelados como classes, propriedades ou axiomas da ontologia. Esse processo é semi-automático, pois a representação do Léxico já oferece subsídios que nos auxiliam na classificação da maior parte dos termos. No Léxico cada termo é classificado em Objeto, Sujeito, Verbo ou Estado. Para as três primeiras categorias a modelagem da ontologia é trivial. No entanto, a classificação de termos do Léxico do tipo Estado exige um trabalho de avaliação por parte dos modeladores.

Finalmente, identificamos a estrutura hierárquica da ontologia. Dicionários, Tesauros, Vocabulários e Léxicos organizam suas informações de forma planar, listadas alfabeticamente, de modo geral. Quando são disponibilizados em meio eletrônico podem, alternativamente, estar organizados na forma de hipertexto. Uma ontologia, pelo contrário, é caracterizada por sua estrutura hierárquica de relacionamentos de generalização. De modo a finalizar a transição do Léxico para a Ontologia é necessário, então, identificar os relacionamentos de generalização/especialização de modo a organizar os conceitos em uma hierarquia. Na Figura 7.1 ilustramos os passos do Método de Construção de Ontologias.

Método de Construção de Ontologias

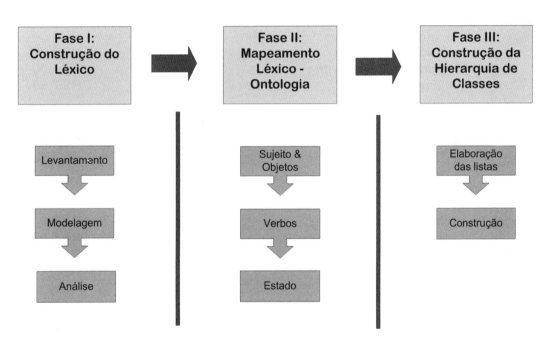

Figura 7.1 Método de construção de ontologias, versão simplificada.

Dividimos este capítulo baseado na Figura 7.1. Na próxima seção introduzimos o Léxico Ampliado da Linguagem, na Seção 7.2 apresentamos o processo de formalização dos termos do Léxico em conceitos da ontologia e, na Seção 7.3, apresentamos as heurísticas de construção da hierarquia. Para ilustrar cada fase, utilizaremos um exemplo de construção de uma ontologia de sobremesas. Neste, modelamos o conjunto de sobremesas oferecidas por um restaurante da nossa universidade. Esse restaurante oferece quatro tipos de sobremesas: tortas, pudins, mousses e frutas. As tortas podem ser de chocolate ou frutas. Somente são servidas mousses de frutas. As frutas servidas ao natural são morango, abacaxi, melão. Algumas sobremesas podem ser servidas quentes. Adicionalmente, algumas sobremesas do cardápio possuem indicações de refrescante (sobremesas geladas, de sabor de frutas) e adequadas para chocólatras (sobremesas de sabor chocolate). O cardápio está ilustrado na Figura 7.2

7.2 Fase I: Construção do Léxico

O texto referente a esta seção é um resumo do material produzido por Julio Cesar Sampaio do Prado Leite para o curso de Web Semântica apresentado em parceria com Karin Breitman durante o

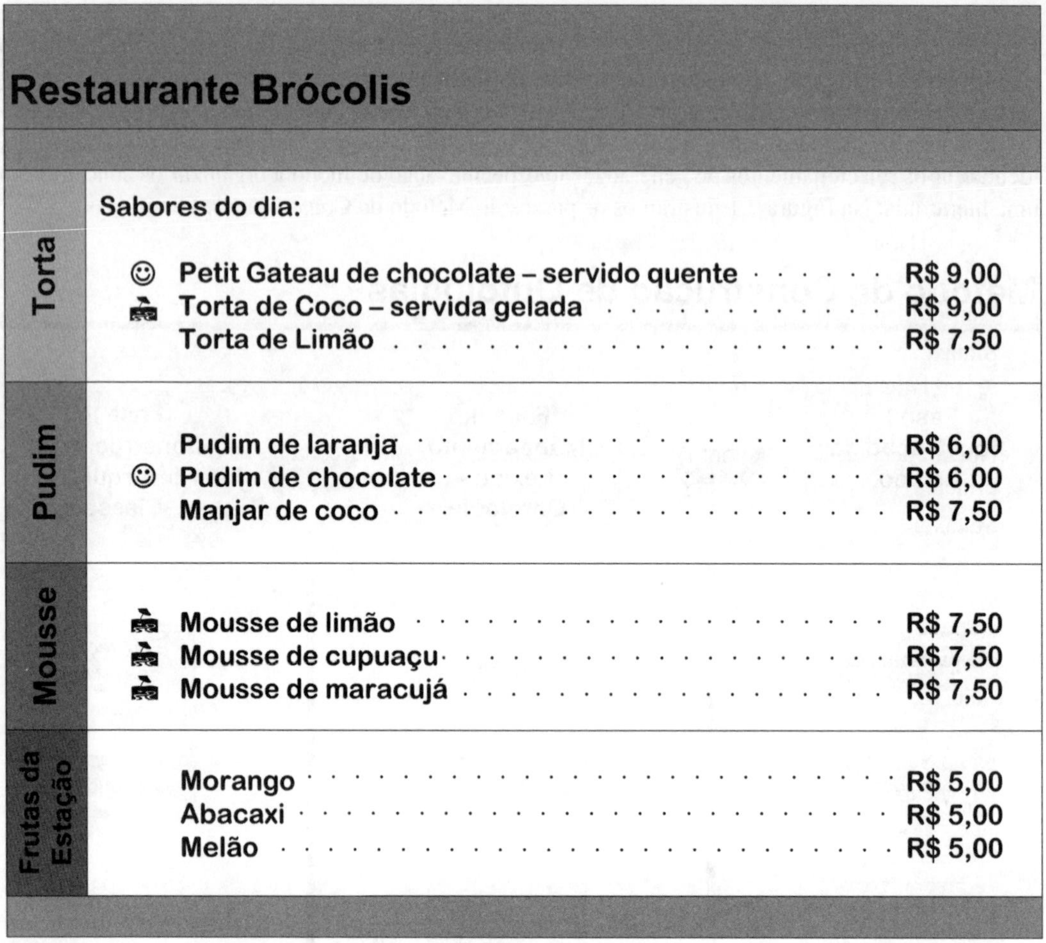

Restaurante Brócolis

Torta

Sabores do dia:

☺ Petit Gateau de chocolate – servido quente · · · · · · R$ 9,00
🚂 Torta de Coco – servida gelada · · · · · · · · · · R$ 9,00
Torta de Limão · · · · · · · · · · · · · · · · · · R$ 7,50

Pudim

Pudim de laranja · · · · · · · · · · · · · · · · R$ 6,00
☺ Pudim de chocolate · · · · · · · · · · · · · · · R$ 6,00
Manjar de coco · · · · · · · · · · · · · · · · · R$ 7,50

Mousse

🚂 Mousse de limão · · · · · · · · · · · · · · · R$ 7,50
🚂 Mousse de cupuaçu · · · · · · · · · · · · · · R$ 7,50
🚂 Mousse de maracujá · · · · · · · · · · · · · · R$ 7,50

Frutas da Estação

Morango · R$ 5,00
Abacaxi · R$ 5,00
Melão · R$ 5,00

FIGURA 7.2 Cardápio de sobremesas do Restaurante Brócolis.

Congresso da Sociedade Brasileira de Computação. O texto integral está disponível em *Ontologias: Como e por que criá-las.* Jornadas de Atualização em Informática, Congresso da Sociedade Brasileira de Computação – Capítulo I – ISBN: 85-88442-95-7 - Salvador, Brasil - 2004. pp. 3-53.

O Léxico Ampliado da Linguagem (LAL) é uma linguagem de representação simples. Por que simples? Porque é composta de apenas três entidades básicas: Termo, Noção e Impacto. A seguir descrevemos sua sintaxe. O LAL é uma linguagem de representação da Engenharia de Requisitos que tem por objetivo mapear o vocabulário utilizado no Universo de Informação (UdI), ou seja, o contexto no qual o software deverá ser desenvolvido e operado. O UdI inclui todas as fontes de informação e todas as pessoas relacionadas ao software. Essas pessoas são também conhecidas como os atores desse universo. O UdI é a realidade circunstanciada pelo conjunto de objetivos definidos pelos que demandam o software.

O LAL fundamenta-se na idéia de que fenômenos e objetos observáveis no UdI têm sua semântica definida no próprio UdI. Nota-se que essa representação é extremamente simples, visto que seu objetivo é o de ajudar no entendimento da linguagem utilizada em um determinado UdI.

> **LAL:** Representação de símbolos na linguagem de aplicação.
> Sintaxe:
> $\{Símbolo\}_1^N$
>
> **Símbolo:** entrada do Léxico que tem um significado especial no domínio de aplicação.
> Sintaxe:
> $\{Nome\}_1^N + \{Noção\}_1^N + \{Impacto\}_1^N$
>
> **Nome:** identificação do símbolo. Mais de um símbolo representa sinônimos.
> Sintaxe:
> Palavra | Frase
>
> **Noção:** denotação do símbolo. Tem que ser expressa usando referências a outros símbolos e o princípio do vocabulário mínimo.
> Sintaxe:
> Sentença
>
> **Impacto:** conotação do símbolo. Tem que ser expresso usando referências a outros símbolos e o princípio do vocabulário mínimo.
> Sintaxe:
> Sentença
> *onde*: Sentença é composta de Símbolos e Não-Símbolos. Não-Símbolos devem pertencer a um vocabulário mínimo.

FIGURA 7.3 Sintaxe do LAL.

A idéia central do LAL é a existência das Linguagens da Aplicação. Essa idéia parte do princípio de que no UdI existe uma ou mais culturas e que cada cultura (grupos sociais) tem sua linguagem própria. É importante observar que ao mesmo tempo em que o LAL é uma representação, o seu propósito, o de representar o vocabulário corrente, é fundamental para que se possa entender e compartilhar o conhecimento do UdI. Ou seja, o LAL ajuda a comunicação entre os atores do UdI, tanto os técnicos quanto os não-técnicos. No processo de elicitação é utilizado para facilitar a comunicação e a compreensão de palavras ou frases peculiares a um Universo de Informação entre as pessoas envolvidas no processo de produção de um software[1].

Como podemos observar na Figura 7.4, cada termo do Léxico tem dois tipos de descrição. O primeiro tipo, **Noção**, é a denotação do termo ou expressão, i.e., seu significado. O segundo tipo, **Impacto** ou **resposta comportamental**, descreve a conotação do termo ou expressão, i.e., provê informação extra sobre o contexto em mãos. Dicionários e glossários, de modo geral, só representam a denotação dos termos. Como o LAL representa também os relacionamentos entre os termos através dos Impactos, temos uma representação muito mais detalhada do Universo de Informações.

A Figura 7.4 ilustra algumas entradas do Léxico de um restaurante. Note que os termos sublinhados representam links (elos) direcionados a outros termos do Léxico.

---

[1] Ver *O Uso de Hipertexto na Elicitação de Linguagens da Aplicação*, Leite, J.C.S.P., Franco, A.P.M.: Anais de IV Simpósio Brasileiro de Engenharia de Software. SBC, Brasil (1990) pp. 134-149.

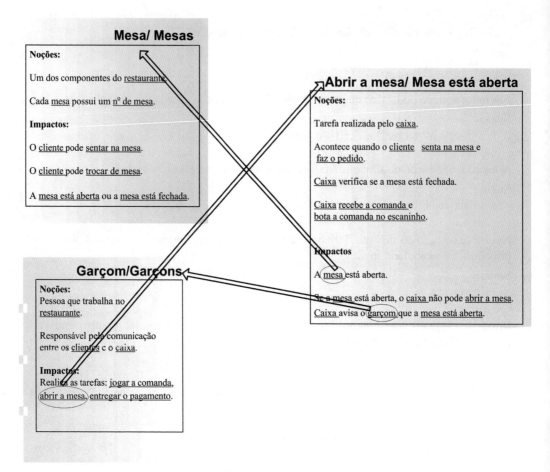

FIGURA 7.4 Exemplos de entradas no LAL.

7.2.1 Levantamento da Informação

O principal objetivo a ser perseguido pelos engenheiros de software na tarefa de levantamento do Léxico é a identificação de palavras ou frases *peculiares* ao meio social da aplicação sob estudo. Somente após a identificação dessas frases e palavras é que se procurará o seu significado. A estratégia de elicitação é ancorada na sintaxe da linguagem e é formada por três grandes etapas:

- Identificação das fontes de informação
- Identificação de símbolos da linguagem e
- Identificação da semântica de cada símbolo.

Um estudo preliminar do Universo de Informação deve ser realizado para que as fontes de informação sejam identificadas. As fontes de informação podem ser de diversos tipos, tais como documentos relevantes (manuais, normas da indústria, leis), atores, outros sistemas e livros. Uma estratégia muito utilizada para listar as fontes de referência mais importantes é observar aquelas que são as mais referenciadas no UdI.

A identificação de símbolos deve ser feita com o uso de uma técnica de coleta de fatos (por exemplo, entrevistas informais, observação, leitura de documentos), quando o engenheiro de software anota as frases ou palavras que *parecem ter um significado especial na aplicação*. Essas palavras são, em geral, palavras chaves que são utilizadas com freqüência pelos atores da aplicação. Quando uma palavra ou frase parecer ao engenheiro de software sem sentido ou fora de contexto, há indícios de que essa palavra ou frase deve ser anotada. O resultado dessa fase é uma lista de palavras e frases.

A grande diferença entre o processo de levantamento de informação aqui proposto e o levantamento comumente praticado por analistas de sistemas é o enfoque. Enquanto na análise de sistemas as estratégias de abordagem são utilizadas com o objetivo de elicitar as funções do sistema em estudo, bem como suas entradas e saídas, na elicitação de linguagens da aplicação as estratégias de abordagem são utilizadas com o objetivo de elicitar símbolos. No levantamento de Linguagens da Aplicação uma das principais heurísticas é justamente a de *não procurar identificar funções da aplicação observada, mas apenas os seus símbolos*.

Com base na lista de símbolos, o engenheiro de software procede a uma entrevista estruturada com atores da aplicação, procurando entender o que cada símbolo significa. É nessa fase que o Léxico Ampliado da Linguagem é usado como um sistema de representação.

Para o nosso exemplo, iremos utilizar como fonte de informação o cardápio ilustrado na Figura 7.2. A partir do cardápio fomos capazes de identificar os seguintes conceitos, ilustrados na lista que se segue:

Lista de Termos Candidatos	
•Sobremesas	•Manjar de Coco
•Tortas	•Chocólatras
•Servido	•Mousses
•Quente	•Mousse de limão
•Gelado	•Mousse de cupuaçu
•Petit Gateau de chocolate	•Mousse de maracujá
•Torta de Coco	•Frutas naturais
•Torta de Limão	•Temperatura ambiente
•Refrescante	•Morango
•Pudim	•Abacaxi
•Pudim de laranja	•Melão
•Pudim de chocolate	•Taça
•Sabor de fruta	•Sabor chocolate
•Balcão redondo	•Exposta

7.2.2 Modelando o LAL

A representação do LAL requer que para cada termo sejam descritos Noções e Impactos. Noção é o que significa o termo, Impacto descreve os efeitos do uso/ocorrência do termo na aplicação ou o efeito de algo na aplicação sobre o termo. Esses efeitos, muitas vezes, caracterizam restrições impostas ao termo ou que o termo impõe. A descrição de Impactos e Noções é orientada pelos princípios de vocabulário mínimo e circularidade.

O princípio de vocabulário mínimo estabelece que ao descrever uma Noção ou um Impacto essa descrição deve minimizar o uso de termos externos à linguagem, e que quando esses termos externos são usados devem procurar uma representação matemática clara (por exemplo, o conjunto, união, interseção, função).

106 Capítulo Sete

O princípio de circularidade estabelece que as Noções e os Impactos devem ser descritos usando termos da própria linguagem. As experiências têm demonstrado que na explicação da Noção e do Impacto os atores da aplicação usam naturalmente o princípio de circularidade. A obediência ao vocabulário mínimo é de responsabilidade do engenheiro de software.

Os símbolos/termos do Léxico são classificados em quatro categorias: **objeto**, **sujeito**, **estado** e **verbo**. Símbolos/termos do tipo objeto definem um objeto em questão e os relacionamentos que mantêm com outros termos do Léxico, sejam eles outros objetos, sujeito, estado ou verbos. Os Impactos de um termo do tipo objeto descrevem ações que podem ser aplicadas ao objeto. Termos do tipo sujeito descrevem uma pessoa ou grupo e quais ações executam. Termos do tipo estado definem o significado de um estado ou situação e ações que precedem o mesmo. Os Impactos de um termo do tipo estado devem descrever outros estados e ações que podem ocorrer a partir do estado inicial. A Tabela 7.1 resume as heurísticas a serem observadas na modelagem do LAL.

TABELA 7.1 Regras de Formação do LAL

	Noção	Impacto
Sujeito	Quem é o sujeito?	Quais ações são feitas?
Verbo	Quem faz, quando acontece e que procedimentos estão envolvidos	Quais são os Impactos da ação no ambiente (UdI), isto é, que outras ações também ocorrem, e quais são os estados resultantes.
Objeto	Define o objeto e identifica outros objetos com os quais ele se relaciona.	Ações que são aplicadas ao objeto.
Estado	O que significa e quais ações levaram a esse estado.	Identifica outros estados e ações que podem ocorrer a partir do estado aqui descrito.

©Julio Cesar Sampaio do Prado Leite

Para exemplificar a modelagem do Léxico, mostramos a seguir o exemplo das sobremesas. Na realidade, além do cardápio ilustrado pela Figura 7.2 também foram utilizadas entrevistas. Observação também foi utilizada para confirmar as informações (o modo e a temperatura em que as sobremesas eram servidas e sua disposição física no ambiente).

Léxico das Sobremesas – Versão 1
(o sublinhado indica termos que fazem parte do próprio Léxico)

Sobremesas/Sobremesa   **tipo:** objeto
Noção: Alimento servido após a refeição.
Impacto: Pode ser torta, pudim, fruta ou mousse.

Manjar de coco   **tipo:** objeto
Noção: Tipo de pudim.
Impacto: Servido em temperatura ambiente.
Fica exposto no balcão redondo.
Servido em taças.

Torta/Tortas   **tipo:** objeto
Noção: Sobremesa de corte de sabor variado.
Impacto: Pode ter sabor chocolate ou sabor de fruta.
Pode ser servida quente ou gelada.

Chocólatras   **tipo:** estado
Noção: São as sobremesas com sabor chocolate.
Impacto: Possuem indicação no cardápio. Recomendadas aos amantes do chocolate. Incluem algumas tortas e pudins.

Servida/Servido   **tipo:** verbo
Noção: Modo de apresentação de uma sobremesa.
Impacto: Pode ser gelada, temperatura ambiente ou quente.

Mousses   **tipo:** objeto
Noção: Sobremesa leve.
Impacto: Servida gelada.

Quente/servida quente   **tipo:** estado
Noção: Temperatura em que a sobremesa é servida.
Impacto: Se aplica a alguns tipos de torta. Requer tempo de espera.

Mousse de limão   **tipo:** objeto
Noção: Tipo de mousse
Impacto: Servida gelada.
Sobremesa de sabor de fruta.
Indicada como sobremesa refrescante.

Gelada/servida gelada/servidas geladas   **tipo:** estado
Noção: Temperatura em que a sobremesa é servida.
Impacto: Se aplica a algumas tortas, mousses e pudins.
Sobremesas geladas são mantidas sob refrigeração.

Mousse de cupuaçu   **tipo:** objeto
Noção: Tipo de mousse.
Impacto: Servida gelada.
Sobremesa de sabor de fruta.
Indicada como sobremesa refrescante.

Petit Gateau de chocolate   **tipo:** objeto
Noção: Tipo de torta de chocolate.
Impacto: Servida quente.
Sobremesa de sabor chocolate.
Faz parte das indicações aos chocólatras.

Mousse de maracujá   **tipo:** objeto
Noção: Tipo de mousse.
Impacto: Servida gelada.
Sobremesa de sabor de fruta.
Indicada como sobremesa refrescante.

Torta de Coco   **tipo:** objeto
Noção: Tipo de torta.
Impacto: Servida gelada.
Sobremesa com sabor de fruta.
Indicada como sobremesa refrescante.

Frutas naturais/Fruta   **tipo:** objeto
Noção: Sobremesa natural
Impacto: Utilizada na elaboração de outras sobremesas.
Podem ficar expostas.

Torta de Limão   **tipo:** objeto
Noção: Tipo de torta.
Impacto: Servida em temperatura ambiente.
Sobremesa com sabor de fruta.

Temperatura ambiente/servida em temperatura ambiente   **tipo:** estado
Noção: Temperatura em que a sobremesa é servida.
Impacto: Se aplica a algumas tortas e frutas.
Sobremesas servidas em temperatura ambiente podem ficar expostas.

Refrescante   **tipo:** estado
Noção: São as sobremesas servidas geladas e com o sabor de frutas.
Impacto: Possuem indicação no cardápio. Recomendadas no verão. Incluem algumas tortas e todas as mousses.

Morango   **tipo:** objeto
Noção: Tipo de fruta.
Impacto: Servida em temperatura ambiente.
Sobremesa com sabor de fruta.
Servida em porções individuais.

Pudim/Pudins   **tipo:** objeto
Noção: Sobremesa láctea.
Impacto: Servida em temperatura ambiente

Abacaxi   **tipo:** objeto
Noção: Tipo de fruta.
Impacto: Servida em temperatura ambiente.
Sobremesa de sabor de fruta.
Servida em porções individuais.

108 Capítulo Sete

Pudim de laranja **tipo:** objeto **Noção:** Tipo de <u>pudim</u>. **Impacto:** <u>Servido</u> em <u>temperatura ambiente</u>. Sobremesa com <u>sabor de fruta</u>. Fica <u>exposto</u> no balcão redondo. Servido em <u>taças</u>.	**Melão** **tipo:** objeto **Noção:** Tipo de <u>fruta</u>. **Impacto:** <u>Servida em temperatura ambiente</u>. Sobremesa de <u>sabor de fruta</u>. Servida em porções individuais.
Pudim de chocolate **tipo:** objeto **Noção:** Tipo de pudim. **Impacto:** Servido em <u>temperatura ambiente</u>. Fica <u>exposto</u> no balcão redondo. <u>Servido</u> em <u>taças</u>. <u>Sobremesa</u> de <u>sabor chocolate</u>.	**Exposta/Exposto** **tipo:** verbo **Noção:** <u>Sobremesa</u> colocada no balcão, à vista de todos. **Impacto:** Se <u>servida em temperatura ambiente</u> pode ser <u>ex-posta</u>.
Sabor chocolate **tipo:** estado **Noção:** Sensação gustativa de chocolate. **Impacto:** Pode ser <u>torta</u> ou <u>pudim</u>. Faz parte das indicações aos <u>chocólatras</u>.	**Sabor de fruta** **tipo:** estado **Noção:** Sensação gustativa de <u>frutas</u>. **Impacto:** Se aplica a todas as <u>sobremesas</u>.
Balcão redondo **tipo:** objeto **Noção:** Local onde são <u>expostas</u> <u>sobremesas</u>. **Impacto:** Apoio para <u>sobremesas</u> em <u>temperatura am-biente</u>.	**Taças/Taça** **tipo:** objeto **Noção:** Utensílio para servir <u>sobremesas</u> <u>geladas</u>. **Impacto:** Utilizado para servir <u>pudim</u>.

7.2.3 Analisando o LAL

Uma vez terminada a primeira versão do Léxico, é necessário submetê-lo a um cuidadoso processo de análise, de modo a garantir a qualidade do documento e a adesão a padrões locais. Entendemos por análise o conjunto dos processos de validação e verificação. A validação é realizada junto aos usuários/clientes e visa avaliar se a visão expressa pelo modelo, neste caso Léxico, corresponde à realidade. Idealmente o Léxico é validado junto aos atores do UdI, já que apenas estes podem validar se nosso entendimento sobre os conceitos modelados está correto, isto é, corresponde ao significado corrente do termo no domínio da aplicação. De maneira geral a análise por outros que não o engenheiro de software dá-se por meio de leitura *ad-hoc*.

A verificação, por sua vez, é realizada junto a outros engenheiros de requisitos e visa avaliar a correção do modelo. Como o Léxico é elaborado em Linguagem Natural semi-estruturada, não é possível verificá-lo formalmente. No entanto, existe um processo bem definido de inspeção de Léxicos proposto por Kaplan[2], que pode ser utilizado para garantir a qualidade dos Léxicos produzidos. Esse processo é baseado na utilização de cenários, que servem para capturar os resultados de cada uma de três fases: planejamento da inspeção, preparação e reunião. O objetivo da Inspeção é a elaboração de uma lista DEO – Discrepâncias, Erros e Omissões identificadas no documento inspecionado. Esses defeitos foram classificados por Kaplan como mostra a Tabela 7.2.

---

[2] Ver *Inspección del Léxico Extendido del Lenguaje*. Gladys N. Kaplan, Graciela D. S. Hadad, Jorge H. Doorn, Julio C. S. P. Leite. Anais do WER00 – Workshop em Engenharia de Requisitos, Rio de Janeiro-RJ, Brasil, julho 13-14, 2000, pp 70-91. Disponível *on line*.

TABELA 7.2	Classificação de possíveis defeitos no processo de inspeção de Léxicos [Ref: Gladys Kaplan]
Grupo	**Defeitos**
Descrição	• Termos mal descritos • Termos incompletos • Descrição incompatível com o tipo
Classificação	• Classificação incorreta
Identificação	• Termos omitidos • Sinônimos incorretos • Termos incorretamente incluídos
Referência	• Falta de referências a outros termos • Mau uso de termos

A retroalimentação gerada pelo processo de análise torna possível um retorno às fontes de informação, ajudando, portanto, o correto esclarecimento da linguagem da aplicação. Este é um processo de refinamentos sucessivos. Vários ciclos de elaboração/análise são necessários até se chegar a uma versão do Léxico adequada.

7.3 Fase II: Mapeamento Léxico – Ontologia

Nesta fase aplicaremos o processo de mapeamento dos termos do Léxico para a Ontologia. Esse processo foi proposto por Breitman & Leite em 2003 e incorporado na nossa prática desde então. A ferramenta de software livre C&L, que será apresentada em detalhes no Capítulo 11, disponibiliza uma implementação semi-automática desse processo.

No mapeamento, os termos do Léxico classificados como do tipo **objeto** e **sujeito** serão mapeados em **classes** da ontologia; os termos classificados em **verbo** serão mapeados para **propriedades**; os termos classificados como do tipo **estado** serão mapeados para **classes** ou **propriedades,** dependendo de sua importância relativa para a ontologia; a **Noção** de cada termo é mapeada na **descrição** da respectiva **classe**; e através da lista de **Impactos** de cada termo do Léxico mapeia-se o **verbo** em propriedades e o **predicado** em **restrições das classes**. A Tabela 7.3, a seguir, apresenta um resumo das ações realizadas durante o processo de mapeamento dos termos do Léxico para a Ontologia.

TABELA 7.3	Mapeamento entre os elementos do LAL e os da Ontologia
Elementos do *LAL*	**Elementos da Ontologia**
Termo (ou símbolo)	

- Tipo
  - Objeto e Sujeito
  - Estado
  - Verbo
	
	Classes
	Classe ou propriedade
	Propriedade

- Noção	Descrição

- Impacto
  - Verbo
  - Predicado (termos)
	
	Propriedade
	Classes ou axiomas

É importante notar que o processo para a construção de ontologias apresentado é independente da linguagem de implementação da ontologia, como, por exemplo OWL, DAML+Oil, Oil, entre outras. A ontologia resultante será expressa através de suas primitivas básicas, i.e., classes, propriedades, hierarquia (de conceitos), restrições (funções que relacionam duas ou mais classes utilizando propriedades) e axiomas. A Figura 7.5 ilustra as três fases do processo de construção de Ontologias. Essa figura é um detalhamento da Figura 7.1, apresentada no início deste capítulo. Note que o mapeamento dos termos do Léxico para a Ontologia está representado no centro da figura. A seguir detalhamos cada um desses passos.

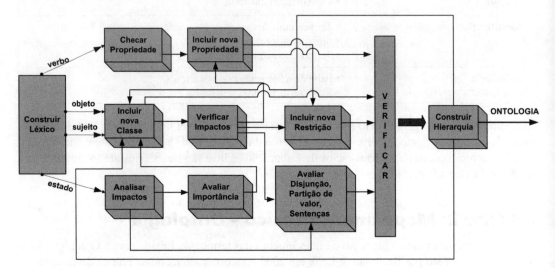

Figura 7.5 Detalhamento do processo de construção de ontologias [Ref.: Karin Breitman].

7.3.1 Processo de Mapeamento do Léxico para a Ontologia

1. *Listar os termos alfabeticamente de acordo com seu tipo (verbo, objeto, sujeito ou estado).*
2. *Fazer três listas: Propriedades, Classes e Axiomas. Na lista de classes cada entrada terá um nome, descrição (linguagem natural) e uma lista contendo zero ou mais restrições (função que relaciona a classe em questão a outras, de maneira não-taxonômica). As entradas na lista de axiomas terão nomes (labels) somente.*
3. *Utilizando a lista de símbolos do Léxico classificados como sujeito ou objeto, para cada termo:*
    3.1 Adicionar uma nova classe à lista de classes. O nome da classe é o símbolo do Léxico propriamente dito. A descrição da classe é a Noção do termo.
        3.1.1 Para cada Impacto,
            3.1.1.1 Checar se já faz parte da lista de propriedades da ontologia.
            3.1.1.2 Caso não faça parte da lista (a propriedade ainda não existe), adicionar uma nova propriedade na lista (de propriedades). O nome da propriedade deve ser baseado no verbo utilizado para descrever o Impacto.
                3.1.1.2.1 Verificar consistência.
            3.1.1.3 Na lista de classes, adicionar uma nova restrição para a classe em questão. A restrição é formada pela classe + a propriedade (definida em 3.1.1.1) + a classe relacionada (essa classe é o objeto direto/indireto do verbo

utilizado no Impacto do símbolo do Léxico. Usualmente é um termo do próprio Léxico e aparece sublinhado).

3.1.1.4 *Checar se existem indicativos de negação no vocabulário mínimo que relacionem duas ou mais classes. Verificar se essas classes possuem um relacionamento do tipo disjuntos (exemplo: macho e fêmea).*

3.1.1.4.1 Se verdadeiro, adicionar o disjoint à lista de axiomas.

3.2 Verificar consistência.

4. Utilizando a lista de símbolos classificados como tipo verbo, para cada termo:

4.1.1 *Checar se já faz parte da lista de propriedades da ontologia.*

4.1.1.1 *Caso não faça parte da lista (a propriedade não existe), adicionar uma nova propriedade à lista (de propriedades). O nome da propriedade é o símbolo do Léxico propriamente dito.*

4.1.1.1.1 Verificar consistência.

5. Utilizando a lista de símbolos classificados como tipo estado, para cada termo:

5.1.1 *Para cada Impacto*

5.1.1.1 *Tentar identificar a importância relativa do termo para a ontologia. Essa estratégia é similar à utilização de questões de competência proposta por Gruninger[3]. Essas questões são obtidas através do refraseamento dos Impactos de cada símbolo em perguntas iniciadas por quando, onde, o que, quem, por que e como.*

5.1.1.2 *Checar se existem indicativos de negação no vocabulário mínimo que relacionem duas ou mais classes. Verificar se essas classes possuem um relacionamento do tipo disjunto (exemplo: macho e fêmea)*

5.1.1.2.1 Se verdadeiro, adicionar o disjoint à lista de axiomas.

5.1.1.3 *Checar se é possível criar uma partição de valor.*

5.1.1.3.1 Criar uma classe pai para a partição.

5.1.1.3.2 Fazer com que as classes participantes da partição sejam disjuntas entre si.

5.1.2 *Caso o termo seja central à ontologia, classifique-o como classe (C).*

5.1.3 *Caso contrário (o termo não é central para a ontologia), classifique-o como propriedade (R).*

5.14 *Verificar consistência.*

Esse processo é executado para cada um dos termos presentes no Léxico. Dependendo do tipo, o procedimento para inclusão é diferenciado. Note que para alguns tipos, e.g., sujeito, a inclusão é automática – o termo é classificado como classe da ontologia e deve ser adicionado como tal. Para os termos do tipo estado, é necessária a intervenção do usuário para decidir se deve ser modelado como classe ou como propriedade. Repare que para cada etapa de inclusão de novo elemento na ontologia é necessária uma verificação de consistência.

7.3.2 Exemplificando o Mapeamento do Léxico para a Ontologia

Nesta seção exemplificamos a dinâmica do processo de mapeamento, através do exemplo da construção da ontologia de sobremesas. Neste capítulo mostraremos os exemplos como se estivéssemos montando a ontologia manualmente, isto é, sem o auxílio de uma ferramenta de edição. No próximo capítulo utilizaremos a ferramenta OilEd para ilustrar os exemplos. Essa ferramenta é publicamente

---

[3] Ver Capítulo 5, Seção 5.3.

112 Capítulo Sete

disponibilizada pela Universidade de Manchester. Uma cópia da ferramenta pode ser obtida através do site OILed.man.ac.uk. Para a verificação da ontologia utilizaremos o mecanismo de inferência FaCT, que pode ser obtido no mesmo site. É importante notar que o OilEd é apenas um editor de ontologias, não oferece nenhum apoio metodológico ao processo de construção de ontologias.

A seguir vamos ilustrar cada passo do processo de mapeamento.

1. Listar os termos alfabeticamente de acordo com seu tipo (verbo, objeto, sujeito ou estado).

TABELA 7.4 Termos do Léxico listados segundo seu tipo.

Verbo	Objeto	Estado
1. Servida	1. Manjar de coco	1. Chocólatras
2. Exposta	2. Sobremesa/Sobremesas	2. Refrescante
	3. Torta/Tortas	3. Quente/servida quente
	4. Petit Gateau de chocolate	4. Temperatura ambiente/servida em temperatura ambiente
	5. Mousses	5. Gelada/servida gelada/servidas geladas
	6. Mousse de limão	6. Sabor de fruta
	7. Mousse de cupuaçu	7. Sabor chocolate
	8. Mousse de maracujá	
	9. Frutas naturais/Fruta	
	10. Torta de Coco	
	11. Torta de Limão	
	12. Morango	
	13. Abacaxi	
	14. Pudim/Pudins	
	15. Melão	
	16. Pudim de chocolate	
	17. Pudim de laranja	
	18. Taças/Taça	
	19. Balcão Redondo	

2. Fazer três listas: Propriedade, Classe e Axioma. Na lista de classes cada entrada terá um nome, descrição (linguagem natural) e uma lista contendo zero ou mais restrições (função que relaciona a classe em questão a outras, de maneira não-taxonômica). As entradas na lista de axiomas terão nomes (labels) somente.

Propriedade	Classe	Axioma

3. Utilizando a lista de símbolos do Léxico classificados como sujeito ou objeto, para cada termo:

3.1 Adicionar uma nova classe à lista de classes. O nome da classe é o símbolo do Léxico propriamente dito. A descrição da classe é a Noção do termo.

1º Termo: Manjar de Coco

Propriedade	Classe	Axioma
	Manjar de Coco Descrição: tipo de pudim	

O processo inicia a verificação dos **Impactos** de cada termo do *LAL*:

3.1.1 Para cada Impacto,
3.1.1.1 Checar se já faz parte da lista de propriedades da ontologia.

O termo *Manjar de Coco* possui três Impactos: "`Servido` em `temperatura ambiente`", "`Fica exposto` no `balcão redondo`" e "`Servido` em `taças`". A propriedade é representada pelo verbo transitivo utilizado na descrição do Impacto.
Para o primeiro Impacto: "`Servido` em `temperatura ambiente`".

A propriedade "servido" não faz parte da lista de propriedades (evidentemente, já que este é o primeiro termo a ser cadastrado. No entanto, no momento em que formos cadastrar o termo *"mousse de limão"*, por exemplo, que possui um Impacto "servido gelado", a propriedade já vai fazer parte da lista).

3.1.1.2 Caso não faça parte da lista (a propriedade ainda não existe), adicionar uma nova propriedade na lista (de propriedades). O nome da propriedade deve ser baseado no verbo utilizado para descrever o Impacto.

Propriedade	Classe	Axioma
é_servida	Manjar de Coco Descrição: tipo de pudim.	

Note que cadastramos a propriedade no presente, sob a grafia "é_servida". A decisão do tempo verbal que será utilizado, bem como a grafia da propriedade (alternativas possíveis seriam "servida", "serve-se", "servir"), dependem inteiramente de quem está fazendo a modelagem. Escolhemos colocar no feminino, já que se trata de uma ontologia de Sobremesas. Na realidade, não existe um padrão ou prática definida. De modo a manter a consistência, é recomendável cadastrar as propriedades utilizando-se o mesmo tempo verbal. A maior parte dos editores de ontologia não permite que se agreguem sinônimos aos nomes de classes e propriedades. É possível fazê-lo, utilizando-se marcação RDF, porém com substancial adição de trabalho. O nome preferencial será sempre o que foi atribuído inicialmente à classe ou propriedade, e não seus sinônimos, de modo que é fundamental ter cuidado ao nomear classes e propriedades.

3.1.1.2.1 *Verificar consistência.*
Esta etapa é, idealmente, realizada com a ajuda de uma ferramenta de inferência. Para a inclusão de cada novo elemento na ontologia deve ser realizada a verificação de consistência, de modo a iden-

114 Capítulo Sete

tificar problemas o mais cedo possível. Mostraremos a utilização da ferramenta FaCT na verificação da ontologia mais adiante.

> *3.1.1.3 Na lista de classes, adicionar uma nova restrição à classe em questão. A restrição é formada pela classe + a propriedade (definida em 3.1.1.1) + a classe relacionada (essa classe é o objeto direto/indireto do verbo utilizado no Impacto do símbolo do Léxico. Usualmente é um termo do próprio Léxico e aparece sublinhado).*

O usuário deve identificar se, no restante do Impacto, existem classes (ainda não cadastradas) que deveriam fazer parte da ontologia. No caso do Impacto "<u>Servido</u> em <u>temperatura ambiente</u>", a restrição será construída da seguinte forma:

Manjar de coco + é_servida + Temperatura ambiente, em que a última porção da sentença é uma classe que também precisa ser cadastrada na lista de modo a permitir a construção da restrição. Desse modo, antes de incluir a restrição à classe "manjar de coco" é necessário incluir uma nova classe, *Temperatura ambiente*, na seguinte ordem:

1. Incluir uma nova classe "*Temperatura ambiente*" e sua definição (Noção do termo cadastrado no Léxico).

Propriedade	Classe	Axioma

é_servida	- Manjar de Coco
	    Descrição: tipo de pudim.
	- Temperatura ambiente
	    Descrição: temperatura em que a <u>sobremesa</u> é servida.	

2. Agora, então, podemos acrescentar a nova restrição à classe "*Manjar de coco*"

Propriedade	Classe	Axioma

é_servida	- Manjar de Coco
	    Descrição: tipo de pudim.
	    Restrição:
	        é_servida Temperatura ambiente
	- Temperatura ambiente
	    Descrição: temperatura em que a <u>sobremesa</u> é servida.	

Dessa forma cadastramos o primeiro Impacto do termo "manjar de coco". Damos prosseguimento com o segundo Impacto: "Fica <u>exposto</u> no <u>balcão redondo</u>".

Nesse caso, segundo o passo 3.1.1.2, incluímos a nova propriedade "é_exposta" na lista:

Propriedade	Classe	Axioma

é_servida
é_exposta
	- Manjar de Coco
	    Descrição: tipo de pudim.
	    Restrição:
	       é_servida Temperatura ambiente
	- Temperatura ambiente
	    Descrição: temperatura em que a <u>sobremesa</u> é servida.	

Verificamos a consistência e passamos para o passo 3.1.1.3, onde vamos acrescentar a classe *"Manjar de coco"* à seguinte restrição: Manjar de coco + é_exposta + Balcão redondo. De maneira similar ao primeiro Impacto, teremos de fazê-lo em dois passos:

1. Incluir uma nova classe *"Balcão Redondo"* e sua definição (noção do termo cadastrado no Léxico).

Propriedade	Classe	Axioma

é_servida
é_exposta
	- Manjar de Coco
	    Descrição: tipo de pudim.
	    Restrição:
	       é_servida Temperatura ambiente
	- Temperatura ambiente
	    Descrição: temperatura em que a <u>sobremesa</u> é servida.
	- Balcão Redondo
	    Descrição: local onde são <u>expostas</u> <u>sobremesas</u>.	

2. Acrescentar a nova restrição à classe *"Manjar de coco"*

Propriedade	Classe	Axioma

é_servida
é_exposta
	- Manjar de Coco
	    Descrição: tipo de pudim.
	    Restrição:
	       é_servida Temperatura ambiente
	       é_exposto Balcão Redondo
	- Temperatura ambiente
	    Descrição: temperatura em que a <u>sobremesa</u> é servida.
	- Balcão Redondo
	    Descrição: local onde são <u>expostas</u> <u>sobremesas</u>.	

Passamos, portanto, para o terceiro e último Impacto: `"`<u>`Servido`</u>` em `<u>`taças`</u>`"`

No momento em que cadastramos esse Impacto, a propriedade "é_servida" já pertence à lista. Dessa forma, no passo 3.1.1.2 apenas verificamos sua existência, sem acrescentar nada à lista. Não é necessário realizar verificação nesse caso, já que não houve nenhuma mudança.

Passamos para o passo 3.1.1.3, onde vamos acrescentar a classe *"Taças"*, de modo a construir a seguinte restrição: Manjar de coco + é_servido + Taças. De maneira similar aos anteriores, realizaremos a ação em dois passos:

116 Capítulo Sete

1. Incluir uma nova classe *"Taças"* e sua definição (Noção do termo cadastrado no Léxico).

Propriedade	Classe	Axioma
é_servida é_exposta	- Manjar de Coco 　　Descrição: tipo de pudim. 　　Restrição: 　　　　é_servida Temperatura ambiente 　　　　é_exposto Balcão Redondo - Temperatura ambiente 　　Descrição: temperatura em que a <u>sobremesa</u> é servida. - Balcão Redondo 　　Descrição: local onde são <u>expostas</u> <u>sobremesas</u>. - Taças/Taça 　　Descrição: Utensílio para servir <u>sobremesas</u> <u>geladas</u>.	

2. Acrescentar a nova restrição à classe *"Manjar de coco"*

Propriedade	Classe	Axioma
é_servida é_exposta	- Manjar de Coco 　　Descrição: tipo de pudim. 　　Restrição: 　　　　é_servida Temperatura ambiente 　　　　é_exposto Balcão Redondo 　　　　é_servida em Taças. - Temperatura ambiente 　　Descrição: temperatura em que a <u>sobremesa</u> é servida. - Balcão Redondo 　　Descrição: local onde são <u>expostas</u> <u>sobremesas</u>. - Taças 　　Descrição: Utensílio para servir <u>sobremesas</u> <u>geladas</u>.	

Esse processo se repete até que todos os termos classificados em sujeito e objeto tenham sido cadastrados na lista. Uma vez terminado, passamos para o item 4 do processo de mapeamento, onde tratamos os termos do Léxico do tipo verbo, como se segue.

4.　*Utilizando a lista de símbolos classificados como tipo verbo, para cada termo:*
**　　*4.1.1　Checar se já faz parte da lista de propriedades da ontologia.***

No caso do exemplo das Sobremesas, temos apenas dois termos no Léxico cadastrados como verbo: servida e exposta, como ilustrado pela Tabela 7.4. Ambos tiveram de ser adicionados à lista no momento de cadastrar a primeira classe, *"Manjar de coco"*, como ilustrado a seguir:

Propriedade	Classe	Axioma

é_servida
é_exposta
	- Manjar de Coco
	    Descrição: tipo de pudim.
	    Restrição:
	        é_servida Temperatura ambiente
	        é_exposto Balcão Redondo
	        é_servida em Taças.
	- Temperatura ambiente
	    Descrição: temperatura em que a <u>sobremesa</u> é servida	

> ***4.2.1.1 Caso não faça parte da lista (a propriedade não existe), adicione uma nova propriedade à lista (de propriedades). O nome da propriedade é o símbolo do Léxico propriamente dito.***
> ***4.2.1.1.1 Verificar consistência.***

É muito comum que no momento em que se vai cadastrar os verbos eles já estejam quase todos presentes na lista. Este é um efeito da própria forma em que o Léxico foi construído, maximizando a utilização de conceitos do próprio Léxico na descrição de outros conceitos. Dessa forma, é de se esperar que as definições dos termos do tipo sujeito e objeto utilizem termos do tipo verbo em suas descrições, resultando na situação aqui exemplificada.

No entanto, nas ocasiões em que o termo do tipo verbo não está presente na lista é necessária a intervenção do usuário para escolher a melhor maneira de cadastrar a nova propriedade (tempo verbal, feminino ou masculino, entre outras decisões).

Passamos então para o último passso, classificar os termos do LAL do tipo **estado**:

> ***5. Utilizando a lista de símbolos classificados como tipo estado, para cada termo:***
> > ***5.1.1 Para cada Impacto***
> > > ***5.1.1.1 Tentar identificar a importância relativa do termo para a ontologia. Essa estratégia é similar à utilização de questões de competência propostas por Gruninger[4]. Essas questões são obtidas através do refraseamento dos Impactos de cada símbolo em perguntas iniciadas por quando, onde, o que, quem, por que e como.***

O primeiro termo classificado como estado, listado na Tabela 7.4, é "chocólatras". Sua entrada no Léxico encontra-se a seguir:

> **Chocólatras tipo**: estado
> **Noção**: São as <u>sobremesas</u> com o <u>sabor de chocolate.</u>
> **Impacto**: Possuem indicação no cardápio. Recomendadas aos amantes de chocolate. Incluem algumas <u>tortas</u> e <u>pudins.</u>

Questões de competência possíveis, nesse caso, são:

---

[4] Ver Capítulo 5, Metodologia TOVE, na Seção 5.3. Uschold também faz uso de questões de competência, porém de modo informal (ver Seção 5.2).

118 Capítulo Sete

– Que tipos de sobremesas podem ser classificadas como do tipo Chocólatras?

– Como posso distinguir as que pertencem a esse grupo daquelas que não fazem parte?

Analisando o termo e as questões que elaboramos, ficou claro que a importância relativa desse termo, no domínio das Sobremesas do Restaurante Brócolis, é tal que justifica a inclusão de uma classe *"Chocólatras"* na ontologia. Na realidade, essa classe cumpre a função de representar uma Definição do domínio. Uma definição pode ser qualquer sentença que envolva classes e propriedades do domínio, como, por exemplo, um Carnívoro é definido como um animal que se alimenta da carne de outros animais ou

$$\text{Carnívoro} = \text{Animal} \land \text{come apenas Animal}$$

De modo geral, definições têm uma semântica muito forte. Seu conjunto de regras é necessário e suficiente para definir que todos os elementos que atenderem a esse conjunto de restrições podem ser classificados como subclasses da mesma. Uma das vantagens das ferramentas para edição de ontologias para a Web Semântica é que a maioria se utiliza de mecanismos de inferência automatizados (também chamados de classificadores). FaCT e Racer são exemplos de mecanismos de inferência. Essas ferramentas são capazes de, a partir de definições (em OWL essas classes são chamada de *defined*), classificar as classes que atendem às restrições automaticamente.

Dessa forma, adicionamos o termo *"Chocólatras"* ao Léxico como classe da ontologia

Propriedade	Classe	Axioma
...	...	...
tem_sabor		
	Chocólatras **Definição**: São as <u>sobremesas</u> com o <u>sabor de chocolate.</u> Restrição: tem_sabor_chocolate	

5.1.1.2 **Checar se existem indicativos de negação no vocabulário mínimo que relacionem duas ou mais classes. Verificar se essas classes possuem um relacionamento do tipo disjunto (exemplo: macho e fêmea).**
   5.1.1.2.1 Se verdadeiro, adicionar o disjoint à lista de axiomas.
5.1.1.3 **Checar se é possível criar uma partição de valor.**
   5.1.1.3.1 Criar uma classe pai para a partição.
   5.1.1.3.2 Fazer com que as classes participantes da partição sejam disjuntas entre si.

Como mencionado anteriormente, ainda não se estabeleceu um manual de "boas práticas" para a construção de ontologias. Um grupo de pesquisadores das universidades de Stanford, Manchester e Vrije, entre outras, formou um grupo de trabalho empenhado em produzir padrões de desenvolvimento de ontologias e documentação para auxiliar desenvolvedores nessa tarefa. Uma das recomendações desse grupo, disponibilizada em http://www.w3.org/TR/2004/WD-swbp-specified-values-20040803, é a criação de partições de valores para organizar o que chamam de modificadores. Os modificadores são qualidades que podem ser atribuídas às classes de uma ontologia e que servem para caracterizá-las. Um exemplo é temperatura. No nosso exemplo existem sobremesas que são servidas frias, enquanto outras podem ser servidas quentes. Dessa forma, temos um modificador – a qualidade temperatura em que é servida – que serve para qualificar (ou restringir) o modo como as sobremesas são apresentadas.

Nesses casos, a recomendação é se criar uma classe pai que englobe todos os valores possíveis e organizá-los como subdivisões dessa nova classe. No nosso exemplo criamos a nova classe "Temperatura_de_Servir" e abaixo dela as subclasses "Gelada", "Quente" e "Temperatura ambiente". O conjunto das três últimas representa a <u>cobertura</u> da classe "Temperatura_de_Servir", como ilustrado pela Figura 7.6. As classes que compõem uma partição de valor devem explicitamente ser declaradas disjuntas (a menos que fosse possível ter uma sobremesa servida em temperatura ambiente e gelada ao mesmo tempo!)

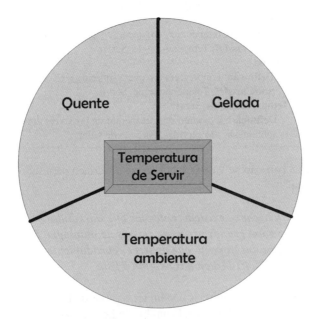

FIGURA 7.6 Partição de valor da classe Temperatura de Servir.

    5.1.2   Caso o termo seja central à ontologia, classificá-lo como classe (C).
    5.1.3   Caso contrário (o termo não é central à ontologia), classificá-lo como propriedade (R).
    5.1.4   Verificar consistência.

Dessa forma, adicionaremos à lista, além das classes "Temperatura ambiente", "Quente" e "Gelada", a nova classe pai (criada como resultado da criação da partição de valor) e a nova classe "Temperatura_de_ Servir".

Propriedade	Classe	Axioma
...	...	...
	Temperatura ambiente **Definição**: temperatura em que a <u>sobremesa</u> é servida. **SubClassOf**: Temperatura_de_Servir **Quente** **Definição**: temperatura em que a <u>sobremesa</u> é servida. **SubClassOf**: Temperatura_de_Servir **Gelada** **Definição**: temperatura em que a <u>sobremesa</u> é servida. **SubClassOf**: Temperatura_de_Servir **Temperatura_de_servir** **Definição**: Conjunto das temperaturas possíveis em que sobremesas são servidas. Partição de valor.	

De modo similar, uma partição de valor também deve ser criada para sabores, contendo "sabor de fruta" e "sabor chocolate".

> #### 5.1.1.4 Checar se existem sentenças que são válidas para todas as classes ou para um grande grupo de classes da ontologia. Podem estar representados por um Impacto que aparece repetidamente nos termos.
> #### 5.1.1.4.1 Adicionar axioma à lista.

No exemplo das Sobremesas, as mousses podem ter o sabor de frutas apenas. Nesse domínio não existem mousses de outros sabores (chocolate, baunilha, vinho, entre outras possibilidades). No Léxico esse fato é representado repetidas vezes nos Impactos do termos Mousse e em todos os sabores de mousse. Existem várias maneiras de se representar isso na Ontologia. Uma delas é acrescentar uma restrição à superclasse Mousse, que será herdada por todas as subclasses. Uma outra opção é acrescentar um axioma à lista, tornando essa característica mais explícita.

Propriedade	Classe	Axioma
...	...	...
	Mousse **Definição**: <u>sobremesa</u> leve. Restrição: é_servida Gelada	Mousse tem_sabor sabor_de_fruta

7.4 Fase III: Construção da Hierarquia de Classes

A última etapa do processo consiste na análise da ontologia de modo a identificar conceitos que possam estar relacionados hierarquicamente. A diferença essencial entre as representações de Dicionários, Vocabulários Controlados, Tesauros ou Léxicos e Ontologias é a estrutura em que a informação está organizada. Em dicionários e afins a informação está contida em um plano, enquanto em Ontologias está disposta em hierarquias. As classes de uma ontologia se relacionam, estruturalmente, através do relacionamento de especialização. No topo da ontologia fica o termo mais genérico, e nas suas folhas os mais específicos.

Da maneira com que procedemos até agora fomos capazes de incluir todas as classes, propriedades e axiomas na ontologia. No entanto, todas as classes estão dispostas em um único nível, abaixo da raiz, como ilustrado pela Figura 7.7.

Manjar_de_coco	Torta de Limão
Sobremesa	Morango
Torta	Abacaxi
Petit_Gateau	Pudim
Mousses	Melão
Mousse_de limão	Pudim_de_chocolate
Mousse_de_cupuaçu	Pudim_de_laranja
Mousse_de_maracujá	Taça
Fruta	Balcão_Redondo
Torta de Coco	Sabor
Temperatura_de_Servir	Temperatura_ambiente
Chocólatras	Gelada
Sabor chocolate	Sabor_de_fruta
Refrescante	Quente

FIGURA 7.7 Classes adicionadas à ontologia.

6. Quando todos os termos tiverem sido adicionados à ontologia,
   6.1 Checar se existem conjuntos de classes que compartilham restrições idênticas ou muito similares.
      6.1.1 Para cada conjunto de classes identificado, construir uma lista de classes separada.

Nesse passo foram identificadas as seguintes possíveis listas:

Torta	**Temperatura_de_Servir**	**Sabor**
Torta_de_Coco	Quente	Sabor_de_fruta
Petit_Gateau	Gelada	Sabor_chocolate
Torta_de_Limão	Temperatura_ambiente	
Pudim	**Mousses**	**Fruta**
Pudim_de_chocolate	Mousse_de_maracujá	Morango
Pudim_de_laranja	Mousse_de_cupuaçu	Abacaxi
Manjar_de_coco	Mousse_de_limão	Melão

   6.1.2 Buscar na ontologia outras classes que façam referência a todos os membros desta lista.
   6.1.3 Construir uma hierarquia de classes em que todos os membros da lista de classes sejam uma subclasse da classe encontrada em 6.1.2.

Após a realização desse passo, a ontologia ficou como ilustrado pela Figura 7.8. Esta figura ilustra a implementação das classes na ferramenta OilEd. Os exemplos dos próximos capítulos serão ilustrados através da mesma ferramenta.

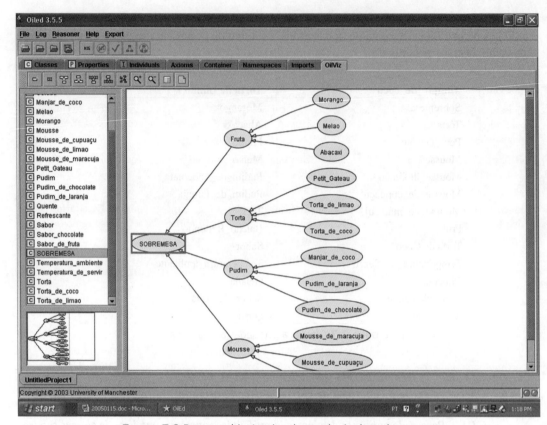

FIGURA 7.8 Estrutura hierárquica da ontologia das sobremesas.

6.1.4 Verificar consistência.

Neste capítulo introduzimos o Método de Construção de Ontologias através de um exemplo, a construção de uma ontologia das sobremesas oferecidas por um restaurante. No próximo capítulo vamos apresentar outros exemplos de ontologia construídos com a utilização da ferramenta de edição de ontologias OilEd.

Leitura Recomendada

[Leite90] LEITE, J.C.S.P.; FRANCO, A. P. **O uso de hipertexto na elicitação de linguagens de aplicação**. Anais do 4º Simpósio Brasileiro de Engenharia de Software. Editado pela Sociedade Brasileira de Computação, 1990. pp.124-133.

[Breitman04] BREITMAN, K. K.; LEITE, J.C.S.P. **Ontologias: Como e por que criá-las**. Jornadas de Atualização em Informática, Congresso da Sociedade Brasileira de Computação. ISBN: 85-88442-95-7, Salvador, Brasil, 2004. pp. 3-53.

[Breitman04] BREITMAN, K.K.; LEITE, J.C.S.P. **Lexicon Based Ontology Construction – Lecture Notes in Computer Science 2940.** Editores: Carlos Lucena, Alessandro Garcia, Alexander Romanovsky *et al.* ISBN: 3-540-21182-9, Springer-Verlag Heidelberg, February, 2004. pp.19-34.

Semantic Web Best Practices – Partições de Valores. Editor Alan Rector, http://www.w3.org/TR/2004/WD-swbp-specified-values-20040803.

Tutorial. Ontological Design Pattern and Problems: Practical Ontology Engineering Using Protégé- OWL. Alan Rector, Natasha Noy, Holger Knublauch, Guus Schreiber, Mark Musen. Disponível em http://www.co-ode.org/resources/tutorials/iswc2004.

Why did that happen? OWL and Inference: Practical examples. Sean Bechhofer. Disponível em http://cato.les.inf.puc-rio.br:8080/cato/.

[Felicíssimo03] FELICÍSSIMO, C.H.; SILVA, L.F.; BREITMAN, K.K., LEITE, J.C.S.P. **Geração de Ontologias Subsidiada pela Engenharia de Requisitos.** Workshop em Engenharia de Requisitos 6. Anais do Workshop em Engenharia de Requisitos. Piracicaba, 2003, ISBN 85-87926-07-1. pp. 255-269.

[Leite93] LEITE, J.C.S.P.; FRANCO, A.P.M. **A Strategy for Conceptual Model Acquisition.** Proceedings of the IEEE International Symposium on Requirements Engineering, IEEE Computer Society Press, San Diego, 1993. pp. 243-246.

[Hadad99] HADAD, G.; KAPLAN, G.; OLIVEROS, A., LEITE, J.C.S.P. **Integración de Escenarios con el Léxico Extendido del Lenguaje en la Elicitación de Requerimientos: aplicación a un caso real.** *Revista de Informática Teórica e Aplicada*, Vol. 6, N. 1, 1999. pp.77-104.

[Rector04] RECTOR, A.; DRUMMOND, N.; HORRIDGE, M.; ROGERS, J., KNUBLAUCH, H.; STEVENS, R.; WANG, H.; WROE, C. **OWL Pizzas: Practical Experience of Teaching OWL-DL: Common Errors & Common Patterns** (2004). In: Motta and N. Shadbolt *et al.* (eds.). Proceedings of the European Conference on Knowledge Acquisition, Northampton, England, 2004. Lecture Notes on Computer Science LNAI3257, Springer-Verlag. pp 63-81.

[Horrocks99] HORROCKS, I.; SATTLER, U.; TOBIES, S. Practical Reasoning for Expressive Description Logics. In: H. Ganzinger, D. McAllester and A. Voronkov, (editors). Proceedings of the 6th International Conference on Logic for Programming and Automated Reasoning (LPAR'99), n. 1705. In: Lecture Notes in Artificial Intelligence. Springer-Verlag, 1999. pp. 161-180.

Capítulo 8

Construção de Ontologias com Exemplos

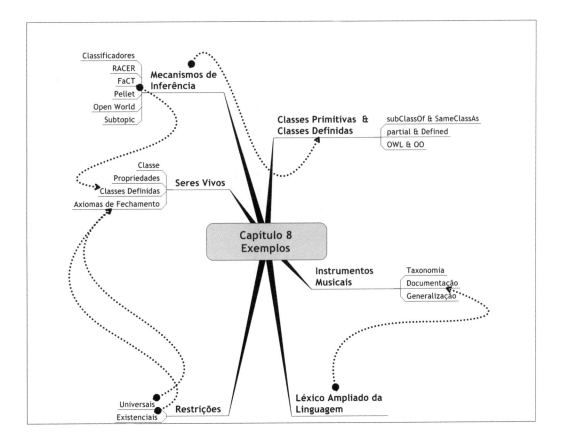

8.1 Introdução

Neste capítulo apresentaremos alguns exemplos de construção de ontologias. Escolhemos o editor OilEd para ilustrar o processo de construção, pois é uma ferramenta de distribuição livre e de fácil utilização.

O primeiro exemplo é uma taxonomia simplificada de instrumentos musicais. Nesse exemplo vamos ilustrar o processo de construção da hierarquia de classes em uma ontologia. Vamos criar uma estrutura arborescente, onde os elementos estarão associados através de relacionamentos de generalização. Cada elemento dessa árvore será uma nova classe da ontologia, e cada uma delas estará relacionada a outras classes através do relacionamento owl:SubClassOf (subclasse de). A Figura 8.1 ilustra a taxonomia que iremos implementar.

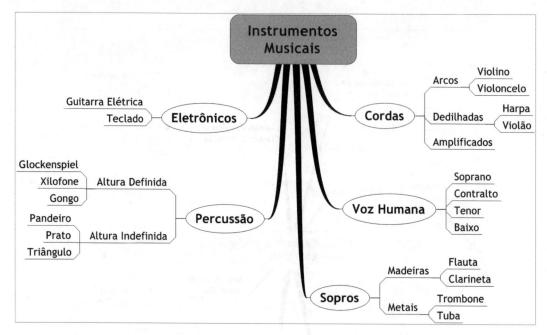

FIGURA 8.1 Taxonomia simplificada de instrumentos musicais.

Agora passaremos à ferramenta. A ferramenta OilEd pode ser obtida gratuitamente através do site http://oiled.man.ac.uk. Você deve instalar o OilEd, que já vem com o mecanismo de inferência FaCT, e o plugin de visualização OilViz (disponível no mesmo site).

Na Figura 8.2 ilustramos a interface da ferramenta e seu menu File. Nesse menu, selecione a primeira opção da lista, New. Dessa forma vamos criar uma nova ontologia, em branco.

8.2 Classes

Para iniciar a entrada das classes na ontologia, colocamos o mouse sobre o painel de classes (área branca, à esquerda da tela) e clicamos com o botão direito. Imediatamente se abrirá um menu, que contém as opções ilustradas na Figura 8.3, a seguir

Construção de Ontologias com Exemplos **127**

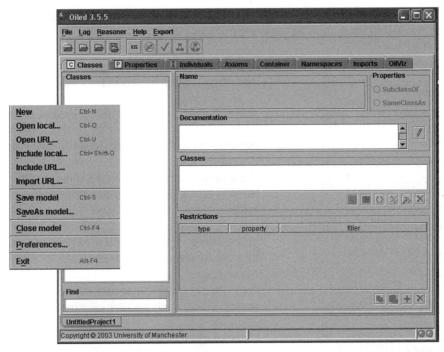

FIGURA 8.2 Ferramenta OilEd e menu File.

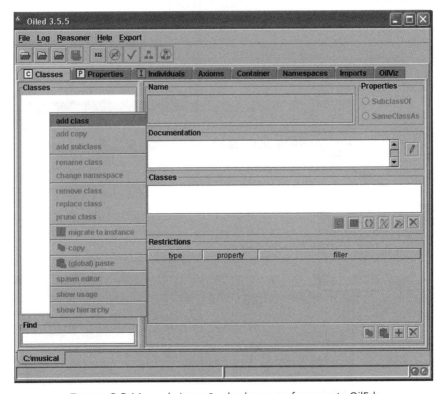

FIGURA 8.3 Menu de inserção de classes na ferramenta OilEd.

Através desse menu são disponibilizadas várias opções relativas à construção e à edição da hierarquia de classes. A seguir ilustraremos esse menu em detalhes e descreveremos cada uma de suas funções.

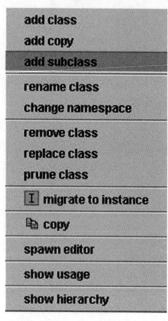

add class – adiciona nova classe.
add copy – adiciona nova classe como cópia da classe selecionada.
add subclass – adiciona subclasse da classe selecionada.
rename class – solicita novo nome para a classe selecionada.
change namespace – troca de namespace da classe.
remove class – remove classe selecionada.
replace class – troca uma classe (sua utilização) por outra.
prune class – remove classe e seus descendentes.
migrate to instance – converte a classe selecionada em indivíduo.
copy – faz cópia da classe para a área de transferência.
spawn editor – abre editor para inserir a descrição da classe.
show usage – mostra todas as classes e propriedades em que a classe é mencionada.
show hierarchy – abre outra janela que mostra a hierarquia de classes.

FIGURA 8.4 Menu de adição de classes.

Agora podemos começar a inserir as classes da taxonomia simplificada dos instrumentos musicais na ontologia. Iniciaremos o processo com a raiz da taxonomia, a classe instrumentos musicais, ilustrada na Figura 8.1. Na figura que se segue, ilustramos a inserção dessa classe na ferramenta.

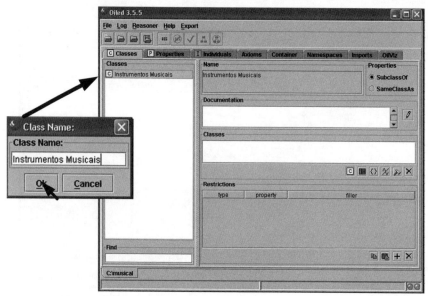

FIGURA 8.5 Inserção da classe Instrumentos Musicais na ontologia.

Essa ação equivale à inserção do seguinte código, em OWL:

```
<owl:Class rdf:about="file:C:\musical.owl#Instrumentos+Musicais">
    <rdfs:label>Instrumentos Musicais</rdfs:label>
</owl:Class>
```

Neste primeiro exemplo vamos trabalhar o processo de construção da hierarquia de classes apenas. Nenhum dos conceitos apresenta definições nem propriedades, de modo a simplificar ao máximo este exercício. Passaremos agora para a inserção das subclasses da classe inicial Instrumentos Musicais. São elas, segundo a Figura 8.1:

- Cordas
- Voz Humana
- Sopros
- Percussão
- Eletrônicos

Todas essas classes serão inseridas através do mesmo procedimento. Com a classe Instrumentos Musicais selecionada (clique sobre a classe até que fique levemente sombreada), clicamos o botão da direita do mouse. O menu ilustrado na Figura 8.4 aparecerá. Nele vamos selecionar a opção add subclass, terceira a partir do topo. A seguir digitamos "Cordas", inserindo uma nova classe, Cordas, como subclasse de Instrumentos Musicais. Na Figura 8.6 ilustramos o resultado dessa operação. Repare que o painel *Classes*, localizado à direita da figura, indica que a classe Instrumentos Musicais é superclasse da nova classe Corda, que acabamos de inserir.

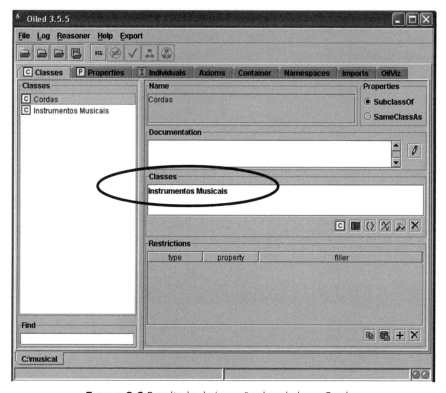

FIGURA 8.6 Resultado da inserção da subclasse Cordas.

Essa operação equivale à inserção do seguinte código, em OWL:

```
<owl:Class rdf:about="file:C:\musical.owl#Cordas">
    <rdfs:label>Cordas</rdfs:label>
    <rdfs:subClassOf>
        <owl:Class rdf:about="file:C:\musical.owl#Instrumentos+Musicais"/>
    </rdfs:subClassOf>
</owl:Class>
```

Repetimos esse processo para inserir as classes voz humana, sopros, percussão e eletrônicos. Para visualizar a hierarquia de classes, basta clicar duas vezes sobre o painel de classes. Uma janela auxiliar se abrirá, indicando a estrutura da ontologia. A interface dessa janela é similar à representação comumente utilizada na representação de estruturas de diretórios, conhecida pela maioria dos usuários. Ilustramos a hierarquia da nossa ontologia na Figura 8.7.

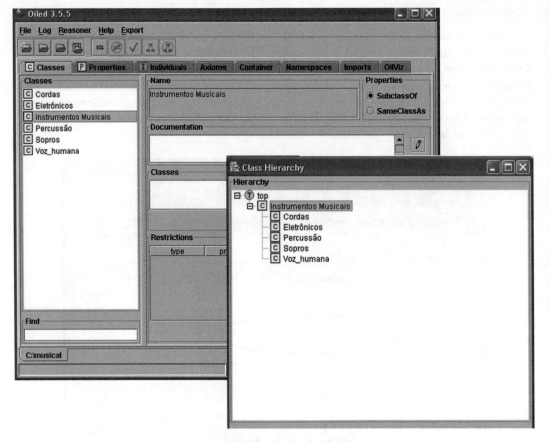

FIGURA 8.7 Hierarquia de Classes.

Inserimos o restante das classes utilizando o mesmo processo. Na Figura 8.8 ilustramos a implementação dessa taxonomia através do visualizador OilViz.

Construção de Ontologias com Exemplos **131**

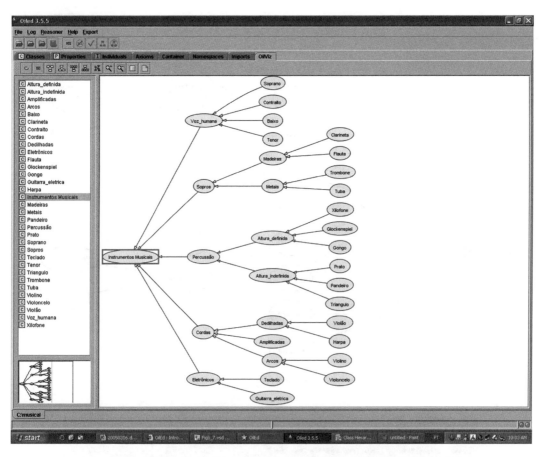

FIGURA 8.8 Instrumentos musicais visualizados através do OilViz.

A ferramenta OilEd tem como default salvar suas ontologias com extensão `daml`. Você pode salvá-las em formato OWL através do menu de exportação (export). Nesse menu são oferecidas as opções de exportação para os formatos RDFS, SHIQ, OWL e HTML, entre outros. O formato HTML é interessante, pois cria uma documentação em formato texto, parecida com o JavaDoc, que facilita a leitura da ontologia.

No próximo exemplo, uma ontologia de animais, vamos trabalhar os conceitos de propriedade e de restrição. Vamos iniciar o processo construindo a hierarquia de classes dessa ontologia, ilustradas na Figura 8.9. Ao longo desse exemplo iremos incluir novas classes, propriedades e restrições.

8.2.1 Descrições de Classes

Uma vez construída essa hierarquia de classes, vamos acrescentar uma descrição para a classe Animal. Utilizaremos a seguinte definição:

Animal - do latim Animal. Ser dotado de sensibilidade e movimentos próprios; ser vivo irracional.

Ela será incorporada à ontologia através da janela de diálogo Documentation, localizada no canto superior direito, como ilustrado na Figura 8.10.

132 Capítulo Oito

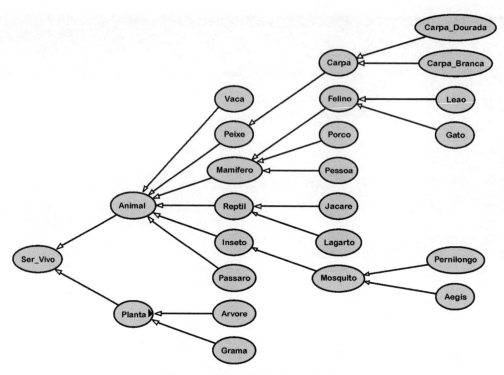

FIGURA 8.9 Ontologia de Animais.

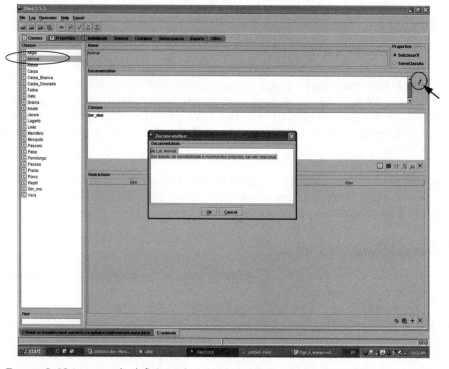

FIGURA 8.10 Inserção da definição de animal no campo Documentation da ferramenta.

O trecho de código OWL mostra essa descrição utilizando a tag `rdfs:comment`.

```
</owl:Class>
    <owl:Class rdf:about=" #Animal">
        <rdfs:label>Animal</rdfs:label>
        <rdfs:comment><![CDATA[do Lat. Animal. Ser dotado de sensibilidade e movi-
mentos próprios; ser vivo irracional.]]></rdfs:comment>
        <rdfs:subClassOf>
            <owl:Class rdf:about=" #Ser_vivo"/>
        </rdfs:subClassOf>
```

8.3 Propriedades

Passaremos agora a incluir propriedades na ontologia. Propriedades são utilizadas para descrever atributos e relacionamentos entre as classes. O primeiro passo é adicionar as propriedades à ontologia. No painel do OilEd, selecione o tab de propriedades e coloque o mouse sobre o painel *Properties*, localizado na lateral esquerda da tela, como ilustrado na Figura 8.11. Note que para as propriedades também é disponibilizado um campo do tipo *Documentation*, o que permite que sejam incluídas definições.

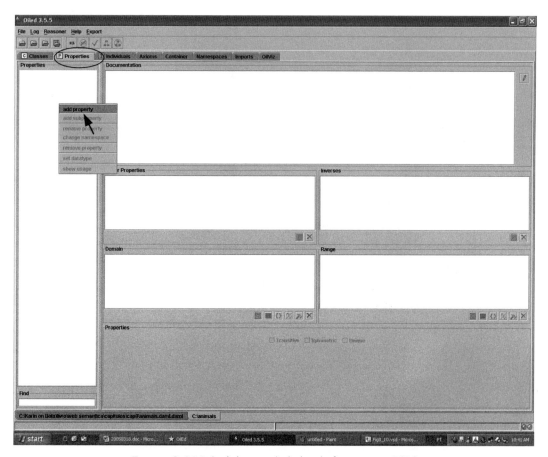

FIGURA 8.11 Painel de propriedades da ferramenta OilEd.

Iremos incluir a propriedade *come*. Esse processo é similar ao de inclusão de classes. Basta clicar na opção add property (indicada pela seta da figura) e digitar o nome da propriedade. Além do nome (label), vamos definir algumas características dessa propriedade. Em particular, vamos definir o Domain – domínio onde a propriedade pode ser aplicada, e um Inverse – inverso – para a mesma. O domínio da propriedade *come*, na ontologia dos seres vivos – ou seja, o conjunto de classes em que faz sentido aplicar esta propriedade – são os animais. Plantas obtêm seus nutrientes do meio ambiente, mas não praticam a ação de comer. Essa propriedade possui um inverso, *é_comido_por*.

Da mesma maneira que um lagarto *come* um mosquito, um mosquito *é_comido_por* um lagarto. Nesse caso é necessário incluir as duas propriedades na lista da ontologia e identificar a relação inversa na definição de cada uma das propriedades. Note que o domínio de uma propriedade consiste em outras classes ou expressões de classes, enquanto o inverso de uma propriedade só pode ser outra propriedade. Propriedades podem ser organizadas em hierarquias. No painel Super Properties, localizado na parte superior do meio da tela, podemos definir superpropriedades, criando assim uma estrutura hierárquica para organizar as propriedades. Ilustramos a definição da propriedade *come* na Figura 8.12.

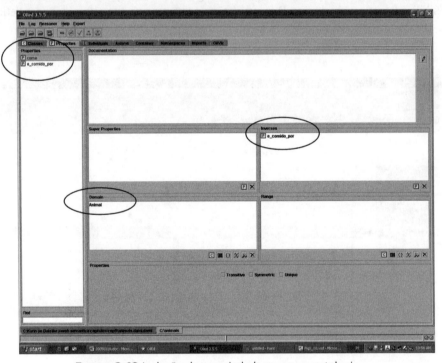

FIGURA 8.12 Inclusão da propriedade *come* na ontologia.

Essa operação equivale à inclusão do seguinte código em OWL:

```
<owl:ObjectProperty rdf:about=" #come">
    <rdfs:label>come</rdfs:label>
    <owl:inverseOf rdf:resource=" #e_comido_por"/>
    <rdfs:domain>
        <owl:Class rdf:about=" #Animal"/>
    </rdfs:domain>
</owl:ObjectProperty>
```

8.4 Restrições

Uma vez que adicionamos classes e propriedades, é possível criar restrições que descrevem classes e estabelecem relacionamentos entre os elementos da ontologia. Para criar restrições simples vamos utilizar o painel de restrições, que se localiza no canto inferior direito do painel de classes (veja a Figura 8.2).

Nesse exemplo vamos criar a restrição ("Lagarto come Mosquito") para a classe Lagarto. No painel de classes, selecione a classe Lagarto. Vá para o painel Restriction, localizado no canto inferior direito da tela. Nesse painel vamos selecionar o símbolo de inclusão 🞦. Uma janela, contendo a lista de propriedades já cadastradas na ontologia, vai aparecer. Vamos selecionar a propriedade *come*. A seguir escolhemos o tipo de *filler* – elemento que vai preencher a restrição ou objeto direto. Esse elemento pode ser uma outra classe, um indivíduo ou expressões mais elaboradas, que podem envolver classes, indivíduos, conectores lógicos e outras restrições. Nesse exemplo o *filler* da restrição será outra classe, portanto escolhemos o símbolo 🇨, que representa classe. A seguir selecionamos a classe Mosquito da lista. O resultado é a criação de uma nova restrição no painel. A Figura 8.13 ilustra o processo.

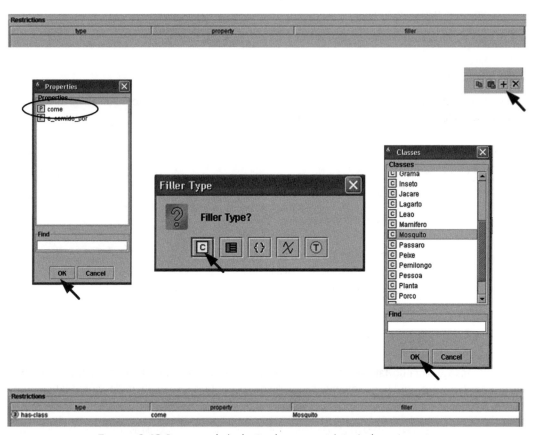

Figura 8.13 Processo de inclusão de uma restrição à classe Lagarto.

136 Capítulo Oito

Essa operação equivale à inclusão do seguinte código em OWL:

```
<owl:Restriction>
        <owl:onProperty rdf:resource=" #come"/>
        <owl:someValuesFrom>
                <owl:Class rdf:about=" #Mosquito"/>
        </owl:someValuesFrom>
</owl:Restriction>
```

8.4.1 Tipos de Restrições

Em ontologias existem dois tipos de restrições:

- Existenciais (∃) {has_class} – especificam que existe pelo menos um relacionamento que atende à restrição.
  De maneira informal: ∃ Lagarto come Mosquito – quer dizer que lagartos comem mosquitos, mas não é só isso que eles comem. Podem comer outros insetos, plantas, aracnídeos, pequenos roedores, entre outros.
- Universais (∀) {to_class, all restrictrion} – se o relacionamento existir, só pode ser com indivíduos que pertencem à classe indicada.
  De maneira informal: ∀ Lagarto come Mosquito – quer dizer que lagartos ou comem mosquitos ou não comem nada. O problema com esse tipo de restrição é que não exclui os lagartos inapetentes (que não comem nada).

Em uma ontologia, de modo a garantir que

1. lagartos comam
2. só comam mosquitos

é necessário incluir ambas as restrições, procedimento que é conhecido como inclusão de um axioma de fechamento (*closure axiom*), conforme ilustrado na Figura 8.14:

```
OWL:¹
class(Lagarto partial
Reptil

restriction        (come someValuesFrom Mosquito)
restriction        (come allValuesFrom Mosquito))

Parafrase:
Um lagarto, entre outras coisas, come alguns mosquitos e também só come mosquitos.
```

∃ has-class	come	Mosquito
∀ to-class	come	Mosquito

FIGURA 8.14 Exemplo de axioma de fechamento.

Isso é conseqüência do fato de que ontologias, ao contrário de bancos de dados, utilizam *Open World Reasoning*, ou seja, fatos somente são verdadeiros ou falsos se explicitados como tal na onto-

---

[1] Essa notação é a sintaxe abstrata de OWL. É uma forma mais legível e fácil de entender do que o código OWL em si. A especificação completa dessa sintaxe está disponível em http://www.w3.org/TR/owl-absyn/.

logia. Dessa forma, é fundamental explicitar a disjunção entre conceitos. Por exemplo, se não explicitarmos que as classes Peixe e Passaro são disjuntas, é válido assumir que na minha ontologia existem animais que são peixes e pássaros ao mesmo tempo. Alan Rector apresenta essa discussão e outros erros comuns na construção de ontologias no artigo OWL Pizzas: Practical Experience of Teaching OWL-DL: Common Errors & Common Patterns, referenciado ao final deste capítulo. Recomendamos fortemente a leitura deste artigo.

8.5 Indivíduos

Outro elemento comum às ontologias são os indivíduos, ou instâncias. Indivíduos podem ser membros de classes já definidas ou de classes arbitrárias, criadas com a ajuda do editor de expressões. Indivíduos são acrescentados utilizando-se o tab Individuals (terceiro, da esquerda para a direita). Para adicionar um indivíduo basta clicar com o botão da direita do mouse sobre a área branca localizada à esquerda da tela. Ilustramos a inclusão de um indivíduo Frajola na classe Gato na Figura 8.15.

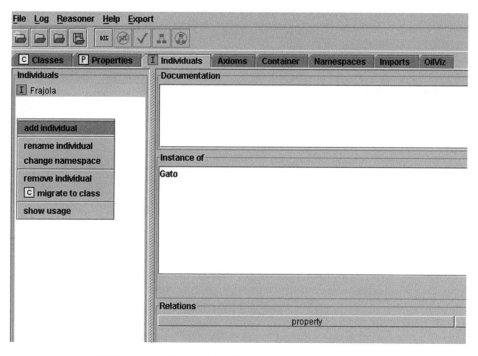

FIGURA 8.15 Inclusão do indivíduo Frajola como instância da classe Gato.

8.6 Classes Primitivas e Definidas

A distinção entre classes primitivas e definidas é uma das grandes diferenças de OWL. A maior parte das pessoas tem experiência com sistemas baseados em Frames ou orientados a objetos. Em ambos os formalismos é possível descrever elementos através de condições necessárias, mas não como classes definidas. Em OWL, por outro lado, é possível "construir" novos conceitos a partir de outros existentes. Em outras palavras, OWL permite que conceitos sejam definidos através de conjuntos de condições necessárias e suficientes.

138 Capítulo Oito

Todas as classes criadas até agora utilizaram condições do tipo Necessárias, para descrever os relacionamentos. Condições necessárias podem ser definidas, informalmente, da seguinte maneira: *"Se algo é membro desta classe, então é necessário que cumpra estas condições"*. Um exemplo é a classe Gato da ontologia de seres vivos ilustrada na Figura 8.9.

```
OWL:
class(Gato partial
Felino

Restriction (emite_som allValuesFrom Miado)
restriction (tem_patas value 4)
restriction (come someValuesFrom Carpa))
```

Segundo essa definição, para pertencer à classe Gato é necessário miar (caso emita qualquer som, mudos também podem ser gatos, pois a restrição é do tipo allValuesFrom), ter exatamente quatro patas e comer, entre outras coisas, peixe. Essas condições, no entanto, não garantem que qualquer animal que apresente essas características seja necessariamente um gato. Uma classe que possui apenas condições necessárias é chamada de classe Primitiva (SubClassOf, Primitive ou Partial).

O segundo tipo de classe é aquele que contém um conjunto de condições necessárias e suficientes. O conjunto dessas condições forma uma definição, e qualquer indivíduo que satisfaça às condições **pode ser classificado como** membro dessa classe. Classes que contêm condições necessárias e suficientes são chamadas de Definidas (SameClassAs, Defined, Complete). A seguir criamos uma nova classe, Carnivoro, que exemplifica uma classe necessária e suficiente.

```
OWL:
class(Carnivoro complete
Thing

restriction (come someValuesFrom Animal))
```

Na Figura 8.16 ilustramos a inclusão dessa classe na ontologia. Note que a classe parece estar flutuando, pois não está relacionada com nenhuma outra classe.

Como podemos observar na Figura 8.16, a inserção de uma classe necessária e suficiente não tem grande impacto na ontologia. Na prática essa distinção é útil na realização da classificação automática de classes. Iremos utilizar o mecanismo de inferência (ou classificador) para fazer a identificação automática de todas as classes que atendem às restrições impostas pela classe Carnivoro. Nesse caso utilizamos o FaCT, que é o mecanismo de inferência default da ferramenta OilEd. O resultado está mostrado na Figura 8.17.

Foram classificadas seis classes sob a definição de Carnivoro: Passaro, Pessoa, Jacare, Lagarto, Leao e Gato. Repare que na restrição da classe carnívoro se utiliza a classe Animal. Na restrição da classe Gato é utilizada a classe Carpa. Como Carpa é subclasse de Peixe que, por sua vez, é subclasse de Animal, o classificador categoriza a classe Gato como Carnivoro.

Na Figura 8.18 ilustramos o impacto da classificação na ontologia. A classificação automática de classes é um mecanismo muito poderoso. Podemos utilizá-lo para incluir novas dimensões ao modelo conceitual, como, por exemplo, ferocidade (domésticos *versus* selvagens) e hábitos dos seres vivos: noturnos, diurnos, número de horas de sono, número de vezes em que se alimentam, entre outros.

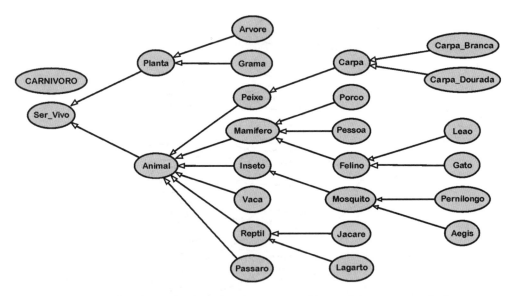

Figura 8.16 Inclusão da classe Carnivoro, necessária e suficiente, na ontologia.

Neste capítulo ilustramos alguns exemplos de construção de ontologias. Nosso intuito é mostrar o processo de construção e as operações básicas. Não cobrimos tópicos mais avançados, como a construção de expressões complexas através do editor de expressões ou frames. Recomendamos os tutoriais listados no final do capítulo, em particular o de Matthew Horridge, e a discussão sobre os erros comuns na modelagem de ontologias de Alan Rector.

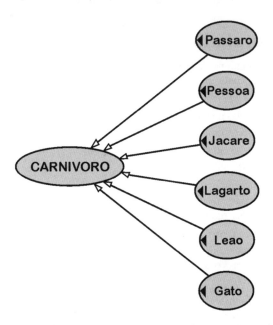

Figura 8.17 Classes identificadas automaticamente pelo mecanismo de inferência FaCT.

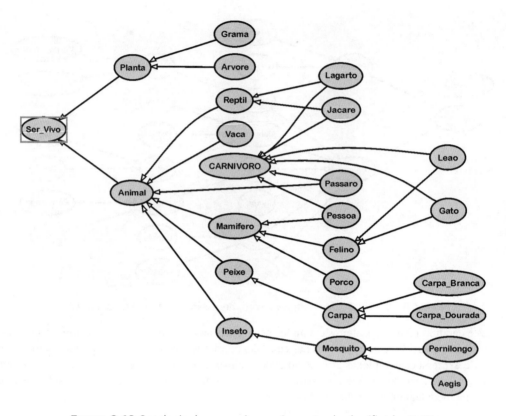

FIGURA 8.18 Ontologia dos seres vivos após a ação do classificador FaCT.

Leitura Recomendada

Tutorial de construção de ontologias no Protégé
Matthew Horridge – A Practical Guide To Building OWL Ontologies With The Protégé-OWL Plugin
http://www.co-ode.org/resources/tutorials/ProtegeOWLTutorial.pdf

Tutorial de construção de ontologias no OilEd
http://oiled.man.ac.uk/tutorial/

Transparências sobre construção de ontologias do Prof. Alan Rector
http://www.cs.man.ac.uk/~rector/modules/CS646/

Taxonomia de instrumentos musicais
http://www.nics.unicamp.br/jonatas/aulas/arranjo/aula02/aula01/instrumento.html
http://www.ksanti.net/free-reed/description/taxonomy.html

[**Bechhofer01**] BECHHOFER, S.; HORROCKS, I.; GOBLE, C.; STEVENS, R. **OilEd: a Reason-able Ontology Editor for the Semantic Web**. Proceedings of KI2001, Joint German/Austrian conference on Artificial Intelligence, September 19-21, Vienna. Springer-Verlag LNAI Vol. 2174, 2001. pp 396-408.

Erros Comuns na construção de Ontologias
Alan Rector, Nick Drummond, Matthew Horridge, Jeremy Roger, Holger Knublauch, Robert Stevens, Hai Wang and Chris Wroe. OWL Pizzas: Practical Experience of Teaching OWL-DL: Common Errors & Common Patterns.
http://www.cs.man.ac.uk/~horrocks/Teaching/cs646/Papers/ekaw-experience-with-owl-rector-et-al-final.pdf

[**Guarino02**] GUARINO, N.; WELTY, C. **Evaluating Ontological Decisions with Ontoclean**. Communications of the ACM, Vol. 45, No.2, 2002. pp 61-65.

CAPÍTULO 9

Web Services

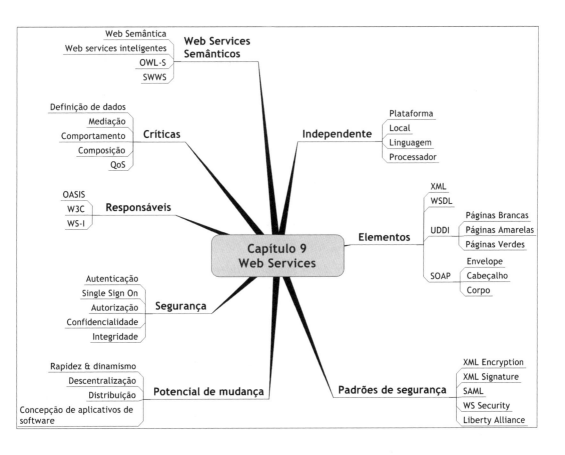

142 Capítulo Nove

Inicialmente o papel da internet era ser um grande fornecedor de dados. Informações financeiras, meteorológicas, educacionais, institucionais, governamentais, além de texto e imagens sobre uma infinidade de assuntos, são disponibilizados através dos mecanismos de busca atuais. A Internet está em evolução, e além de dados está começando a fornecer serviços. Compra e venda de produtos, leilões, transações bancárias e financeiras são apenas alguns exemplos de serviços que já podem ser contratados *on line*. Na última década, setores da indústria, governo e educação têm tentado estabelecer os padrões para a produção e a utilização desse tipo de serviços na rede, também conhecidos como Web Services. Não existe uma única definição para esse termo. A seguir listamos aquelas que julgamos ser as mais esclarecedoras:

"Um web service é um aplicativo de software que pode ser acessado remotamente através de diferentes linguagens baseadas em XML. De modo geral, um web service é definido através de uma URL, da mesma forma que qualquer site na Internet. O que distingue um web service é o tipo de interação fornecida."
Ref.: Stephen Potts & Mike Kopack

"Um web service é um sistema de software identificado através de uma URI cujas interfaces públicas e interconexões são descritas em XML. Sua definição é publicada de modo a poder ser 'descoberta' por outros sistemas de software. Web services podem interagir com outros sistemas ou web services do modo prescrito em sua definição, utilizando mensagens baseadas no padrão XML produzidas através de protocolos de Internet."
Ref.: Glossários do W3C

"Web services são um novo tipo de aplicação para a Internet. Eles são autocontidos, autodescritivos, modulares e podem ser publicados, localizados e chamados através da rede. Os web services realizam funções que vão das mais simples até processos de negócio complexos. Uma vez tornado público, outras aplicações (ou web services) podem "descobrir" e fazer uso do mesmo."
Ref.: tutorial de web services, IBM

"Um web service é a invocação remota de um método. É diferente de outros enfoques de invocações remotas que fazem uso simplificado do protocolo XML. Um web service pode suportar tanto a interação síncrona quanto a assíncrona."
Ref.: Dave McComb

O grande entusiasmo acerca da tecnologia de web services é justificado pela promessa de interoperabilidade dos ambientes computacionais. À medida que os computadores vão se tornando presentes não só no ambiente profissional, mas também em nossas casas, a diversidade de ambientes computacionais (sistemas operacionais e aplicativos de software) cresce quase que exponencialmente. A arquitetura de web services é baseada na troca de mensagens XML em um formato específico, portanto:

- É independente de plataforma,
- É independente da localidade (do mundo) de onde a mensagem está sendo enviada,
- É independente da linguagem do aplicativo de software do cliente,
- Não exige que o cliente saiba que tipo de processador está sendo utilizado pelo servidor.

Em suma, essa tecnologia realmente habilita a utilização da Internet em nível global. Através de web services cada aplicativo de software na rede tem a potencialidade de "falar" com qualquer outro aplicativo, mesmo que no outro lado do mundo. Se a troca de mensagens entre serviços estiver em conformidade com os protocolos de comunicação estabelecidos, é possível que dois aplicativos possam interagir, independentemente de seu sistema operacional, sua linguagem de programação e protocolos internos.

9.1 Elementos Básicos de um Web Service

Transações realizadas através de web services são manipuladas por componentes específicos, presentes em todas as implementações. Esses componentes são o XML, o protocolo SOAP, a especificação WSDL e o registro UDDI. A seguir detalharemos cada um desses componentes.

9.1.1 XML

O XML, ou extensible markup language, é a linguagem na qual os web services são construídos. O XML é uma linguagem para a construção de documentos estruturados. Na realidade, web services se utilizam da metalinguagem do XML, o XML Schema, para criar uma gramática específica. Essa gramática determina uma série de etiquetas (tags) que são utilizadas pelos outros componentes, SOAP, WSDL e UDDI, para elaboração e troca de mensagens. A especificação do padrão XML é mantida pelo consórcio W3C e está disponível em www.w3.org.

9.1.2 WSDL – Web Services Description Language

O WSDL é um tipo de especificação que estabelece como devemos descrever um software em termos das chamadas de métodos que o mesmo atende. Esses métodos são descritos de forma abstrata, de modo a torná-los independentes da linguagem em que são implementados e do sistema operacional sobre o qual irão funcionar. O WSDL funciona como a interface do web service.

À medida que padrões de comunicação e formatos de mensagens vão se padronizando dentro da comunidade da Internet, a descrição estruturada da comunicação vai se tornando realidade. O WSDL contribui com esse objetivo na medida em que propõe uma gramática XML que descreve os serviços da rede como uma coleção de pontos capazes de trocar informações. Na prática, as definições em WSDL servem como uma receita para automatizar os detalhes de comunicação entre aplicativos de software.

Além da definição abstrata, uma especificação em WSDL também contém uma seção dedicada aos detalhes concretos da comunicação, isto é, como efetuar a conexão ao serviço em si. Por exemplo, se um web service puder ser acessado através dos protocolos HTTP e SMTP, uma entrada para cada protocolo será incluída na parte concreta da especificação WSDL. A listagem que se segue ilustra uma especificação WSDL. Note que é definida uma operação, `helloWorld`, e suas entradas e saídas no protocolo SOAP.

```
<?xml version="1.0" encoding="utf-8"?>
<definitions
  xmlns:soap="http://schemas.xmlsoap.org/wsdl/soap/"
  xmlns:tns="uri:diy" targetNamespace="uri:diy"
  xmlns="http://schemas.xmlsoap.org/wsdl/">

  <import namespace="uri:diy" location="porttype.wsdl"/>

  <binding name="tutorialSoap" type="tns:tutorialPort">
    <soap:binding style="rpc"
      transport="http://schemas.xmlsoap.org/soap/http"/>
    <operation name="helloWorld">
```

```
        <soap:operation soapAction="/radio" style="rpc"/>
        <input>
          <soap:body use="encoded" namespace="uri:tutorial"
            encodingStyle="http://schemas.xmlsoap.org/soap/encoding/"/>
        </input>
        <output>
          <soap:body use="encoded" namespace="uri:tutorial"
            encodingStyle="http://schemas.xmlsoap.org/soap/encoding/"/>
        </output>
      </operation>
    </binding>
</definitions>
```

9.1.3 UDDI – Universal Description Discovery and Integration

O UDDI é um registro de web services. Ele funciona de maneira análoga a um catálogo, pois permite que um cliente potencial fique sabendo sobre as funcionalidades oferecidas e possa obter mais informações sobre os serviços disponíveis. De modo geral, parte desse contato exige que seja realizado um *download* da especificação WSDL do serviço.

O UDDI descreve negócios na rede através de atributos físicos, do tipo nome, endereço e descrição de serviços oferecidos. Uma UDDI pode ser ampliada através de um novo conjunto de atributos, chamados modelos do tipo tModels, que descrevem características adicionais, tais como as descritas na taxonomia de serviços da NAICS (ver Capítulo 6, Seção 6.2.2).

A informação fornecida através de um registro UDDI consiste em três partes, como ilustrado na Figura 9.1. A primeira parte consiste nas páginas brancas, que contêm informações sobre a empresa em si, nome, telefones, endereço e contato; a segunda parte abrange as páginas amarelas, que contêm a descrição dos serviços oferecidos propriamente ditos, e, finalmente, as páginas verdes descrevem a parte técnica relativa aos serviços oferecidos (incluindo as especificações em WSDL).

Esse padrão permite que uma empresa na Internet seja capaz de:

1. descrever o próprio negócio,
2. descrever os serviços oferecidos,
3. descobrir outras empresas que ofereçam serviços desejados,
4. integrar com outras empresas através de um registro de negócios e web services.

Figura 9.1 Registro UDDI.

Apesar de o padrão UDDI estar sendo utilizado tanto pela Microsoft quanto pela IBM, existe uma discussão relativa a questões de segurança ao se colocar informações em um registro público. Muitas empresas temem estar colocando informações demais sobre seus recursos publicamente. Essa discussão está servindo como entrave à adoção do padrão UDDI como um padrão realmente aberto. Muitos críticos acreditam que o padrão deva ser adotado de modo privado, interno às organizações.

9.1.4 SOAP

O SOAP é um protocolo XML para a troca de informação em ambientes descentralizados. O formato de uma mensagem SOAP é similar ao de um "envelope". Foi desenvolvido de modo a ser independente de qualquer modelo de programação na troca de mensagens estruturadas. O SOAP foi desenvolvido pelo consórcio W3C e é atualmente o padrão mais utilizado no desenvolvimento de web services.

Uma mensagem em SOAP é composta dos seguintes elementos:

- Envelope – envolve a mensagem
- Cabeçalho – que indica o modo como os dados estão codificados
- Corpo – contém a mensagem específica.

Na Figura 9.2 ilustramos a estrutura de uma mensagem SOAP.

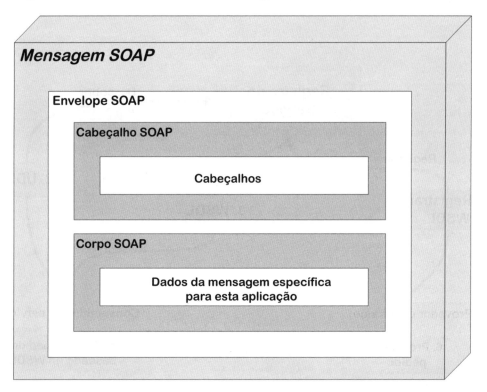

Figura 9.2 Estrutura de uma mensagem SOAP.

O código a seguir exemplifica uma mensagem. Repare nas etiquetas (tags): SOAP:Envelope (envelope) SOAP:encodingStyle (Descrição) SOAP:Body e corpo da mensagem. As definições para as etiquetas do tipo SOAP: estão no namespace http://schemas.xmlsoap.org/soap/envelope/.

```
<SOAP:Envelope xmlns:SOAP="http://schemas.xmlsoap.org/soap/envelope/"
    SOAP:encodingStyle="http://schemas.xmlsoap.org/soap/encoding/">
    <SOAP:Body>
    <m:getStateName xmlns:m="http://www.soapware.ßorg/">
    <statenum>41</statenum>
    </m:getStateName>
    </SOAP:Body>
    </SOAP:Envelope>
```

Na Figura 9.3 ilustramos a dinâmica de utilização de um web service. Repare que cada interação envolve pelo menos dois dos componentes descritos anteriormente. O primeiro passo é cadastrar o serviço oferecido no Registro. Todo provedor de serviços deve realizar esse procedimento para que os clientes tomem conhecimento de sua existência. A utilização de um serviço se inicia no momento em que o cliente solicita uma busca no Registro por serviços que atendam suas necessidades. Uma vez encontrado, o cliente recebe a especificação do serviço procurado (em WSDL). Baseado na especificação, o cliente vai compor uma solicitação de serviços, que será enviada para o provedor de serviços, não mais o registro. O papel do registro é o de um catálogo, ele auxilia potenciais clientes a encontrar provedores de soluções. A negociação do serviço propriamente dito é realizada diretamente com o provedor. Esse processo de negociação (solicitação e resposta) é realizado através de trocas de mensagens em protocolo SOAP.

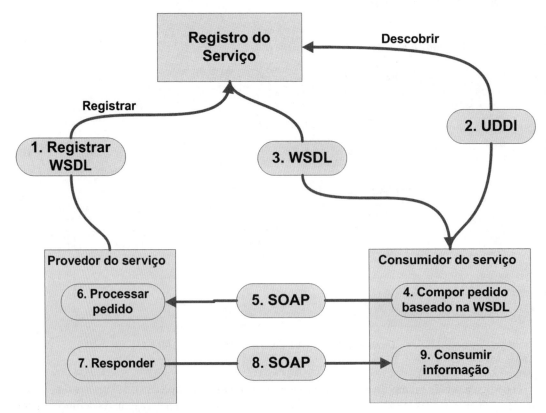

Figura 9.3 Processo de utilização de um web service.

9.2 Potenciais Conseqüências da Adoção Dessa Tecnologia

Acredita-se que a tecnologia de web services vai revolucionar o modo com que o software é encarado. Uma das grandes vantagens desse enfoque é permitir a construção de novos serviços, mais complexos, através da agregação de diversos web services independentes. Esse modelo pode ter impacto significativo na diminuição dos custos do desenvolvimento de software, pois promove a reutilização de código e se utiliza de um padrão de comunicação, Internet, muito mais barato do que as atuais redes locais cabeadas. A seguir discutimos alguns dos resultados esperados.

- Descentralização e distribuição – a tecnologia de web services vai permitir que os serviços sejam completamente descentralizados. Um exemplo atual é o de serviços relativos a viagens. Podemos estar utilizando um web service para reserva de hotel e outro diferente para fazer a reserva de automóvel. Alguns sites, tais como o Priceline, estão fazendo uma composição com uma série de outros web services, de modo a fornecer serviços com melhor preço.
- Dinamismo e rapidez – a disponibilidade de serviços na Internet está fazendo com que o tempo de resposta a solicitações se torne uma vantagem competitiva entre empresas. Um efeito positivo do aumento do número de transações comerciais através da Internet é a criação de uma expectativa de maior eficiência e rapidez das mesmas, empurrando o mercado para um modelo de serviços mais dinâmico e mais adequado às necessidades de seus clientes.
- Caracterização do software – até muito recentemente se pensava em software como um produto empacotado. A disponibilidade e a popularização de web services pode ter um efeito revolucionário nessa área, na medida em que permite que um software seja desenvolvido e disponibilizado como seqüências de serviços.

9.3 Especificações de Web Services

No começo deste capítulo apresentamos algumas definições para o conceito de web service. Ficou claro que a indústria ainda não chegou a um consenso preciso do significado do termo. Essa discussão, durante muitos anos, se estendeu à definição dos padrões dos próprios web services. Chamada por alguns autores de "guerra dos vendedores", esta situação se caracterizava pela tentativa de diversos fornecedores de estabelecer seus próprios padrões no mercado. De modo a estabelecer um conjunto consistente de padrões, foram criados consórcios, sem fins lucrativos, que ficariam responsáveis pela criação e pelo gerenciamento desses padrões. São eles:

Consórcio W3C – www.w3.org
Responsável pelos padrões SOAP, WSDL, XML, XML-Schema e HTTP, o W3C é a organização mais importante. Atualmente está trabalhando na arquitetura WS, que vai estabelecer uma definição formal para web services.

OASIS – www.oasis-open.org
A Organization for the Advancement of Structured Information Standards (OASIS) também tem um papel importante na definição de padrões para web services. A OASIS é responsável pelo padrão de registro de serviços UDDI e pelas especificações de segurança de web services WS-Security e SAML.

WS-I – www.ws-i.org
O Web Service Interoperability Organization (WS-I) é a mais nova dessas organizações, devotada à promoção de web services entre plataformas heterogêneas, diferentes sistemas operacionais e linguagens de programação. A Sun Microsystems se uniu recentemente a essa organização.

148 Capítulo Nove

9.4 Segurança de Web Services

Uma das maiores preocupações relativas à adoção da tecnologia de web services é a segurança. Em um ambiente aberto e distribuído como a Internet, como podemos ter garantias em relação à identidade de quem está realmente manipulando os dados de cada transação? Listamos a seguir algumas das preocupações atuais:

- *Autenticação* – como validar a identidade de usuários e provedores de serviços?
- *Autorização* – como definir o que cada usuário tem direito de fazer? Quais e que tipo de permissões estão habilitadas?
- *Single-sign-on (SSO)* – é realmente necessário se identificar para cada um dos serviços utilizados? Não seria possível centralizar o registro, de modo que fosse necessário se identificar uma única vez?
- *Confidencialidade* – os meus dados estão seguros? Outros têm acesso a eles?
- *Integridade* – como tenho certeza de que os dados não foram alterados?

Em resposta a essas questões, foram criados alguns padrões. Descrevemos alguns deles a seguir:

Assinatura XML (XML Signature)
A assinatura digital em XML é um padrão W3C que fornece uma maneira de garantir a integridade da informação. Com esse padrão, várias porções de um documento XML podem ser assinadas. Esse padrão se baseia na tecnologia de chaves públicas (public keys), para garantir que o usuário realmente "assinou" o documento. Uma mensagem digitalmente assinada pode verificar sua própria origem, dessa forma autenticando uma mensagem SOAP.

Criptografia XML (XML Encryption)
O XML Encryption é uma tecnologia mantida pelo consórcio W3C. É recomendada para garantir a confidencialidade de documentos XML. É possível criptografar apenas partes sensíveis do documento, permitindo a leitura pública de outras. Dessa forma é possível criar mensagens em SOAP em que somente a parte que contém informação confidencial é criptografada e pode ser decodificada apenas pelo cliente. O restante da mensagem é processado naturalmente.

SAML (Security Assertion Markup Language)
É um padrão publicado pelo grupo OASIS que tem como objetivo oferecer respostas aos seguintes questionamentos:

- Quem é a pessoa ou sistema que está tentando "conversar" comigo?
- Essa pessoa/sistema tem a autorização para utilizar o serviço que está requisitando?

Um documento SAML pode conter assinaturas digitais e é utilizado na garantia de autenticação e autorização dos usuários. O SAML fornece assertivas de confiança, ou seja, garante a identidade, a autenticação e as autorizações de seu autor. Esse padrão tem larga aceitação pela indústria e concorre diretamente com os padrões Web Semântica-Security e Liberty Alliance Project.

WS-Security
A especificação WS-Security foi lançada em 2002 pelo consórcio formado por Microsoft, IBM e VeriSign. A especificação combina mensagens SOAP com tecnologia de criptografia e assinaturas digitais em XML, de modo a proteger a integridade, a confiabilidade e a autenticação das mensagens. Esse padrão propõe uma série de extensões ao cabeçalho das mensagens em SOAP, que podem ser utilizadas para colocar os padrões de segurança em XML existentes e possíveis futuras extensões. O objetivo do WS-Security é servir de base para uma solução de segurança completa, que pode ser cus-

tomizada de modo a atender às necessidades específicas de seus usuários. O WS-Security serve de receptáculo para vários elementos. Exemplificamos alguns a seguir:

`<Security>` – etiqueta que inicia a especificação.
`<UsernameToken>` – nome e senha do usuário.
`<BinarySecurityToken>` – dados binários, tais como certificados do tipo X.509.
`<SecurityTokenReference>` – privilégios.
`<ds:Signature>` – assinatura digital.
`<xenc:EncryptedKey>` – dados relativos à chave de criptografia utilizada.

A grande vantagem dessa especificação é a organização que impõe ao cabeçalho das mensagens em SOAP. O WS-Security inclui uma série de outros padrões para a especificação de políticas (WS-Policy), confiabilidade (WS-Trust) e troca de informações (WS-SecureConversation). O VeriSign é um dos sites de autenticação mais populares atualmente.

Liberty Alliance Project
A idéia central desse projeto é a criação de uma federação de identidade, que permita que o usuário autenticado faça uso de vários serviços. Pode ser considerado um padrão para login unificado (SSO) que funciona através de diversas plataformas e entre várias organizações. A especificação adotada por esse grupo inclui a utilização de tecnologia de criptografia e assinatura digital em XML e SAML.

9.5 Críticas

A tecnologia de web services tem sofrido críticas por apresentar um modelo extremamente simples. A composição de seus elementos básicos, isto é, a composição de XML, SOAP, UDDI e WSDL, deixa de fora alguns conceitos importantes, tais como:

Definição de dados

Não existem definições de dados específicas a domínio. O XML Schema é utilizado para a entrada e saída de todas as aplicações, independentes do domínio. Os críticos mais severos argumentam que a qualidade dos serviços aumentaria bastante se ontologias de domínio pudessem ser adicionadas, de modo a fornecer definições mais precisas para os conceitos utilizados.

Comportamento de chamadas

Não existe uma definição clara do processo de chamada a um web service. A seqüência das operações não é definida, de modo que não é possível explicitar restrições.

Mediação

Não existe mediação de informações nem de comportamento. A troca de mensagens pressupõe que ambas as partes estejam utilizando a mesma semântica.

Composição

Apesar de fundamental para a construção de serviços mais complexos, os padrões atuais de web services não oferecem apoio à composição de serviços. Algumas linguagens estão sendo propostas para oferecer suporte à composição de web services: WSFL (web service flow language), BPML (Business process specification schema) e BPEL4WS (Business process execution language for web services).

Garantia de nível do serviço prestado

Não existem garantias quanto à qualidade e ao nível dos serviços prestados. A iniciativa de segurança de web services, tais como WS-Security e Liberty Alliance, garante aspectos relativos à autenticação e aos níveis de autorização. Não existem padrões que garantam outros aspectos de qualidade de serviços oferecidos e prestados.

9.6 Web Services Semânticos

O objetivo fundamental de se desenvolver web services semânticos é trazer a Internet ao seu máximo potencial. Se por um lado a tecnologia de web services traz uma dimensão dinâmica à utilização da Internet, a Web Semântica pode trazer benefícios no tratamento da informação, facilitando operações de busca, extração, representação, interpretação e manutenção de dados. A tecnologia atual de web services, baseada nos componentes SOAP, WSDL e UDDI (descritos na Seção 9.1), não é madura o suficiente para fornecer a semântica dos dados, a lógica do negócio e a definição de uma seqüência de mensagens. Acredita-se que através da adoção de técnicas da Web Semântica, ontologias em particular, será possível alavancar o potencial dos web services. Essa idéia está ilustrada na Figura 9.4.

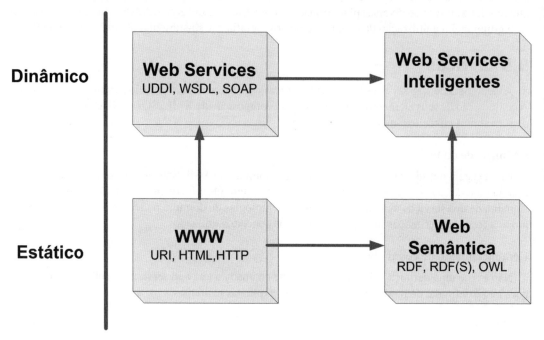

Figura 9.4 Aliando tecnologias de web services e web semântica, de modo a trazer a Internet a todo o seu potencial.

Dessa forma podemos definir web services semânticos como:

"web services com uma descrição formal (semântica) que possibilita melhor descoberta, seleção, composição, monitoramento e interoperabilidade".
Ref.: Jorge Cardoso, Christoph Bussler, Amit Sheth e Dieter Fensel

Acredita-se que a inclusão de descrições semânticas em web services atuais vai permitir que se possa melhor anunciar e descobrir web services na rede, além de fornecer uma solução mais elaborada para a seleção, a composição e a interoperabilidade de serviços heterogêneos.

SWWS

Um framework de integração de serviços semânticos, o SWWS (semantic web enabled web services – swws.semanticweb.org) foi desenvolvido em agosto de 2002. Dentre seus objetivos estão:

- Adoção de ontologias – tornou-se necessária de modo a fornecer uma semântica precisa para os elementos de um documento, de modo que este seja corretamente interpretado pelos fornecedores e clientes dos web services. Ontologias fornecem as primitivas para a definição de conceitos, propriedades e relacionamentos, explicitando a semântica dos conceitos utilizados nos documentos. Isso garante a mesma interpretação por parte dos clientes e fornecedores de web services.
- Mediação – não se espera que na troca de serviços exista apenas um único vocabulário (ontologia central). É razoável que diversos serviços façam uso de ontologias diferentes, locais até. Nesses casos será necessário fazer uma mediação entre os modelos. Esse processo, também conhecido como integração ou alinhamento de ontologias, será necessário para garantir que um conjunto consistente de conceitos esteja sendo utilizado. Um dos objetivos do SWWS é fornecer mecanismos de mediação que permitam a negociação entre ontologias heterogêneas.

OWL-S

Outra maneira de fornecer marcação semântica a web services existentes é utilizar o OWL-S (veja em http://www.daml.org/servicos/owl-s). O OWL-S é uma ontologia de topo (ver Capítulo 6) escrita na linguagem OWL-S (ver Capítulo 4, Seção 4.5), construída com o objetivo de fornecer uma representação semântica de serviços. A ontologia OWL-S fornece um conjunto de conceitos e propriedades para descrever web services sem ambigüidades e de modo que possam ser interpretados por outros computadores.

O OWL-S define a semântica de um web service através de três componentes: perfil de serviço, modelo de serviço e base. O perfil de serviço descreve a funcionalidade e a qualidade esperada do serviço. Em particular, esse modelo especifica as precondições que precisam ser satisfeitas, entradas, efeitos resultantes da execução do serviço e saídas que devem ser retornadas. O modelo de serviço descreve como o serviço funciona. Nesse modelo cada serviço pode ser representado como um processo atômico ou através de uma composição de diversos processos. O componente-base especifica os protocolos de comunicação para acesso ao serviço. A grande contribuição do OWL-S é definir a semântica das entidades utilizadas através de uma ontologia, permitindo automação nos processos de procura e composição de serviços. A idéia do OWL-S é estender definições de serviços existentes, UDDIs, por exemplo, com marcação semântica. A Fig. 9.5 ilustra as classes superiores da ontologia OWL-S.

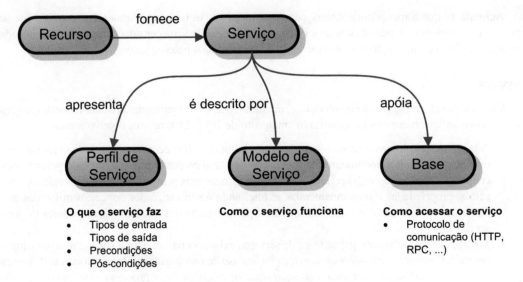

FIGURA 9.5 Classes no topo da ontologia de serviços OWL-S.

Leitura Recomendada

Tutorial de web services semânticos – Semantic Web Services and Processes – semantic composition and quality of service. Disponível em
http://lsdis.cs.uga.edu/lib/presentations/SWSP-tutorial/resource.htm

Tutorial de WSDL. Disponível em
http://www.intertwingly.net/stories/2002/02/15/aBusyDevelopersGuideToWsdl11.html

[**Ankolekar01**] ANKOLEKAR, A.; BURSTEIN, M.; HOBBS, J.R., LASSILA, O.; MARTIN, D.L.; MCIRAITH, S.; NARAYANAN, S.; PAOLUCCI, M.; PAYNE, T.; SYCARA, K.; ZENG, H. **DAML-S: Semantic markup for web services**. Proceedings of the International Semantic Web Workshop 2001.

[**MCIraith01**] MCIRAITH, S.; SON, T.C.; Zeng, H. **Semantic Web Services.** IEEE Intelligent Systems, 2001.

[**Fensel02**] FENSEL, D.; BUSSLER, C.; MAEDCHE, A. **Semantic Web Enabled Web Services**. Proceedings of the International Semantic Web Conference 2002.

[**Maedche02**] MAEDCHE, A.; STAAB, S. **Applying semantic web technologies for tourism information systems**. Proceedings of the 9th International Conference for Information and Communication Technologies in Tourism, ENTER 2002, Springer Verlag, Insbruck, Áustria, January 2002.

CAPÍTULO 10

Quem Fica Responsável?
Agentes de Software

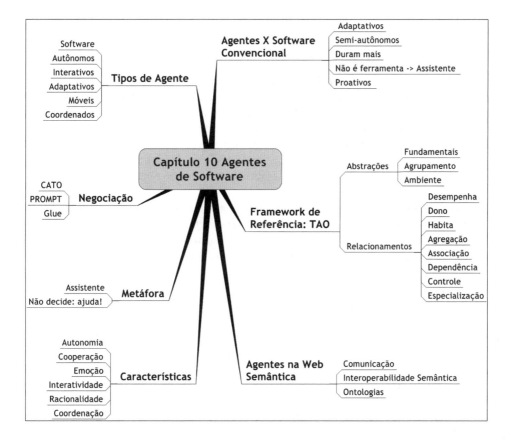

154 Capítulo Dez

10.1 Agentes de Software

O avanço da tecnologia e a progressiva queda de preço do hardware têm feito com que o processo de automação se acelere na sociedade como um todo. Em paralelo, observamos um aumento exponencial na complexidade exigida para aplicações de software. A natureza distribuída, tanto do hardware quanto dos aplicativos, vai exigir que o software não somente responda a demandas de serviço, mas que também seja capaz de se antecipar, prever e se adaptar para melhor se adequar às necessidades de seus usuários. Como resposta a esses requisitos, pesquisadores da indústria e do mundo acadêmico vêm trabalhando em torno de uma mesma agenda: desenvolvimento de agentes de software. Os últimos se encaixam em um contexto de pesquisa em que se investigam sistemas aos quais se pode delegar tarefas. Agentes de software são diferentes do software convencional, segundo o Laboratório de Agentes de Software do MIT, porque são:

- Semi-autônomos,
- Proativos,
- Adaptativos,
- Duram mais,
- Comportam-se mais como um assistente do que como uma ferramenta.

Agentes de software terão um papel-chave na construção da Web Semântica. Segundo Tim Berners Lee, os agentes de software serão os responsáveis por coordenar tarefas de busca, comparação e negociação na rede, reduzindo enormemente o esforço realizado pelos usuários. Uma distinção importante é que os agentes na Web Semântica não vão agir de modo totalmente autônomo. Eles vão realizar a parte "pesada" de investigação, porém vão apresentar os resultados ao usuário, para que este tome suas decisões. A metáfora mais adequada para caracterizar esse tipo de agente é a do assistente. Grigoris Antoniou e Frank Harmelen definem os agentes de software na Web Semântica da seguinte forma:

"Agentes são porções de software que trabalham de forma autônoma e proativa. Um agente pessoal na Web Semântica vai receber uma lista de tarefas e preferências de uma pessoa, procurar recursos na rede, se comunicar com outros agentes, comparar informações, selecionar algumas opções e apresentar uma lista de soluções para o usuário."

James Hendler, autor do artigo seminal "Agentes na Web Semântica", faz uma analogia entre agentes de software e agentes de viagem (humanos):

"Em vez de fazer tudo para os usuários, os agentes (de software) vão achar maneiras possíveis de atender às suas necessidades, e então oferecer as opções ao usuário."

A maior parte das definições para agentes de software disponíveis na literatura utiliza um conjunto de atributos para caracterizar a entidade agente. Na Figura 10.1 ilustramos as características de agentes de software encontradas mais freqüentemente. É importante notar que os agentes não precisam apresentar todas essas características, mas sim combinações das mesmas. O conjunto de propriedades do agente de software deve ser determinado em função das atividades que ele vai realizar. O Object Management Group (OMG) oferece uma taxonomia dos tipos de agentes em Tecnologia de Informação, que reproduzimos na próxima seção.

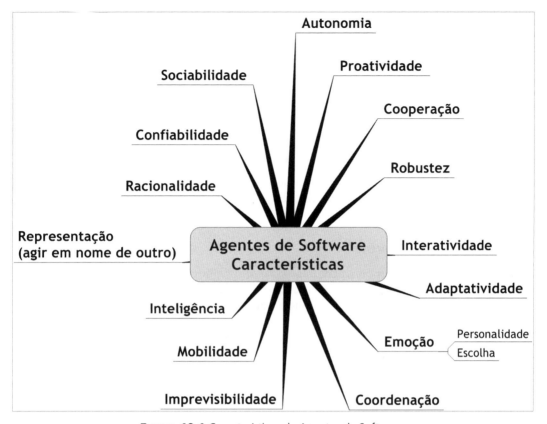

FIGURA 10.1 Características de Agentes de Software.

10.2 Tipos de Agentes

10.2.1 Agentes de Software

Podem ser definidos como "entidades de software autônomas que podem interagir com seu ambiente". Os agentes de software têm a capacidade de reagir a ações de outras entidades, humanos e outros agentes de software.

10.2.2 Agentes Autônomos

Um agente é dito autônomo quando independe de controles externos. Autonomia é mais bem caracterizada por uma escala gradativa do que como uma característica presente ou não. Desprovido de qualquer grau de autonomia, um agente deixa de ser uma entidade dinâmica e passa a ser um objeto passivo. Autonomia é considerada, tanto pela FIPA (Foundation for Intelligent Physical Agents) quanto pelo grupo de interesse em agentes da OMG, como uma característica **essencial** de agentes.

10.2.3 Agentes Interativos

Esse tipo de agentes pode se comunicar tanto com o ambiente quanto com outras entidades. Interatividade, da mesma forma que autonomia, é um atributo que se define melhor através de uma escala gradativa. A forma mais simples de interação é a troca de mensagens entre objetos (chamada de métodos). Maior complexidade inclui agentes capazes de reagir a eventos observáveis do ambiente. Autonomia também é considerada pela FIPA e OMG como característica **essencial** de agentes.

10.2.4 Agentes Adaptativos

Um agente é considerado adaptativo se é capaz de responder a outros agentes e a seu ambiente em determinado grau. Minimamente, um agente deve ser capaz de reagir a um estímulo simples. Formas avançadas de adaptação incluem a capacidade de aprendizado e evolução. Adaptação também é considerada pela FIPA e OMG como característica **essencial** de agentes.

10.2.5 Agentes Móveis

Agentes móveis são aqueles capazes de transportar seu próprio código para outras máquinas ou servidores, ao final de sua execução. Conceitualmente, podem ser considerados como agentes migrantes. A justificativa para esse tipo de comportamento é a melhoria de *performance* que pode ser alcançada se o agente estiver mais perto dos serviços requisitados. Essa capacidade é muito útil para uma classe de aplicativos, porém não é considerada uma característica essencial de agentes.

10.2.6 Agentes Coordenados

São agentes capazes de cooperar com outros agentes de modo a atingir um objetivo. Atividades complexas, tais como a resolução de problemas, fornecimento de insumos e linhas de montagem, são possíveis somente através da coordenação de diversas atividades. A coordenação de agentes pode ser realizada através de colaboração, competição ou um misto dos dois.

Segundo a OMG, a interação entre agentes não é suficiente para a construção de sociedades de agentes. Para tal é necessário contar com agentes responsáveis pela coordenação dos agentes envolvidos. Estas sociedades são chamadas de Sistemas Multiagentes (MAS).

Um bom exemplo de como um agente de software vai funcionar na Web Semântica está descrito no Capítulo 1, cenários 1 e 2. É importante notar que o objetivo dos agentes de software não é substituir seres humanos, mas facilitar a vida dos mesmos. Agentes de software poderão processar automaticamente uma série de tarefas que hoje têm de ser realizadas de forma manual. Para tal os agentes vão se utilizar de várias das tecnologias que discutimos anteriormente, como Metadados (Capítulo 2), Ontologias (Capítulos 3, 5 e 6) e Web Services (Capítulo 9).

10.3 TAO

Na literatura existem várias definições para os conceitos utilizados na construção de sistemas multiagentes. De modo a fornecer um framework conceitual unificado para o desenvolvimento de sistemas desse tipo, o Laboratório de Engenharia de Software da PUC-Rio desenvolveu o TAO (Taming Agents and Objects Conceptual Framework). Nesse Framework são formalizados conceitos relativos aos componentes, à arquitetura e aos padrões de comunicação utilizados na construção de MAS, estabelecendo uma ontologia explícita, livre de ambigüidades, que pode ser compartilhada por desenvolvedores e usuários de sistemas multiagentes.

O TAO agrupa abstrações freqüentemente encontradas na literatura de sistemas multiagentes. Essas abstrações são classificadas em três tipos: abstrações de agrupamento, abstrações fundamentais e abstrações de ambiente. A Figura 10.2 ilustra o framework conceitual TAO.

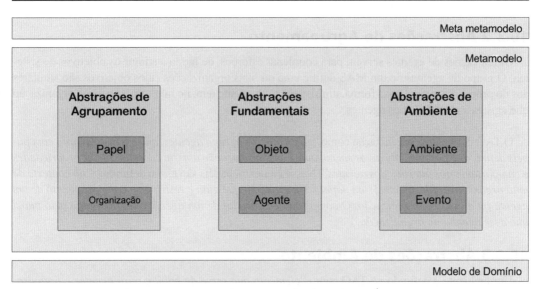

FIGURA 10.2 Abstrações utilizadas pelo TAO[1].

10.3.1 Abstrações Fundamentais

São duas as abstrações fundamentais, objeto e agentes, que servem de base para a construção de sistemas multiagentes. Um objeto é definido como *"um elemento, passivo ou reativo, que possui um estado e comportamento e pode se relacionar com outros elementos"*. Um agente, por sua vez, é definido como *"elemento autônomo, adaptativo e interativo que possui um estado mental"*.

O framework TAO está em concordância com a tipologia de agentes apresentada na seção anterior. De forma similar à OMG, no TAO as características essenciais de um agente são interatividade, autonomia e adaptação. Outras características, tais como mobilidade e aprendizado, não são necessárias nem suficientes para definir um agente de software.

Agente × Objeto

É importante clarificar a distinção entre agente e objeto. No TAO, um agente é definido como uma extensão a um objeto, ou seja, um agente é um objeto com mecanismos adicionais. A definição de

---

[1] Adaptado de Silva *et al.*; *Taming Agents and Objects in Software Engineering*. In: Garcia *et al.* (eds.) Software Engineering for Large-Scale Multi-Agent Systems, LNCS 2603, 2003, pp. 1-26.

158 Capítulo Dez

agente inclui um estado mental. O **estado mental** de um agente é a extensão do **estado** de um objeto, pois inclui a definição de comportamento (objetivos, planos e ações) para o mesmo agente. O comportamento de um agente é diferente do comportamento de um objeto, porque agentes têm controle sobre seu comportamento, agentes podem modificar seus comportamentos através da incorporação de novas ações e, ademais, agentes não exigem estímulo externo para que executem suas ações. Finalmente podemos distinguir objetos e agentes em relação a suas características essenciais. Enquanto tanto objetos quanto agentes são interativos, ou seja, cooperam com outros elementos para atingir seus objetivos, apenas agentes são autônomos. Na realidade, quanto mais autônomo for um agente menos vai precisar interagir com outros. Esse fato não se dá com objetos, pois elementos passivos e reativos sempre vão necessitar interagir com outros elementos de forma a atingir suas metas.

10.3.2 Abstrações de Agrupamento

Organizações de agentes servem para coordenar esforços, de modo a atingir os objetivos do sistema. O grupo de agentes de um MAS define uma ou mais organizações cujos objetivos são similares aos do próprio sistema. Dessa forma, um sistema multiagente tem, no mínimo, uma única organização que agrupa a totalidade dos agentes.

O TAO define uma organização como *"elemento que agrupa agentes, que agem de acordo com papéis definidos e possuem objetivos em comum. Uma organização abstrai características, propriedades e comportamentos internos dos agentes"*. Nesse contexto, papéis são assim definidos: *"no contexto de uma organização (de agentes), um papel é um elemento que guia e restringe o comportamento de um agente ou objeto na organização. O comportamento social de um agente é representado pelo papel que desempenha na organização."*

10.3.3 Abstrações de Ambiente

Um ambiente é definido no TAO como *"elemento que serve de hábitat para agentes e organizações. Um ambiente pode ser dinâmico, aberto, distribuído e não previsível"*. Uma organização pode habitar múltiplos ambientes, porém um agente deve habitar apenas um ambiente de cada vez. Os relacionamentos de cada ambiente descrevem quais elementos o habitam e lista outros ambientes em que está relacionado. Ambientes são descritos através de seus recursos, serviços, comportamento, relacionamentos e eventos.

10.3.4 Relacionamentos

O TAO também define um conjunto de primitivas para descrever os relacionamentos entre as abstrações. Ilustramos os oito tipos de relacionamento previstos no framework TAO na Figura 10.3. Esses relacionamentos são classificados em dois tipos: o primeiro tipo agrega os relacionamentos básicos e independentes de domínio que, portanto, estarão presentes em todos os modelos conceituais para sistemas multiagentes. Os relacionamentos básicos são: desempenha, dono e habita. Os relacionamentos restantes são classificados como dependentes de domínio e podem ou não estar presentes no modelo conceitual que representa o MAS. São eles: especialização/herança, controle, dependência, associação e agregação/composição.

10.4 Agentes na Web Semântica

Na Web Semântica do futuro os agentes de software vão se comunicar através do compartilhamento de ontologias de domínio. Ontologias são modelos muito úteis, pois representam as entidades impor-

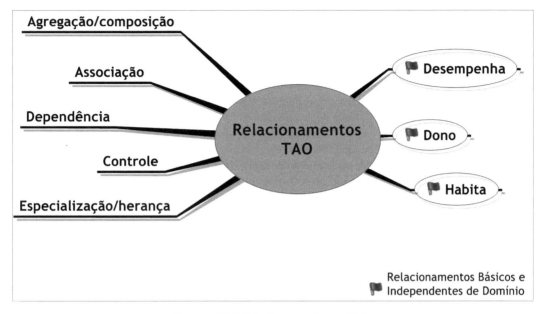

FIGURA 10.3 Relacionamentos no TAO.

tantes no domínio, seus relacionamentos, propriedades e restrições. No contexto da Web Semântica, o papel da ontologia, mais do que explicitar uma teoria do domínio, é servir como base para a troca de informações entre agentes de software.

Apesar de a comunicação entre agentes de software ser mais fácil se estes compartilharem uma única ontologia, no mundo real não podemos garantir que sempre seja esse o caso. James Hendler, um dos idealizadores da Web Semântica junto a Tim Berners Lee, prevê que no futuro cada site, organização e negócio na Internet vai possuir sua própria ontologia. Como resultado, a Web do futuro será composta de uma enorme variedade de pequenas ontologias, altamente contextualizadas, desenvolvidas localmente por engenheiros de software e não por especialistas em ontologias. Esse cenário terá grande impacto no desenvolvimento de agentes de software, pois futuras implementações dos mesmos terão que levar em conta os seguintes questionamentos:

Como agentes de software determinam se conceitos compartilhados são semanticamente equivalentes?

Como agentes de software determinam se conceitos diferentes têm o mesmo significado?

Como agentes de software determinam se suas ontologias pertencem ao mesmo domínio?

10.5 Comunicação entre Agentes de Software

Nossa experiência no desenvolvimento de ontologias demonstra que sua construção não oferece mais desafios do que aqueles comuns na prática de modelagem de software. A complexidade envolvida nesse processo é equiparável ao desenvolvimento de modelos conhecidos, tais como o MERs (modelos entidade-relacionamento), modelos de Análise Estruturada e modelos OO (orientados a objeto).

O real gargalo está em fazer com que agentes de software, que utilizam ontologias diferentes, possam "se falar". Em outras palavras, esses agentes devem passar por um processo de negociação de modo a garantir que suas ontologias sejam semanticamente compatíveis. Esse problema é conhecido como interoperabilidade semântica. Para exemplificar, suponha que dois agentes de software, de sites diferentes e com aplicações específicas, desejem realizar uma negociação. Um agente pertence a uma aplicação do domínio de Alimentos tipo *Fast Food* e o outro a uma aplicação do domínio de Bebidas. Na aplicação do domínio de Alimentos tipo *Fast Food* só existem bebidas não-alcoólicas, ilustradas pela garrafa de refrigerante encontrada dentro do círculo da esquerda na Figura 10.4, porém na aplicação do domínio de Bebidas existem tanto bebidas não-alcoólicas como alcoólicas, ilustradas pela garrafa de refrigerante e pela cerveja e vinho, respectivamente, encontradas dentro do círculo da direita na Figura 10.4. O processo de alinhamento deverá garantir que não haverá a inclusão de bebidas alcoólicas na negociação entre as aplicações do domínio de Alimentos tipo *Fast Food* e do domínio de Bebidas, ou seja, só as informações comuns de bebidas não-alcoólicas, interseção ilustrada pelo cruzamento dos círculos na figura, serão as compartilhadas entre as ontologias.

Figura 10.4 Interseção de itens comuns entre domínios complementares.

No alinhamento de ontologias obtém-se como resultado duas ontologias. Cada uma delas contém descrições que relacionam conceitos equivalentes entre as duas ontologias. Este conjunto de relacionamentos, também chamado de mapeamento, permite que as ontologias alinhadas reutilizem informações umas das outras. O alinhamento normalmente é realizado quando as ontologias são de domínios complementares, ou seja, domínios que possuem algum tipo de interseção. A Figura 10.5 ilustra um exemplo de alinhamento de ontologias em que o conceito "carro" da ontologia O1 é alinhado ao conceito "veículo" da ontologia O2.

O alinhamento é apenas uma das soluções propostas para o problema de interoperabilidade semântica entre ontologias. Pesquisadores do mundo todo têm trabalhado de modo a oferecer diferentes alternativas. Outras abordagens têm sido exploradas, como, por exemplo, utilização de ontologias preferenciais, nas quais os conceitos modelados são produto do acordo em uma determinada comunidade (domínio).

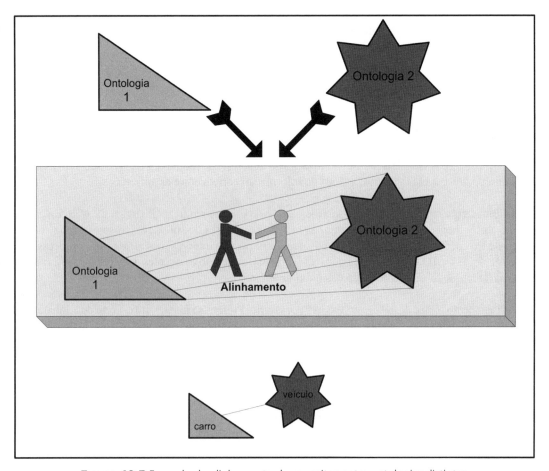

FIGURA 10.5 Exemplo do alinhamento de conceitos entre ontologias distintas.

Para a integração de múltiplas e extensas ontologias, Noy propõe uma suíte de ferramentas. Dentre as ferramentas está o *Anchor_PROMPT*, projetado para auxiliar no processo de alinhamento de ontologias. Essa ferramenta tem como entrada um conjunto de âncoras, i.e., pares de termos relacionados, definidos pelo usuário ou por identificação automática de combinação lexical. A ferramenta transforma e trata as ontologias de entrada como grafos. Os conceitos das ontologias são representados através de nós (âncoras) em grafos. Os relacionamentos são representados através de ligações (*links*). Os caminhos do subgrafo limitado pelas âncoras são analisados de modo a determinar quais conceitos aparecem freqüentemente em determinadas posições de caminhos similares. Para detecção de conceitos similares, a ferramenta *Anchor_PROMPT* utiliza, além da relação estrutural dos termos das ontologias comparadas, medidas de similaridades predefinidas e grupos de equivalência.

O sistema GLUE, proposto por Doan, faz uso de estratégias de aprendizagem múltiplas para encontrar os mapeamentos semânticos entre duas ontologias. Dadas duas taxonomias e suas instâncias de dados associadas, para cada nó (i.e., conceito) de uma taxonomia o sistema encontra o nó mais similar na outra taxonomia, dada uma medida de similaridade predefinida. É prevista a utilização de medidas de similaridades. Trata-se de uma ferramenta de suporte semi-automático cujos resultados servirão de entrada para uma segunda ferramenta de interoperabilidade semântica, responsável pelo

162 Capítulo Dez

mapeamento de conceitos entre as ontologias. Na próxima seção descrevemos o CATO, uma solução automática para o alinhamento de ontologias.

10.6 CATO – cato.les.inf.puc-rio.br

CATO, Componente para Alinhamento Taxonômico de Ontologias, é uma ferramenta para o alinhamento de ontologias em OWL disponível na Internet. O CATO foi construído baseado na visão de que a Web Semântica será composta por diversas aplicações com ontologias parciais e contextualizadas. O CATO apóia a interoperabilidade dos agentes de software de forma rápida, automática e confiável. Esses requisitos são essenciais para a viabilização de uma série de promessas da Web Semântica como, por exemplo, buscas mais precisas e troca de informação correta entre as aplicações.

O alinhamento em tempo real faz-se necessário pela própria natureza dinâmica da Web. Entende-se que, ao ser disparado o pedido de alinhamento pelos agentes de software, a resposta deve ser em tempo de execução, sem intervenções do usuário, isso porque intervenções atrasariam o processo de alinhamento. O CATO leva em conta que tanto os usuários quanto os agentes de software são especialistas na aplicação, e não no domínio das ontologias em si.

O alinhamento total é desejado, porém não necessário. Prefere-se manter um critério de alinhamento confiável, que pode fazer com que alguns termos não sejam alinhados mas, por outro lado, garanta um baixo percentual de erro na identificação dos termos comuns em um tempo de execução razoável.

10.6.1 Estratégia do CATO

O alinhamento das ontologias através do CATO é obtido ao final de três etapas, executadas seqüencialmente. A estratégia tem como entradas duas ontologias e como saída uma ontologia única, que contém o mapeamento entre os conceitos das ontologias originais.

A primeira etapa da estratégia, ilustrada na Figura 10.6, faz uso de comparação lexical entre os conceitos das ontologias de entrada e se utiliza do mecanismo de poda estrutural de conceitos associados como condição de parada do processo. O objetivo dessa etapa é realizar a comparação lexical entre conceitos das ontologias de forma "mais inteligente".

A identificação automática da semântica dos conceitos comparados é validada através da:

- Condição de generalização – responsável por identificar nomes iguais dos conceitos associados encontrados nos dois níveis hierárquicos, além do conceito comparado, e da
- Condição de especialização – responsável por identificar nomes iguais de instâncias cadastradas nas ontologias.

Satisfeitas essas duas condições, os conceitos equivalentes identificados são alinhados já nessa primeira etapa da estratégia. Os resultados dessa etapa são as ontologias de entrada enriquecidas com os alinhamentos detectados. Essas ontologias enriquecidas são transformadas em arquivos do tipo XML, em que apenas as hierarquias de conceitos são representadas.

A segunda etapa da estratégia, ilustrada na Figura 10.6, compara estruturalmente as hierarquias de conceitos das ontologias a serem alinhadas, identificando as similaridades entre subárvores comuns. Para comparação de árvores, existem alguns algoritmos de busca de similaridades estruturais, utilizados em várias aplicações de Engenharia de Software, tais como: *TreeDiff*, *TreeToTree*, *TreeMatcher*,

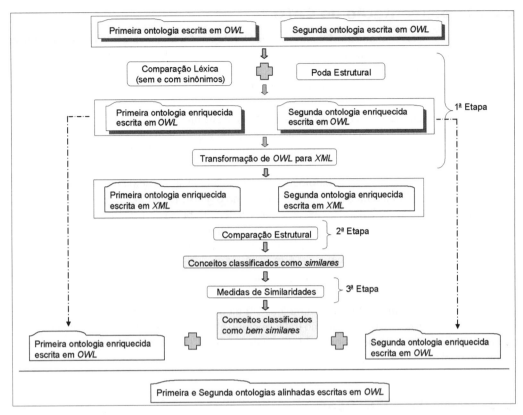

FIGURA 10.6 Estratégia para o alinhamento taxonômico de ontologias.

entre outros. A versão do algoritmo *TreeDiff*, apresentada por Bergmann[2], foi a escolhida por satisfazer os requisitos para a busca de similaridades estruturais entre ontologias. A comparação estrutural do *TreeDiff* utiliza grupos de equivalência, identificados tanto pela comparação lexical quanto pela comparação estrutural. Inicialmente, os conceitos comparados que possuem o mesmo nome são identificados através da comparação lexical e, em seguida, as informações sobre a quantidade de filhos (subconceitos) e os conceitos equivalentes que esses filhos possuem são analisados através da comparação estrutural. O resultado dessa etapa da estratégia são os conceitos encontrados dentro dos grupos de equivalência que são identificados como *similares*.

A terceira etapa da estratégia, ilustrada na Figura 10.6, refina os resultados da segunda etapa da estratégia classificando aqueles conceitos identificados como *similares* em *bem similares* ou *pouco similares*, de acordo com um percentual de similaridade prefixado. Como resultado dessa etapa da estratégia, são alinhados os conceitos classificados como *bem similares*.

Ao final da execução das três etapas da estratégia, as informações de equivalência dos conceitos *bem similares* identificados são adicionadas nas ontologias resultantes da primeira etapa da estratégia. Após essa adição, as ontologias alinhadas são unidas em uma ontologia única. Essa ontologia única é o resultado final da estratégia.

---

[2] Bergmann, U. *Evolução de Cenários Através de um Mecanismo de Rastreamento Baseado em Transformações*, Tese de Doutorado do Departamento de Informática da PUC-Rio, 2002.

164 Capítulo Dez

10.6.2 Implementação do CATO

O Componente para Alinhamento Taxonômico de Ontologias foi totalmente implementado utilizando a linguagem de programação orientada a objetos Java [Java, 2000]. Essa linguagem de finalidade geral é, multiplataforma, portável, escalável e extensível, e possui uma grande quantidade de bibliotecas, permitindo o reúso de códigos já implementados.

Java pode ser estendida com adições de novas APIs em sua hierarquia. Isso possibilita a utilização de APIs específicas para as soluções programadas nessa linguagem. Em particular, a API Jena específica para o tratamento de ontologias é utilizada na implementação do CATO.

A API Jena transforma uma dada ontologia em um modelo abstrato de dados orientado a objetos e, com isso, seus termos passam a ser manipulados como objetos. Esse modelo é baseado na linguagem em que a ontologia é escrita. Por exemplo, a API Jena trabalha com modelos específicos para OWL, DAML+OIL – Darpa Agent Markup Language + Ontology Inference Layer, RDF – Resource Description Framework, entre outros. Isso porque a API em questão recupera as informações das tags (rótulos escondidos com anotações) das ontologias, que são específicas para cada uma das linguagens de ontologias. Nenhuma informação é deduzida, pois a API não é um mecanismo de inferência.

A grande vantagem em transformar ontologias em modelos orientados a objetos é que, com essa transformação, os termos de ontologias são tratados como objetos e a programação orientada a objetos pode ser utilizada. Dessa maneira, manipulações nesses modelos tornam-se transparentes e comuns para os programadores Java, por exemplo.

10.7 Sites de Interesse

FIPA – Foundation for Intelligent Physical Objects
http://www.fipa.org

OMG – Object Management Group
http://www.omg.org/

Laboratório de Engenharia de Software da PUC-Rio
http://www.les.inf.puc-rio.br

Grupo de Agentes Inteligentes do MIT
http://agents.media.mit.edu/index.html

CATO
http://cato.les.inf.puc-rio.br

Leitura Recomendada

[OMG00] OMG. Object Management Group – Agent Platform Special Interest Group: Agent Technology – Green Paper, Version 1.0, 2000. Disponível em:
<http://www.objs.com/agent/agents_Green_Paper_v100.doc>.

[Hendler01] HENDLER, J. **Agents and the Semantic Web, IEEE Intelligent Systems.** Março/abril, 2001. p. 30-37.

[Wooldridge95] WOOLDRIDGE, M.; JENNINGS, N. **Intelligent agents: theory and practice**. In: Knowledge Engineering Review, v. 10, n. 2, p. 115-152, 1995.

[Silva03] SILVA, V. *et al.* **Taming Agents and Objects in Software Engineering**. In: Garcia *et al.* (eds.) Software Engineering for Large-Scale Multi-Agent Systems, LNCS 2603, 2003, pp. 1-26.

[Felicíssimo04] FELICÍSSIMO, C. H. **Interoperabilidade Semântica na Web: Uma Estratégia para o Alinhamento Taxonômico de Ontologias**. Dissertação de Mestrado do Departamento de Informática da Puc-Rio. Defendida em agosto de 2004.

[Noy99] NOY, N. F.; MUSEN, M. A. **SMART: Automated Support for Ontology Merging and Alignment**. In: WORKSHOP ON KNOWLEDGE ACQUISITION, MODELING AND MANAGEMENT, 12. 1999a, Banff. Anais do Workshop on Knowledge Acquisition, Modeling and Management. Banff, 1999a. Disponível como relatório técnico da SMI em <http://smi-web.stanford.edu/pubs/SMI_Abstracts/SMI-1999-0813.html>.

[Noy03] NOY, N. F., MUSEN, M. A. **The PROMPT Suite: Interactive Tools For Ontology Merging And Mapping**. In: International Journal of Human-Computer Studies, 59/6. p. 983-1024. 2003. Disponível como relatório técnico da SMI em <http://smi-web.stanford.edu/pubs/SMI_Abstracts/SMI-2003-0973.html>.

[Protégé04] Protégé PROMPT Plug-In. Disponível em:
<http://protege.stanford.edu/plugins/prompt/prompt.html/>.

[Doan03] DOAN, A.; DHAMANKAR, R.; DOMINGOS, P.; HALEVY, A. **Learning to match ontologies on the Semantic Web**. The VLDB Journal — The International Journal on Very Large Data Bases, Volume 12, Issue 4, November 2003, Pages: 303 – 319. 2003.

[Jena04] Jena 2 Ontology API. Disponível em: <http://jena.sourceforge.net/ontology/>.

Algoritmos de busca de similaridades em árvores

[Wang98] WANG, J. **An Algorithm for Finding the Largest Approximately Common Substructures of Two Trees**. IEEE Transactions on Pattern Analysis and Machine Intelligence, Vol. 20, No. 8, p. 889-895, agosto de 1998.

[Tai79] TAI, K.C. **The tree-to-tree correction problem**. Journal of the ACM, 26(3), p. 422-433, 1979.

[TreeMatcherToolkit04] TreeMatcher toolkit for comparing two ordered or unordered trees. Disponível em: <http://www.cis.njit.edu/~discdb/treematcher.html>. Acesso em novembro de 2004.

[Bergmann02] BERGMANN, U. **Evolução de Cenários Através de um Mecanismo de Rastreamento Baseado em Transformações**. Tese de Doutorado do Departamento de Informática da PUC-Rio, 2002.

CAPÍTULO 11

Quem Ajuda? Ferramentas

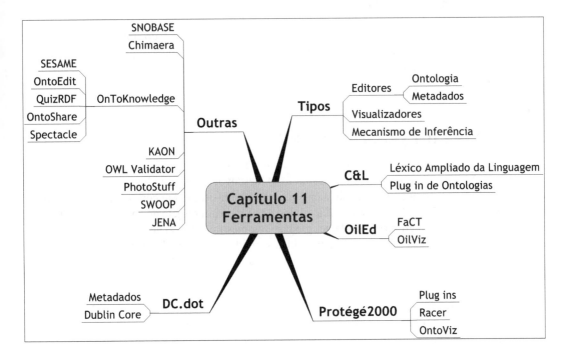

168 Capítulo Onze

"As ferramentas da Web Semântica estão melhores a cada dia. Novas companhias estão se formando, grandes companhias estão começando a mudar."

James Hendler

Existe hoje no mercado uma série de ferramentas voltadas para a Web Semântica. Podemos classificá-las em três grandes categorias: editores de Ontologia, Metadados e ferramentas de visualização em mecanismos de Inferência. Os últimos são ferramentas de software capazes de derivar novos fatos ou associações a partir de informação existente. Existe a crença de que esse tipo de ferramenta é capaz de emular o modo como os seres humanos pensam e chegam a conclusões. Na realidade, essas ferramentas não implementam capacidades mágicas de inteligência artificial, mas utilizam estratégias conhecidas de processamento de dados. As inferências serão tão boas quanto a informação que estiver disponível. No caso da Web Semântica, esses mecanismos terão disponíveis apenas as classes e associações que são possíveis de se descrever em modelos OWL ou RDF, ou seja, um conjunto muito restrito. Alguns exemplos desse tipo de ferramenta são JESS, FaCT, Pellet e RACER.

Neste capítulo apresentamos algumas dessas ferramentas. Não é um estudo completo, seria impossível listar todas as ferramentas disponíveis atualmente. Selecionamos aquelas que julgamos oferecer o maior número de benefícios aos leitores.

11.1 C&L
http://sl.les.inf.puc-rio.br/cel/

De modo a prover apoio semi-automático ao processo de construção de ontologias a partir do Léxico Ampliado da Linguagem (apresentado no Capítulo 7), desenvolvemos um plug-in para a ferramenta C&L. O C&L é uma ferramenta de apoio à engenharia de requisitos e tem como objetivo principal a edição de Cenários e LAL. O C&L foi desenvolvido a partir de um projeto de software livre que vem sendo aprimorado por um grupo de estudantes graduandos, mestrandos e doutorandos do Departamento de Informática da PUC-Rio. Projetos desenvolvidos segundo a filosofia de software livre disponibilizam seus sistemas gratuitamente e colocam à disposição todos os códigos-fonte gerados para que sejam distribuídos e alterados livremente.

Esse tipo de software ganhou muita exposição com projetos como o Linux e o Apache, mas a comunidade de software livre não se restringe de maneira alguma a apenas esses dois nomes. Existem diversos outros projetos famosos, como o Mozilla, Jboss ou mesmo o CVS e também milhares de outros que não têm a mesma divulgação, mas nem por isso perdem em qualidade para seus concorrentes comerciais. Atualmente, existem muitos projetos de software livre em andamento, dos quais diversos com um nível de sucesso igual ou mesmo superior aos seus equivalentes comerciais.

Todo o C&L é desenvolvido e disponibilizado utilizando software livre. A linguagem PHP é a linguagem de implementação. O banco de dados escolhido para armazenar as informações é o MySQL. O software do servidor Web é o Apache. O software CVS é o responsável pelo controle de versão e gerenciamento dos códigos-fonte do C&L.

As funcionalidades oferecidas pelo C&L estão resumidas na Tabela 11.1. O plug-in desenvolvido para geração semi-automática de ontologias utiliza como dados de entrada o léxico de um projeto já editado, e gera como saída uma ontologia em um arquivo formato DAML padrão W3C.

TABELA 11.1 Principais funcionalidades da ferramenta C&L [Ref: Silva *et al.*]

Funcionalidades Gerais:

- Criar projeto e seu administrador;
- Cadastrar usuário no projeto;
- Verificar e aprovar ou rejeitar pedidos de alterações nos cenários;
- Verificar e aprovar ou rejeitar pedidos de alterações nos termos do léxico;
- Verificar e aprovar ou rejeitar pedidos de alterações nos conceitos;
- Verificar e aprovar ou rejeitar pedidos de alterações nas relações;
- **Gerar Ontologia do projeto.**

Funcionalidades de edição do LAL:

- Edição: criar, alterar ou remover;
- Marcação automática dos termos do LAL, seus sinônimos e nomes dos cenários;
- Verificação de consistência em conseqüência da remoção de termos.

Funcionalidades de edição dos Cenários:

- Edição: criar, alterar ou remover;
- Marcação automática dos termos do LAL, seus sinônimos e nomes dos cenários;
- Verificação de consistência em conseqüência da remoção de cenários.

Funcionalidades de Entradas e Saídas:

- Gerar XML do projeto;
- Recuperar XML do projeto;
- **Gerar DAML da ontologia do projeto;**
- **Histórico em DAML da ontologia do projeto.**

A ferramenta implementa dois níveis de acesso ao sistema: usuário e administrador. Somente o administrador e os usuários participantes de um projeto podem visualizar, criar, alterar e remover termos do léxico e dos cenários de um projeto. São funcionalidades do administrador, entre outras, remover o projeto, verificar os pedidos de alteração dos cenários e dos termos do léxico, adicionar novos usuários no projeto, gerar e recuperar o projeto descrito tanto na linguagem XML quanto na linguagem DAML+OIL. Vale ressaltar que as operações de edição em um projeto pelos seus usuários precisam ser aprovadas pelo administrador do projeto antes de serem disponibilizadas no sistema (efetivadas).

A ferramenta implementa a natureza de hipergrafo do léxico através da criação de links (atalhos) entre os termos, tanto descritos no léxico quanto nos cenários. Esses links são criados automaticamente quando termos já cadastrados no projeto são referenciados. Dessa forma se estabelece a navegabilidade entre conceitos do domínio, que permite melhor compreensão de seus relacionamentos.

A arquitetura modular do C&L prevê a adição de funcionalidades adicionais ou plug-ins no ambiente. Um exemplo é o plug-in de ontologias, que fornece apoio semi-automático à geração de ontologias tendo como base o Léxico Ampliado da Linguagem (LAL) e o processo definido no Capítulo 7. As funcionalidades dos plug-ins no C&L são disponibilizadas de forma transparente. O módulo de construção de ontologias da ferramenta C&L automatiza grande parte das tarefas relativas à construção de ontologias e oferece sugestões ao usuário quando sua intervenção é necessária.

A Figura 11.1 ilustra o processo de entrada do conceito *pudim*, identificado a partir da entrada *pudim*, de um léxico das sobremesas. Note que a ferramenta interage com o usuário de modo a determinar se o predicado utilizado em um dos impactos do termo *pudim* do Léxico já faz parte de uma lista

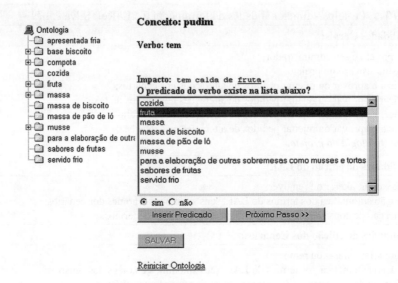

FIGURA 11.1 Interface do C&L no processo de identificação de elementos da ontologia a partir de termos do Léxico.

(lista dos conceitos já cadastrados na ontologia). O usuário, através de uma dinâmica conversacional, informa à ferramenta se é necessário criar um novo conceito ou se é possível utilizar um conceito que já faz parte da ontologia.

C&L também auxilia os usuários na identificação de axiomas de disjunção. Caso existam termos disjuntos (sem interseção), o usuário pode selecioná-los na lista de conceitos já cadastrados na ontologia. Na Figura 10.2 ilustramos um exemplo utilizando o conceito *massa* da ontologia de sobremesas. Na lista de conceitos cadastrados, caixa localizada no canto esquerdo superior da Figura 11.2, temos o conceito *base biscoito*. No domínio da ontologia, uma sobremesa pode ser de massa ou ter base de

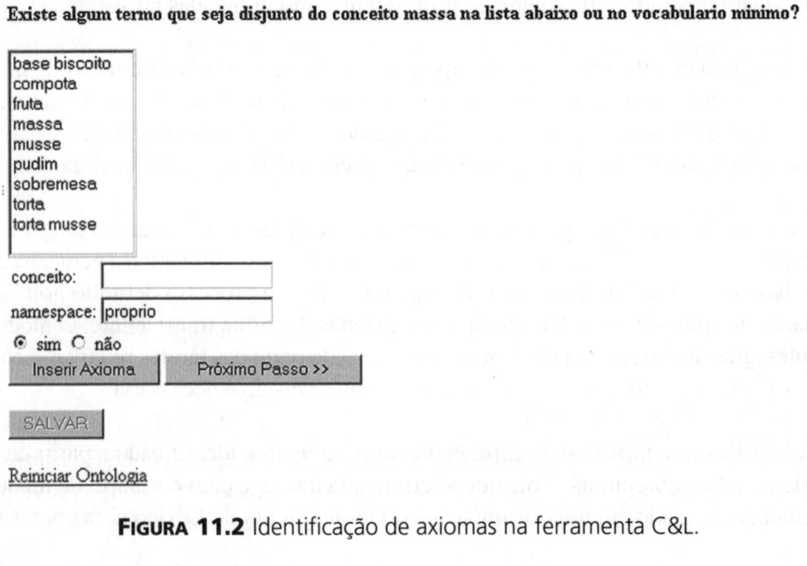

FIGURA 11.2 Identificação de axiomas na ferramenta C&L.

biscoito; pavês, por exemplo. Esses conceitos são disjuntos, ou seja, não existe nenhum conceito (sobremesa) que possa ser de massa e ter base de biscoito ao mesmo tempo. Em uma ontologia é necessário **explicitar** esses relacionamentos através de axiomas de disjunção.

Segundo o processo de construção de ontologias baseado no léxico, descrito no Capítulo 7, cabe ao usuário decidir se termos do LAL do tipo **estado** devem ser mapeados como **classes** ou **propriedades** da ontologia. A Figura 11.3 ilustra a interface da ferramenta C&L ao oferecer essa opção ao usuário.

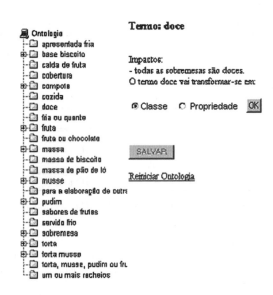

FIGURA 11.3 Mapeamento de termos do tipo estado na ferramenta C&L.

Concluídos os passos de mapeamento das classes, propriedades, relacionamentos e axiomas da ontologia a partir do Léxico, é necessário que o usuário construa a hierarquia desses conceitos. Na Figura 11.4 ilustramos a interface do C&L no momento da criação de tal hierarquia. Observamos duas listas idênticas contendo todas os classes mapeadas para a ontologia. O usuário deve relacionar cada conceito do tipo *pai* (mais abstrato) da lista à esquerda com os conceitos do tipo *filho* (mais específico) na lista à direita.

A ferramenta C&L foi elaborada de modo a minimizar o número de intervenções do usuário. Isso acontece porque à medida que o processo vai avançando novas informações são cadastradas e inferidas como resultado de passos anteriores. Mesmo na fase inicial, quando ainda não existem classes nem propriedades cadastradas na ontologia, a ferramenta é capaz de fazer algumas sugestões baseadas apenas na informação contida no léxico.

11.2 OilEd
http://oiled.man.ac.uk/

O OilEd é um editor simples, o "NotePad" dos editores de ontologias. O OilEd oferece suporte a ontologias desenvolvidas nas linguagens DAML+OIL e OWL. A versão atual não provê suporte para nenhuma metodologia de desenvolvimento de ontologias, como as apresentadas nos Capítulos 5 e 7.

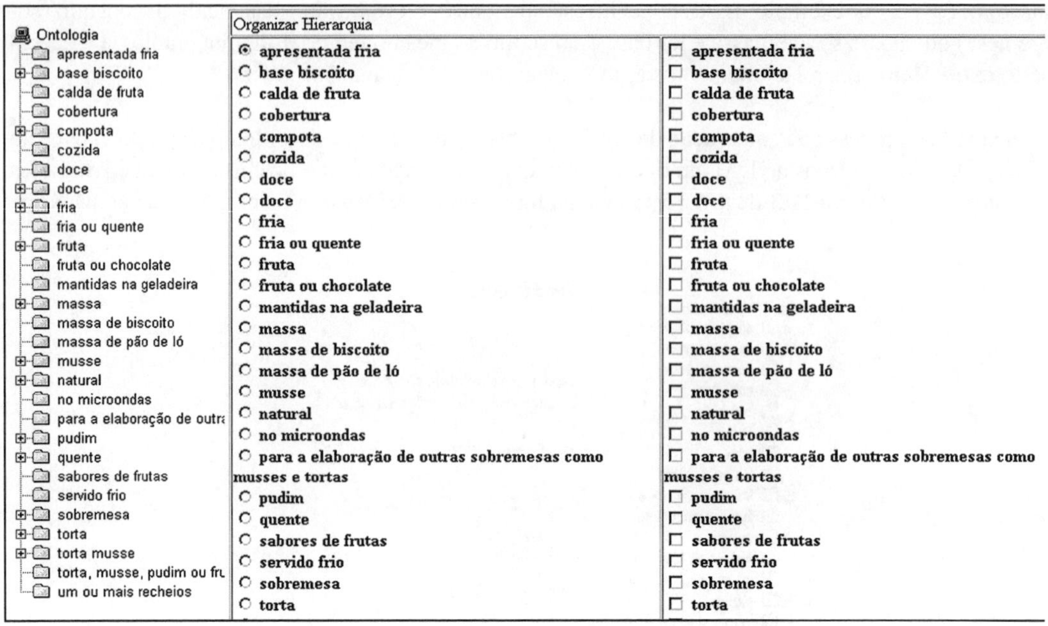

172 Capítulo Onze

FIGURA 11.4 Construção da hierarquia de classes no C&L.

O OilEd também não oferece suporte à integração, ao versionamento, à argumentação entre ontologias. Simplesmente permite ao usuário escrever ontologias e demonstra como usar o verificador FACT para checagem das mesmas.

A obtenção de uma cópia do OilEd é fácil, basta se registrar no site OILed.man.ac.uk para obter o editor e uma cópia do mecanismo de inferência, FaCT. O processo de construção de ontologias utilizando o método descrito no Capítulo 7 é bastante simples de ser implementado nessa ferramenta. A seguir ilustramos a seqüência de passos relativos à inserção do termo *Base Biscoito* do exemplo das sobremesas.

3 Utilizando a lista de símbolos do léxico classificados como sujeito ou objeto, para cada termo:

3.1 Adicione uma nova classe à lista de classes. O nome da classe é o símbolo do léxico propriamente dito. A descrição da classe é a noção do termo.

Está ilustrada a adição da nova classe *base biscoito*. Note que a descrição da classe *base biscoito* da ontologia (na janela documentation, localizada no canto superior direito da Figura 11.5) contém a cópia exata da noção do termo do LAL de mesmo nome.

Note que a propriedade *tem_massa* teve de ser criada como parte da ação necessária para incluir a restrição equivalente ao impacto "Tem massa de pão de ló" na ontologia.

11.2.1 Visualizador de hierarquias do OilEd – OilViz

Um dos plug ins que pode ser adicionado à ferramenta OilEd é o visualizador de hierarquias de classes, o OilViz. O OilViz deve ser instalado no mesmo diretório que o OilEd e fica incorporado à ferramenta principal, que passa a exibir um novo tab (OilViz). Essa ferramenta auxilia na visualização

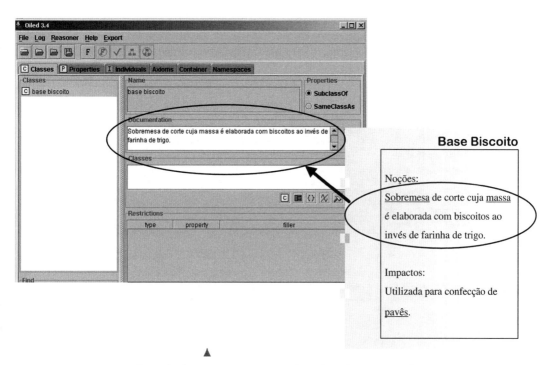

FIGURA 11.5 Adição de descrição para a nova classe base biscoito, na ferramenta OilEd.

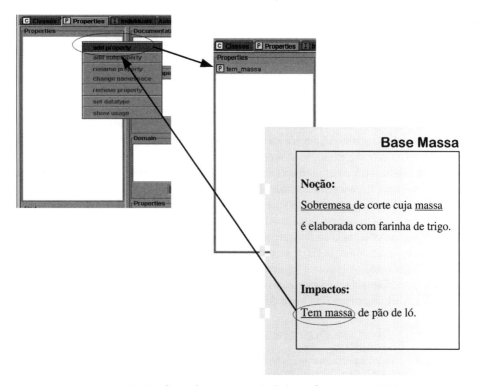

FIGURA 11.6 Adição de nova propriedade na ferramenta OilEd.

da estrutura de classes da ontologia e oferece uma opção ao visualizador básico do OilEd, que mostra a hierarquia no formato de uma árvore de diretório. A Figura 11.7 mostra um exemplo de uma pequena taxonomia de seres vivos, implementada no OilEd e visualizada através do plug in OilViz. Note o tab OilViz no canto superior direito.

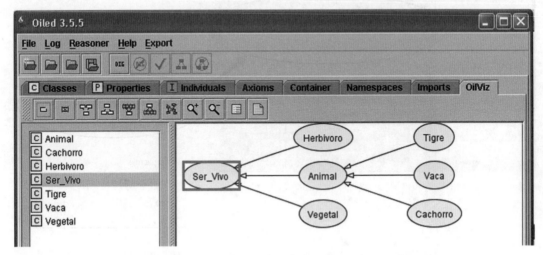

Figura 11.7 Visualizador OilViz, plug in da ferramenta OilEd.

11.2.2 FaCT
http://www.cs.man.ac.uk/~horrocks/FaCT/

A verificação da consistência de ontologias criadas através da ferramenta OilEd é realizada utilizando-se o mecanismo de inferência FaCT, que possibilita a verificação automática ao mapear as ontologias para uma linguagem de lógica de descrição ($SHIQ$-d). Os serviços oferecidos pela ferramenta FaCT incluem detecção de inconsistências e identificação automática de relacionamentos taxonômicos. Na Figura 11.8 mostramos um exemplo simples de classificação automática. Na taxonomia de seres vivos ilustrada na Figura 11.7, imaginemos que a classe Vaca contém uma restrição ("Come Vegetal" – não ilustrada na figura). Imaginemos também que a Classe Herbívoro define todos os animais que se alimentam apenas de Vegetais. Vamos estabelecer que essa classe é necessária e suficiente[1] para definir herbívoros, ou seja, todos os animais que se alimentem apenas de vegetais são herbívoros. Podemos utilizar o mecanismo de inferência[2], a ferramenta FaCT, para fazer essa classificação de forma automática. A ferramenta pesquisa todas as classes e automaticamente classifica os animais que se alimentam de plantas como herbívoros. A Figura 11.8 apresenta o resultado da utilização do FaCT sobre a taxonomia dos seres vivos. O resultado é mostrado através do visualizador OilViz e é representado através do fato de a classe Vaca agora ser subclasse de Animal e de Herbívoro.

---

[1] Opção SameClassAs na janela Properties, localizada no canto superior direito da Figura 11.5. Discutimos as diferenças entre classes necessárias (primitivas, SubClassOf) e necessárias e suficientes (definidas, SameClassAs) no Capítulo 8.

[2] Exatamente por exercer esta função, ferramentas deste tipo também são conhecidas como classificadores.

Quem Ajuda? Ferramentas **175**

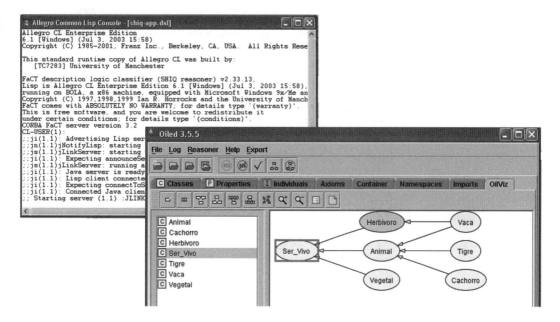

FIGURA 11.8 Utilizando o FaCT na classificação automática da taxonomia-exemplo.

11.3 Protégé2000
http://protege.stanford.edu/

O Protégé2000 é um ambiente para criação e edição de ontologias e bases de conhecimento. Permite a construção de ontologias de domínio, formulários de entrada de dados customizados e mecanismos de inserção de dados. É uma ferramenta de software livre, desenvolvida em Java. O Protégé tem uma arquitetura aberta, permitindo que usuários desenvolvam novos plug ins capazes de aumentar significantemente o conjunto de funcionalidades da ferramenta. O plug in OWL permite que ontologias para a Web Semântica possam ser desenvolvidas nessa ferramenta. O Protégé também utiliza um mecanismo de inferência para a verificação de ontologias e a classificação automática, o RACER.

Essa ferramenta, junto com o OilEd, é a mais utilizada no desenvolvimento de ontologias em OWL. Uma das razões é, sem dúvida, a quantidade de artigos e tutoriais disponíveis sobre a ferramenta. Na Figura 11.9 ilustramos a interface da ferramenta.

11.3.1 Visualizador OntoViz
http://protege.stanford.edu/plugins/ontoviz/ontoviz.html

O OntoViz é uma das opções de plug in para visualização de ontologias desenvolvidas para a ferramenta Protégé. Outras opções são TGViz, Jambalaya e PROMPTViz. Essa ferramenta é configurável e permite que se visualizem partes específicas da ontologia de cada vez.

Para ilustrar a interface desse visualizador, implementamos o mesmo exemplo da taxonomia de seres vivos ilustrada nas Figuras 11.7 e 11.8 utilizando o plug in OntoViz.

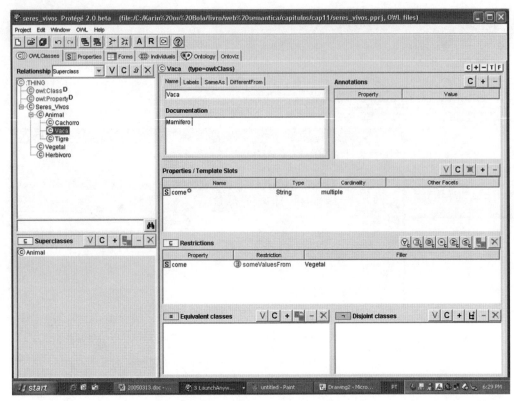

FIGURA 11.9 Tela do Protégé.

11.4 Editor de Metadados – DC.dot
http://www.ukoln.ac.uk/metadata/dcdot/

O processo de criação de metadados acerca de um documento pode ser realizado no momento de sua criação ou posteriormente. Como o grande argumento a favor da Web Semântica é a falta de marcação de metadados nas páginas da Internet, estamos presenciando o desenvolvimento de um grande número de ferramentas dedicadas à identificação e à edição de conteúdos de metadados *a posteriori*. Algumas ferramentas, utilizando páginas como marcação HTML como entrada, são capazes de gerar uma sugestão de marcação de Metadados. Tipicamente são identificadas informações acerca do autor, data de criação, assunto e linguagem do conteúdo dessa página. O DC.dot é uma ferramenta desse tipo. A partir da submissão de qualquer página da Internet, essa ferramenta faz uma análise e sugere um conjunto de Metadados, descritos no padrão Dublin Core (Ver Capítulo 2, Seção 2.2).

A Figura 11.11 ilustra o resultado da submissão da home page da autora – www.inf.puc-rio.br/~karin, ilustrada na Figura 1.1 do primeiro capítulo deste livro.

Quem Ajuda? Ferramentas **177**

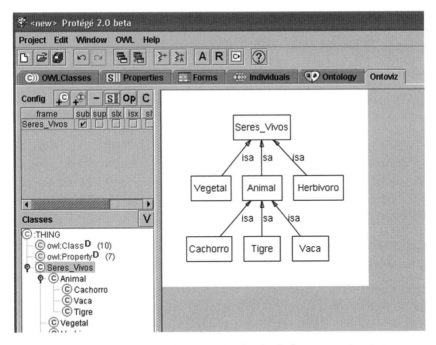

FIGURA 11.10 Visualizador OntoViz, plug in da ferramenta Protégé.

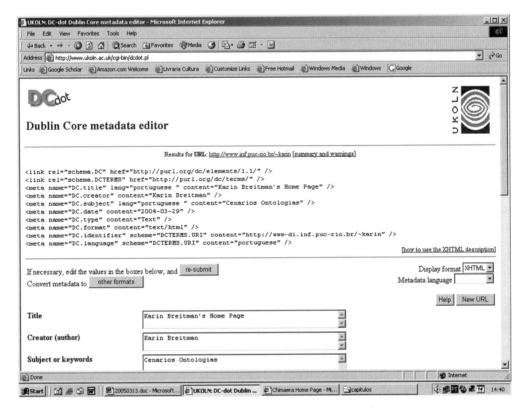

FIGURA 11.11 Resultado da ferramenta DC.dot.

11.5 Outras Ferramentas

11.5.1 SNOBASE
http://www.alphaworks.ibm.com/tech/snobase

O SNOBASE (Semantic Network Ontology Base) da IBM é um sistema de gerenciamento de ontologias que permite que uma aplicação de software realize buscas em ontologias sem que seja preciso se preocupar como e onde essa ontologia está armazenada. Um sistema de gerenciamento de ontologias é para uma ontologia o que um SGBD é para dados. O SNOBASE permite que ontologias sejam carregadas através de arquivos na Internet. Ontologias também podem ser criadas localmente. Internamente o SNOBASE utiliza um mecanismo de inferência, uma base de armazenamento de ontologias persistente, um diretório de ontologias e um conjunto de conectores que permite o acesso a fontes de ontologias distribuídas na rede.

11.5.2 Chimaera
http://www.ksl.stanford.edu/software/chimaera/

O Chimaera é um sistema de software que apóia o usuário na criação e na manutenção de ontologias distribuídas na Web. Suas duas principais funções são: combinações de múltiplas ontologias e diagnóstico de ontologias individuais ou múltiplas. Apóia o usuário na tarefa de "carregar" bases de conhecimento em diferentes formatos, reorganização taxionômica, resolução de conflitos de nomes, busca de ontologias, edição de termos, entre outros. O objetivo original dessa ferramenta era ser utilizada para combinar fragmentos de bases de conhecimento heterogêneas.

11.5.3 Sesame & OntoEdit
http://www.ontoknowledge.org/

Sesame é um repositório de dados e mecanismo de busca para dados em formato RDF-S. Foi desenvolvido dentro do contexto do projeto On-To-Knowledge, também responsável pelo desenvolvimento das ferramentas OntoEdit, QuizRDF, OntoShare e Spectacle. O Sesame independe da plataforma de dados que está sendo utilizada. Uma camada de abstração é responsável pela comunicação com o repositório, que pode ser um banco de dados relacional, estrutura de dados ou repositório RDF. Essa camada de abstração também é responsável por esconder os detalhes de implementação do repositório do resto da implementação do Sesame. O Sesame oferece persistência a dados em formato RDF, mecanismos de exportação de dados do repositório em formato RDF, funcionalidades de administração de dados e um mecanismo de busca baseado no modelo RQL. A comunicação com outros aplicativos é realizada através dessa camada, como ilustrado na Figura 11.12.

11.5.3.1 OntoEdit

O OntoEdit é o editor de ontologias desenvolvido dentro do projeto On-To-Knowledge. O editor implementa um processo específico para a construção de ontologias, segmentado em três fases: especificação de requisitos, refinamento e avaliação. Na primeira fase são coletados requisitos que descrevem as atividades às quais a ontologia dará suporte. De modo geral, essa tarefa é realizada pelos especialistas do domínio acompanhados pelos especialistas da modelagem. Essa fase também deverá gerar os subsídios que guiarão o engenheiro de ontologia na decisão sobre os conceitos relevantes e sua estrutura hierárquica na ontologia. Na fase de refinamento, uma ontologia madura é produzida e orientada à aplicação de acordo com a especificação dada na fase anterior. O engenheiro de ontologia pode desenvolver a hierarquia de conceitos, relacionamentos e axiomas tão independente quanto seja possível da linguagem de representação concreta.

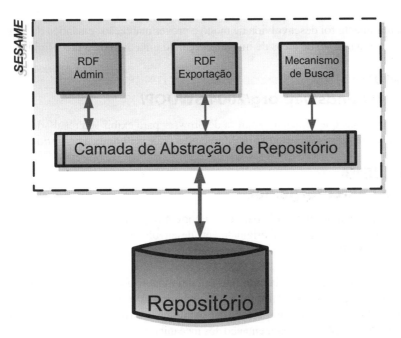

FIGURA 11.12 Arquitetura do Sesame.

No OntoEdit o modelo conceitual da ontologia é armazenado no SESAME, de forma que seja possível fazer a transformação dessa representação conceitual para a linguagem RDF. A fase de avaliação serve para provar a utilidade do desenvolvimento de ontologias e de seu ambiente de software associado. Nela, o engenheiro de ontologia checa se a ontologia corresponde às especificações do documento de requisitos.

11.5.4 KAON
http://kaon.semanticweb.org/

KAON é uma infra-estrutura de gerência de ontologias voltada ao domínio de negócios (business). É uma implementação em código livre e contém ferramentas para a edição, gerenciamento e construção de aplicativos de software baseados em ontologias.

11.5.5 OWL Validator
http://owl.bbn.com/validator/

Essa ferramenta verifica códigos em OWL e inspeciona o arquivo de entrada, comparando-o com uma lista de problemas potenciais. Ao final do processo é produzida uma lista de erros e recomendações. A ferramenta também identifica problemas de compilação.

11.5.6 PhotoStuff
http://www.mindswap.org/2003/PhotoStuff/

Atualmente temos disponível uma grande variedade de ferramentas, comerciais e acadêmicas, para a geração de metadados relativos a recursos na Internet. A maior parte das ferramentas trata de texto, apenas. Essa ferramenta foi desenvolvida de modo a prover marcação semântica de imagens; ela permite que se faça a marcação de áreas de imagens segundo uma ontologia predefinida.

11.5.7 SWOOP
http://www.mindswap.org/2004/SWOOP/

Editor de ontologias que utiliza a metáfora de browser para exibir seu resultado. Essa ferramenta foi desenvolvida pelo grupo de pesquisa de Maryland e pode ser obtida a partir do site do grupo.

11.5.8 API JENA
http://jena.sourceforge.net

Jena é uma API Java desenvolvida para dar suporte à implementação de aplicativos para a Web Semântica. JENA é software livre e foi originalmente desenvolvida nos laboratórios da HP. JENA suporta as linguagens RDF, RDF Schema e OWL e inclui um mecanismo para a realização de inferência.

A API JENA transforma uma dada ontologia em um modelo abstrato de dados orientado a objetos e possibilita que suas primitivas (conceitos e relacionamentos) possam ser tratadas como objetos. A grande vantagem é possibilitar a manipulação das ontologias através de linguagens orientada a objeto, como, por exemplo, o JAVA. A implementação dos mecanismos de alinhamento de ontologias, CATO, apresentada no Capítulo 10, utiliza essa API.

11.5.9 Pellet
http://www.mindsawp.org/2003/pellet/

Pellet é um mecanismo de inferência para o OWL DL, construído em Java. Pode ser utilizado com a API Jena, descrita anteriormente. Essa ferramenta implementa os algoritmos tableux que manipulam expressões em lógica de descrição. Ela pode ser utilizada on line, através da submissão da URI de sua ontologia ou do texto. O Pellet faz parte do conjunto de ferramentas disponibilizado pelo grupo de Web Semântica da Universidade de Maryland, o MindSwap. Além desse mecanismo de inferência, este grupo também disponibiliza um editor de ontologias – SWOOP, e um marcador OWL para fotos e filmes, o PhotoStuff.

11.5.10 OntoRama
http://www.ontorama.org/index.html

O objetivo do projeto OntoRama é a construção de um browser de ontologias genérico, que seja capaz de manipular diferentes entradas e tipos de dados. Para tal foi desenvolvida uma API capaz de lidar com arquivos estáticos, bem como servidores de ontologia dinâmicos.

11.5.11 RDQLPlus – browser
http://rdqlplus.sourceforge.net/

O RDQLPlus é um browser criado para apresentar os resultados de pesquisas em grafos RDF. Este browser conta com uma interface gráfica, com funcionalidades de ampliação e redução de imagens, para facilitar a interpretação das respostas a consultas. É compatível com arquivos RDF, bases de dado RDF-Jena2 e com uma base de dados chamada Mckoi (Java), que é fornecida junto com a ferramenta.

11.5.12 Servidor de Ontologias do Agentcities
http://www.agentcities.org/note/00008/

Este é um servidor de ontologias colaborativo desenvolvido para ser utilizado em ambientes abertos. Inclui funcionalidades de edição, pesquisa e armazenamento de ontologias.

11.5.13 Servidor de Ontologias Ontolingua
http://ksi.cpsc.ucalgary.ca/KAW/KAW96/farquhar/farquhar.html

Conjunto de ferramentas e serviços para dar suporte ao processo de desenvolvimento de ontologias compartilhadas por grupos geograficamente dispersos. São oferecidas funcionalidades de publicação, pesquisa, criação e edição de ontologias armazenadas no servidor. Contém uma vasta biblioteca de módulos, que podem ser reutilizados pelos usuários.

11.5.14 WebKB
http://meganesia.int.gu.edu.au/~phmartin/WebKB/doc/ webkb1generalDoc.html
www.webkb.org

O conjunto de ferramentas WebKB permite que seus usuários organizem conhecimento ou elementos de documento (ED) em arquivos acessíveis através da Internet ou do disco local. O diferencial desse conjunto de ferramentas é unificar ferramentas complementares, pois é simultaneamente (a) ferramenta para anotação e compartilhamento de informação na Internet; (b) ferramenta de pesquisa em bases de conhecimento; (c) ferramenta para captura de memória corporativa, e (d) ferramenta *lightweight* para aquisição de conhecimento.

11.5.15 Servidor de Web Semântica da Nokia
http://sw.nokia.com
http://sw.nokia.com/tools/

Este servidor fornece acesso a metadados de descrições de produtos, documentos, vocabulários, schemas e outros recursos. Essas representações são disponibilizadas para clientes e parceiros da Nokia em formato passível de processamento por máquinas. A intenção é que esse servidor seja utilizado por sistemas automatizados, de modo que não está otimizado para utilização por parte de humanos.

Leitura Recomendada

[Gómez-Pérez 04] GÓMEZ-PÉREZ, A.; FERNÁNDEZ-PÉREZ, M.; CORCHO, O. **Ontological Engineering**. Springer Verlag, 2004.

[Silva04] C&L: Uma Ferramenta de Apoio à Engenharia de Requisitos. Lyrene Fernandes da Silva, Julio Cesar Sampaio do Prado Leite, Karin Koogan Breitman. *Revista de Informática Teórica e Aplicada*, V. XI. A ser publicada.

[Felicíssimo04] FELICÍSSIMO, C.H.; BREITMAN, K.K. **Taxonomic Ontology Alignment – An Implementation**. Proceedings of the VII Workshop on Requirements Engineering. ISBN: 950-658-147-9. Tandil, Argentina, 9 e 10 de dezembro de 2004.

[Oberle04] OBERLE, D.; VOLZ, R.; MOTIK, B.; STAAB, S. **An extensible ontology software environment**. Steffen Staab and Rudi Studer, Handbook on Ontologies, capítulo III, Springer, 2004. pp. 311-333.

182 Capítulo Onze

[Noy01] NOY, N.; MCGUINESS, D. **Ontology Development 101 – A guide to creating your first ontology.** *Technical Report*, Knowledge Systems Lab, Stanford University, 2001.

[**Erdmann02**] ERDMANN, M.; ANGELE, J.; STAAB, S.; STUDER, R. **OntoEdit: Collaborative Ontology Development for the Semantic Web**. Proceedings of the first International Semantic Web Conference 2002 (ISWC 2002), June 9-12 2002, Sardinia, Itália.

[**Bechhofer01**] BECHHOFER, S.; HORROCKS, I.; GOBLE, C.; STEVENS. R. **OILEd: a Reasonable Ontology Editor for the Semantic Web**. Proceedings of KI2001, Joint German/Austrian conference on Artificial Intelligence, September 19-21, Vienna. Springer-Verlag LNAI Vol. 2174, pp. 396-408. 2001.

[**McGuiness02**] MCGUINESS, D.; FIKES, R.; RICE, J.; WILDER, S. **An Environment for Merging and Testing Large Ontologies**. Proceedings of the Seventh International Conference on Principles of Knowledge Representation and Reasoning (KR-2000), Brekenridge, Colorado, April 12-15, San Francisco: Morgan Kaufmann. 2002. pp. 483-493.

[Noy01] NOY, N.; SINTEK, M.; DECKER, S.; CRUBEZY, R.; FERGERSON, R.; MUSEN, A. **Creating Semantic Web Contents with Protégé 2000**. IEEE Intelligent Systems, Vol. 16, No. 2, 2001. pp. 60-71.

Estudos Comparativos

Ferramentas de ontologias (Ver Capítulo 6)
http://www.aifb.uni-karlsruhe.de/WBS/ysu/publications/OntoWeb_Del_1-3.pdf
OntoWeb IST-2000-29243, Data de publicação: 31st May, 2002

Web services e ontologias
http://www.agentcities.org/in/00020/

Ferramentas de gerenciamento de conhecimento e ontologias
http://meganesia.int.gu.edu.au/~phmartin/WebKB/doc/comparisonWithOtherTolls.html

Referências Bibliográficas

Sites da Internet

[**Bechhofer**] Why did that happen? OWL and Inference: Practical examples. Sean Bechhofer. Disponível em: www.cs.man.ac.uk/~horrocks/ Teaching/cs646/Slides/why.ppt

[**Berners-Lee01**] Berners-Lee, T.; Lassila, O. Hendler, J. The Semantic Web. Scientific American, 284 (5): 34-43, 2001. Disponível em http://www.scientificamerican.com/2001/0501issue/0501berners-lee.html

[**C&L**] http://sl.les.inf.puc-rio.br/cel/

[**CATO**] http://cato.les.inf.puc-rio.br

[**Chimaera**] http://www.ksl.stanford.edu/software/chimaera/

[**DAML**] DAML + OIL Knowledge Representation Ontology. Disponível em http://www.daml.org/2001/03/daml+oil

[**DC.dot**] http://www.ukoln.ac.uk/metadata/dcdot/

[**DC**] Páginas do Dublin Core – http://purl.org/DC/

[**Dean**] Dean, M., Schreiber, G., Bechhofer, S., Harmelen, F. v., Hendler, J., Horrocks, I., McGuinness, D. L., Patel-Schneider, P. F., Stein, L. A.: OWL Web Ontology Language Reference. Disponível em: http://www.w3.org/TR/owl-ref/

[**Doctorow**] Doctorow, C. Metacrap: Putting the Torch to Seven Straw-Men of the Meta Utopia. Disponível em www.well.com/~doctorow/metacrap.htm

[**FaCT**] http://www.cs.man.ac.uk/~horrocks/FaCT/

[**Farquhar**]–Farquhar, A. Ontolingua tutorial – http://ksl-Web.stanford.edu/people/axf/tutorial.pdf

[**FIPA**] Foundation for Intelligent Physical Objects http://www.fipa.org

[**Gruber**] Gruber, T. What is an ontology? Disponível em http://www.ksl.stanford.edu/kst/what-is-an-ontology.htm

[**Grupo de Agentes Inteligentes do MIT**] http://agents.media.mit.edu/index.html

[**Horridge**] Tutorial de construção de ontologias no Protege. Matthew Horridge. A Practical Guide To Building OWL Ontologies With The Protégé-OWL Plugin http://www.co-ode.org/resources/tutorials/ProtegeOWLTutorial.pdf

[**ISO**] International Organization for Standardization – http://www.iso.ch/

[**JENA**] http://jena.sourceforge.net

[**KAON**] http://kaon.semanticweb.org/

184 Referências Bibliográficas

[**Laboratório de Engenharia de Software da PUC-Rio**] http://www.les.inf.puc-rio.br

[**NetGlos**] The Multilingual Glossary of Internet Terminology. Disponível em http://wwli.com/translation/ netglos/netglos.html

[**OilEd Tutorial**] Tutorial de construção de ontologias no OilEd http://oiled.man.ac.uk/tutorial/

[**OilEd**] http://oiled.man.ac.uk/

[**OMG**] Object Management Group http://www.omg.org/

[**OMG00**] OMG. Object Management Group – Agent Platform Special Interest Group: Agent Technology – Green Paper, Version 1.0, 2000. Disponível em: <http://www.objs.com/agent/agents_Green_Paper_v100.doc>.

[**Ontology.org**] http://www.ontology.org.

[**OntoViz**] http://protege.stanford.edu/plugins/ontoviz/ontoviz.html

[**Open Cyc**] http://www.opencyc.org/

[**OWL Validator**] http://owl.bbn.com/validator/

[**OWL**] Estrutura das ontologias escritas na linguagem OWL. Disponível em http://www.w3.org/TR/2004/REC-owl-guide-20040210/#StructureOfOntologies

[**OWL**] OWL Manual – http://www.w3.org/TR/2004/REC-owl-guide-20040210/

[**Peirce**] Burch, Robert, "Charles Sanders Peirce". *The Stanford Encyclopedia of Philosophy (Fall 2001 Edition)*, Edward N. Zalta (ed.), disponível em http://plato.stanford.edu/archives/fall2001/entries/peirce/.

[**PhotoStuff**] http://www.mindswap.org/2003/PhotoStuff/

[**Protégé2000**] http://protege.stanford.edu/

[**RACER**] – http://protege.stanford.edu/

[**RDF**] W3C RDF Primer. Disponível em http://www.w3.org/

[**Rector & Noy**] Tutorial – Ontological Design Pattern and Problems: Practical Ontology Engineering Using Protégé – OWL. Alan Rector, Natasha Noy, Holger Knublauch, Guus Schreiber, Mark Musen. Disponível em http://www.co-ode.org/resources/tutorials/iswc2004

[**Rector**] Semantic Web Best Practices. Partições de Valores. Editor Alan Rector http://www.w3.org/TR/2004/ WD-swbp-specified-values-20040803

[**Rector_Construção**] Transparências sobre construção de ontologias do Prof. Alan Rector http://www.cs.man. ac.uk/~rector/modules/CS646/

[**Rector_erros**] Erros Comuns na construção de Ontologias. Alan Rector, Nick Drummond, Matthew Horridge, Jeremy Roger, Holger Knublauch, Robert Stevens, Hai Wang and Chris Wroe. OWL Pizzas: Practical Experience of Teaching OWL-DL: Common Errors & Common Patterns. http://www.cs.man.ac.uk/~horrocks/Teaching/cs646/ Papers/ekaw-experience-with-owl-rector-et-al-final.pdf

[**RLG**] Research Libraries Group – http://www.rlg.org

[**Sesame**] - http://www.ontoknowledge.org/

[**SNOBASE**] http://www.alphaworks.ibm.com/tech/snobase

[**Sowa**] Categorias de alto nível da ontologia KR. Disponível em http://www.jfsowa.com/ontology/toplevel.htm

[**Sowa**]- Principles of Ontology. John Sowa. Disponível em http://www-ksl.stanford.edu/onto-std/mailarchive/0136.html

[**SUO**] SUO Information Flow Framework (SUO IFF) http://suo.ieee.org/IFF/

[**SWOOP**] http://www.mindswap.org/2004/SWOOP/

[**Taxonomias de Instrumentos Musicais**] Taxonomias de instrumentos musicais: em português. Disponível em http://www.nics.unicamp.br/jonatas/aulas/arranjo/aula02/aula01/instrumento.html em inglês disponível em: http://www.ksanti.net/free-reed/description/taxonomy.html

[TreeMatcherToolkit04] TreeMatcher Toolkit for Comparing Two Ordered or Unordered Trees. Disponível em <http://www.cis.njit.edu/~discdb/treematcher.html>. Acesso em novembro de 2004

[UKOLN] United Kingdom Office for Library and Information Networking. http://ukoln.bath.ac.uk/

[Whitehead] Irvine, A. D. "Alfred North Whitehead", *The Stanford Encyclopedia of Philosophy (Winter 2003 Edition)*. Edward N. Zalta (ed.), disponível em http://plato.stanford.edu/archives/win2003/entries/whitehead/.

[Workshop de Web Semântica] Realizado em conjunto com o Simpósio Brasileiro de Banco de Dados e Simpósio Brasileiro de Engenharia de Software, Brasília 2004. Apresentações e trabalhos disponíveis em http://www.ucb.br/ucbtic/wws2004/

Referências impressas

[Antoniou04] ANTONIOU, G.; HARMELEN, F. **A Semantic Web Primer.** MIT Press, Cambridge Massachussets, 2004.

[Barbosa04] BARBOSA, S.D.J.; SILVEIRA, M.S.; PAULA, M.G.; BREITMAN, K. **Supporting a Shared Understanding of Communication-Oriented Concerns in Human-Computer Interaction: a Lexicon-based Approach.** In: R. Bastide, N. Graham, J. Röth (eds.) Proceedings The 9th IFIP Working Conference on Engineering for Human-Computer Interaction jointly with The 11th International Workshop on Design, Specification and Verification of Interactive Systems, EHCI-DSVIS 2004, Schloss Tremsbüttel, Hamburg, Alemanha, V. 3058, p. 56-71.

[Bechhofer01] BECHHOFER, S.; HORROCKS, I.; GOBLE, C.; STEVENS, R. **OILEd: A Reasonable Ontology Editor for the Semantic Web.** Proceedings of KI2001, Joint German/Austrian conference on Artificial Intelligence, September 19-21, Vienna. Springer-Verlag LNAI Vol. 2174, 2001. pp. 396-408.

[Beck00] BECK, K. **Extreme Programming Explained: Embrace Change.** Addison Wesley Longman, Inc. 2000.

[Bergmann02] BERGMANN, U. **Evolução de Cenários Através de um Mecanismo de Rastreamento Baseado em Transformações.** Tese de Doutorado do Departamento de Informática da PUC-Rio, 2002.

[Berners-Lee01] BERNERS-LEE, T.; LASSILA, O. HENDLER, J. **The Semantic Web.** *Scientific American*, 284 (5), 2001. pp.34-43.

[Booch99] BOOCH, G.; RUMBAUGH, J.; JACOBSON, I. **The Unified Modeling Language User Guide**. Addison Wesley, 1999.

[Breitman03] BREITMAN, K.; LEITE, J. **Ontology as a Requirement Engineering Product.** In: 11th IEEE International Requirements Engineering Conference. 8-12 Sept. 2003, Monterey Bay, California, USA. Proceedings, 2003. pp 309-319.

[Breitman04a] BREITMAN, K.K.; LEITE, J.C.S.P. **Ontologias: Como e por que criá-las – Jornadas de Atualização em Informática.** Congresso da Sociedade Brasileira de Computação. ISBN: 85-88442-95-7 - Salvador, Brasil, 2004. pp. 3-53.

[Breitman04b] BREITMAN, K.K.; LEITE, J.C.S.P. **Lexicon Based Ontology Construction – Lecture Notes in Computer Science**. 2940 Editors: Carlos Lucena, Alessandro Garcia, Alexander Romanovsky *et al.* ISBN: 3-540-21182-9. Springer-Verlag Heidelberg, February 2004. pp.19-34.

[Breitman05] BREITMAN, K.K.; HAENDCHEN, A.; VON STAA, A.; HAEUSLER, H. **Ontologies to Formalize Services Specifications in Multi-Agent Systems.** In: Lecture Notes in Artificial Intelligence. Formal Approaches to Agent-Based Systems: International Workshop, FAABS. Springer Verlag, Heidelberg LNAI 3228-0092, 2005. pp. 92-110.

186 Referências Bibliográficas

[Buranarach01] BURANARACH, M. **The Foundation for Semantic Interoperability on the World Wide Web.** Doctoral thesis, Department of Information Science and Telecommunications. School of Information Sciences. University of Pittsburgh, November 8, 2001. 121p.

[Bush45] VANNEVAR, B. As We May Think. Atlantic Monthly, Vol. 176, No 1 – July, 1945. pp. 101-108.

[Carroll00] CARROLL, J.M. **Making Use: Scenario-Based Design of Human-Computer Interactions.** MIT Press, 2000.

[Daconta03] DACONTA, M.; OBRST, L; SMITH, K. **The Semantic Web.** Wiley Publishing Inc, 2003.

[Davies03] DAVIES, J., FENSEL, D.; HAMELLEN, F.V., editors. **Towards the Semantic Web: Ontology Driven Knowledge Management.** Wiley and Sons, 2003.

[Doan03] DOAN, A., DHAMANKAR, R., DOMINGOS, P., HALEVY, A. **Learning to Match Ontologies on the Semantic Web.** The VLDB Journal. The International Journal on Very Large Data Bases, Vol. 12, Issue 4, November 2003. pp 303-319.

[Erdmann02] ERDMANN, M.; ANGELE, J.; STAAB, S.; STUDER, R. **OntoEdit: Collaborative Ontology Development for the Semantic Web.** Proceedings of the First International Semantic Web Conference 2002 (ISWC 2002), June 9-12 2002, Sardinia, Itália.

[Felicíssimo03] FELICÍSSIMO, C.H., SILVA, L.F.; BREITMAN, K.K., LEITE, J.C.S.P. **Geração de Ontologias Subsidiada pela Engenharia de Requisitos.** WORKSHOP EM ENGENHARIA DE REQUISITOS 6. Anais do Workshop em Engenharia de Requisitos. Piracicaba, 2003, ISBN - 85-87926-07-1. pp. 255-269.

[Fensel01] FENSEL, D. **Ontologie: A Silver Bullet for Knowledge Management and Electronic Commerce.** Springer, 2001.

[Fensel03] FENSEL, D.; HENDLES, J.; LIEBERMAN, H.; WAHLSTER, W. Spinning the Semantic Web: Bringing the World Wide Web to its Full Potential. Editors: Dieter Fensel, James Hendler, Henry Lieberman e Wolfgang Wahlster. MIT Press, 2003. pp. 1-25.

[Fernández-López97] FERNANDEZ, M.; GÓMEZ-PÉREZ, A.; JURISTO, N. **METHONTOLOGY: From Ontological Arts Towards Ontological Engineering.** In: Proceedings of the AAAI97 Spring Symposium Series on Ontological Engineering, Stanford, USA, March 1997. pp. 33-40.

[Gandon02] GANDON, F. **Ontology Engineering: a Sinthesis.** Project Acacia. *INRIA Technical Report 4396,* March 2002. 181 p.

[Genesereth91] GENESERETH, M. R. **Knowledge Interchange Format.** In: J. Allen, R. Fikes, and E. Sandewall, editors, Principles of Knowledge Representation and Reasoning: Proceedings of the Second International Conference (KR'91). Morgan Kaufmann Publishers, San Francisco, California, 1991.

[Gill97] GILL, T. **Metadata and the World Wide Web.** In: Metadata: Pathways to Digital Information. Murtha Baca (Ed.). Getty Information Institute, 1997. pp.9-18.

[Gilliland-Sweland97] **Defining Metadata.** In: Metadata: Pathways to Digital Information. Murtha Baca (Ed.). Getty Information Institute, 1997. pp.1-8.

[Gómez-Pérez02] GÓMEZ-PÉREZ, A.; CORCHO, O. **Ontology Languages for the Semantic Web.** The IEEE Intelligent Systems, January/February, 2002.

[Gómez-Pérez04] GÓMEZ-PÉREZ, A.; FERNÁNDEZ-PERÉZ, M.; CORCHO, O. **Ontological Engineering.** Springer Verlag, 2004.

[Gómez-Pérez98] GÓMEZ-PÉREZ, A. **Knowledge Sharing and Reuse.** In: The Handbook of Applied Expert Systems. CRC Press, 1998.

[Gruber93] GRUBER, T.R. **A Translation Approach to Portable Ontology Specifications.** Knowledge Acquisition – 5: 199-220.

[Gruninger02] GRUNINGER, M.; LEE, J. **Introduction to the Ontology Application and Design Section.** Guest editors. Communications of the ACM, February, Vol. 45, No.2, February 2002. pp. 39-41.

Referências Bibliográficas 187

[Gruninger95] GRUNINGER, M.; FOX, M. **Methodology for the Design and Evaluation of Ontologies.** Proceedings of the Workshop on basic Ontological Issues in Knowledge Sharing. IJCAI-95, Canada, 1995.

[Guarino02] GUARINO, N.; WELTY, C. **Evaluating Ontological Decisions with Ontoclean.** CACM, Vol.45, No.2 – 2002. pp. 61-65.

[Guarino98] GUARINO, N. **Formal Ontology and Information Systems.** In: Proceedings of the FOIS'98. Formal Ontology in Information Systems, Trento, 1998.

[Hadad99] HADAD, G., KAPLAN, G. OLIVEROS, A., LEITE, J.C.S.P. Integración de Escenarios con el Léxico Extendido del Lenguaje en la elicitación de Requeriementos: aplicación a un caso real. *Revista de Informática Teórica e Aplicada,* Vol. 6, N. 1, 1999. pp. 77-104.

[Heflin99] HEFLIN, J.; HENDLER, J.; LUKE, S. **SHOE: A Knowledge Representation Language for Internet Applications.** Technical Report CS-TR-4078 (UMIACS TR-99-71), 1999.

[Hendler01] HENDLER, J. **Agents and the Semantic Web.** IEEE Intelligent Systems. March/April, 2001. pp. 30-37.

[Hjelm01] HJELM, H. **Creating the Semantic Web with RDF,** Wiley, 2001.

[Horrocks00] HORROCKS, I.; FENSEL, D.; HARMELEN, H.; DECKER, S.; ERDMANN, M.; KLEIN, M. **Oil in a Nutshell.** Proceedings of the 12th International Conference in Knowledge Engineering and Knowledge Management (EKAW'00). Lecture Notes in Artificial Intelligence (LNAI 1937). Springer Verlag, Berlin, Germany, 2000. pp. 1-16.

[Horrocks99] HORROCKS, I.; SATTLER, U.; TOBIES, S. **Practical reasoning for expressive description logics.** In: H. Ganzinger, D. McAllester and A. Voronkov, (eds.). Proceedings of the 6th International Conference on Logic for Programming and Automated Reasoning (LPAR'99). 1705. In: Lecture Notes in Artificial Intelligence, Springer-Verlag, 1999. pp. 161-180.

[Jacobson92] JACOBSON, I. *et al.* **Object Oriented Software Engineering: A Use Case Driven Approach.** Addison Wesley/ACM Press, Reading MA, 1992.

[Jasper99] JASPER, R.; USHOLD, M. **A Framework for Understanding and Classifying Ontology Applications.** Proceedings of the 12th International Workshop on Knowledge Acquisition Modeling and Management (KAW'99). Banff, Canada, 1999.

[Lakoff87] LAKOFF, G. **Women, Fire and Dangerous Things – What Categories Reveal about the Mind.** Chicago University Press, 1987.

[Leite90] LEITE, J.C.S.P.; FRANCO, A.P. O uso de hipertexto na elicitação de linguagens de aplicação. In: Anais do 4º Simpósio Brasileiro de Engenharia de Software. Editado pela Sociedade Brasileira de Computação, 1990. pp. 124-133.

[Leite93] LEITE, J.C.S.P.; FRANCO, A.P.M. **A Strategy for Conceptual Model Acquisiton.** Proceedings of the IEEE International Symposium on Requirements Engineering, IEEE Computer Society Press, San Diego, 1993. pp. 243-246.

[Leite97] LEITE, J.C.S.P. *et al.* **Enhancing a Requirements Baseline with Scenarios Requirements Engineering Journal** vol(2) Springer Verlag, December, 1997. pp. 184-198.

[Lima03] LIMA, F.; SCHWABE, D. **Modelling Applications for the Semantic Web.** Proceedings of the 3rd Int. Conference on Web Engineering (ICWE 2003). Oviedo, Espanha, Lecture Notes in Computer Science 2722. Springer Verlag, 2003. pp. 417-426.

[Maedche02] MAEDCHE, A. **Ontology Learning for the Semantic Web.** Kluwer Academic Publishers, 2002.

[McComb04] MCCOMB, D. **Semantics in Business Systems.** The Savvy Manager's Guide: The discipline underlying Web Services, Business Rules and the Semantic Web. Morgan Kaufman Publishers, 2004.

[McGuiness02] MCGUINESS, D.; FIKES, R.; RICE, J.; WILDER, S. **An Environment for Merging and Testing Large Ontologies.** Proceedings of the Seventh International Conference on Principles of Knowledge

188 Referências Bibliográficas

Representation and Reasoning (KR-2000). Brekenridge, Colorado, April 12-15, San Francisco: Morgan Kaufmann. 2002. pp. 483-493.

[Miller95] MILLER, G. **WordNet: A Lexical Database for English**. Communications of the ACM, November 1995. pp. 39-41.

[Minsky75] MINSKY, M. **A Framework for Representing Knowledge.** The Psychology of Computer Vision. Ed. P. H. Winston, McGraw-Hill, New York, 1975.

[Mueller04] MUELLER, J.P. **Amazon Web Services: Building Applications with the Amazon API**. Sibex, 2004.

[Niles01] NILE, I.; PEASE, A. **Towards a Standard Upper Ontology**. Proceedings of the FOIS'01 ACM Computer Press. October 17-19 – Maine, USA, 2001.

[Noy01a] NOY, N.; MCGUINESS, D. **Ontology Development 101. A guide to creating your first ontology**. KSL Technical Report, Standford University, 2001.

[Noy01b] NOY, N.; SINTEK, M.; DECKER, S.; CRUBEZY, R.; FERGERSON, R.; MUSEN, A. **Creating Semantic Web Contents with Protégé 2000**. IEEE Intelligent Systems, Vol. 16, No. 2, 2001. pp. 60-71.

[Passin04] THOMAS, B.P. **The Semantic Web.** Manning Publications, 2004.

[Porto04] PORTO, F., MOURA, A. M. C., SILVA, F. J. C. **ROSA: A Repository of Objects with Semantic Access for e-Learning**. Proceedings of 8th International Database Engineering and Applications Symposium. IDEAS 2004, Coimbra, Portugal, 2004. pp. 486-488.

[Rector04] RECTOR, A.; DRUMMOND, N.; HORRIDGE, M.; ROGERS, J.; KNUBLAUCH, H.; STEVENS, R.; WANG, H.; WROE, C. OWL Pizzas: Practical Experience of Teaching OWL-DL: Common Errors & Common Patterns (2004). In: E. Motta and N Shadbolt *et al.* (eds.). Proceedings of the European Conference on Knowledge Acquistion, Northampton, England, 2004, Lecture Notes on Computer Science LNAI3257, Springer-Verlag. pp 63-81.

[Silva04] C&L: Uma Ferramenta de Apoio à Engenharia de Requisitos. SILVA, L.F.; LEITE, J.C.S.P.; BREITMAN, K.K. *Revista de Informática Teórica e Aplicada*, V. XI, aceito em outubro, 2004.

[Sowa00] SOWA, J. F. **Knowledge Representation: Logical, Philosophical and Computational Foundations.** Brooks/Cole Books, Pacific Grove, CA, 2000.

[Suchman87] SUCHMAN, L. **Plans and Situated Actions – The Problem of Human-Machine Communication**. Cambridge University Press, 1987.

[Sure03] SURE, Y.; STUDER, R. **A Methodology for Ontology Based Knowledge Management**. In: Davies, J., Fensel, D.; Hamellen, F.V., eds. Towards the Semantic Web: Ontology Driven Knowledge Management. Wiley and Sons, 2003. pp. 33-46.

[Tai79] TAI, K.C. **The Tree-to-Tree Correction Problem**. *Journal of the ACM*, 26(3), 1979. pp. 422-433.

[Uschold98] USCHOLD, M.; KING, M.; MORALEE, S.; ZORGIOS, Y. **The Enterprise Ontology.** The Knowledge Engineering Review, Vol. 13, Special Issue on Putting Ontologies to Use (eds. Mike Uschold and Austin Tate).

[Ushold96] USHOLD, M.; GRUNINGER, M. **Ontologies: Principles, Methods and Applications**. Knowledge Engineering Review, Vol. 11 No. 2, 1996. pp. 93-136.

[Wang98] WANG, J. **An Algorithm for Finding the Largest Approximately Common Substructures of Two Trees.** IEEE Transactions on Pattern Analysis and Machine Intelligence, Vol. 20, No. 8, agosto de 1998. pp. 889-895.

[Williams04] WILLIAMS, A.B. **Learning to Share Meaning in a Multi-Agent System.** *Journal of Autonomous Agents and Multi-Agent Systems*. Vol. 8, No. 2, March 2004. pp. 165-193.

[Wooldridge95] WOOLDRIDGE, M.; JENNINGS, N. **Intelligent agents: theory and practice**. In: Knowledge Engineering Review, V. 10, n. 2, 1995. pp. 115-152.

[Wooldrige99] WOOLDRIDGE, M.; JENNINGS, N. R.; KINNY, D. **A Methodology for Agent-Oriented Analysis and Design**. In: O. Etzioni, J. P. Muller and J. Bradshaw (eds.). Agents '99: Proceedings of the Third International Conference on Autonomous Agents, Seattle, WA, May 1999.

Índice

A

Agentes, 8
  de software, 154
    características, 155
    comunicação, 159-164
    objeto *versus,* 157
    TAO, 156, 157
    tipos, 155
    na Web Semântica, 158

B

Bibliotecas de ontologias, 33, 76, 95
  características, 95
  DAML, 95
  NAICS, 33, 144
  ontolingua, 76, 95
  Ontology Server, 95
  SchemaWeb, 95
  WebOnto, 95

C

Categorias, 6
  propostas por Aristóteles, 7
  protótipo, 44
  semelhança familiar, 43
  visão clássica, 43
Comércio eletrônico
  B2B, 10
  B2C, 10

D

DAML, 50, 55, 56, 57, 77, 79, 168, 169, 171
  comparação entre as linguagens, 58
DAML+Oil, 50, 57, 164
DARPA, 56
Dublin Core, 18, 19, 25, 32, 55, 176
  norma ISO, 18
  padrão ANSI, 18

F

Ferramentas, 8
  Agentcties, 181
  Anchor_PROMPT, 161
  API JENA, 180
  C&L, 168

CATO, 162
  implementação, 164
  TreeDiff, 163
Chimaera, 75, 178
DC.dot, 176
  editores, 56
FaCT, 79, 126, 138, 174
GLUE, 161
  instrumentos musicais, 126
JESS, 168
KAON, 179
Nokia, 181
ODE, 73
OILed, 58, 64, 79, 121, 126, 127
OilEd, 131, 133, 171, 174
OilViz, 126, 172, 174
OntoEdit, 178
ontolingua, 75, 181
OntoRama, 180
OntoViz, 175
OWL validator, 179
Pellet, 168, 180
PhotoStuff, 179
Protégé2000, 64, 75, 175
RACER, 168
RaCT, 168
RDQLPlus - browser, 180
Sesame & OntoEdit, 178
SNOBASE, 178
SWOOP, 180
  taxonomia, 126
  visualizador OilViz, 130
WebKB, 181
Filosofia, 30, 82
  árvore de Porfírio, 31
  categorias propostas por
    Aristóteles, 7
Frames, 33, 48, 55, 73, 137

G

Glossários, 33

H

HTML, 2, 48, 54, 58, 131

K

KR, 86, 87

L

Léxico Ampliado da Linguagem (LAL),
  100, 102, 168
Lógica de descrição, 55, 174

M

Metadados, 6, 41, 156, 168
  críticas, 26
  definição, 16
  editor, 176
  formatos para captura de, 17
    Dublin Core, 17, 18
    Framework de Warwick, 17, 19
    MARC, 17
    REACH, 17
    SOIF, 17
    TEI, 17
  tipos e funções de, 17
Metodologia de construção de ontologias,
  68, 101
  erros comuns, 137
  exemplificando, 111
  Ian Horrocks, 79
  methontology, 72
  método 101, 75
  metodologia proposta por Uschold, 69
  projeto KACTUS, 74
  projeto TOVE, 71
  processo proposto pelo método Cyc, 68
Modelos, 7

N

Namespaces, 24, 60

O

Oil, 11, 49, 79
  classes essenciais do, 58
  comparação entre as linguagens, 58
  editores, 56
  propriedades, 58
Ontologias, 7, 30, 32, 33, 41, 42, 62, 68, 69,
  70, 71, 72, 74, 75, 76, 156, 168
  bibliotecas de. *Veja* Bibliotecas de
    ontologias
  boas práticas para a construção de, 118
  de domínio, 90
    EDR, 93

190 Índice

Euro WordNet, 93
FOAF , 94
GALEN, 94
Gartner, 95
GUM, 92
Mikro Kosmos, 40
NAICS, 94
projeto Open Diectory, 93
SENSUS, 40, 92
WordNet, 91
de topo, 40, 75, 82
Cyc, 9, 39, 40, 68, 69, 89
KR, 85
SUMO, 40, 82, 83, 84, 85
construção, 83
SUO, 40, 82, 93
definição, 30
espectro semântico, 32
generalidades, 39
metodologia de construção de. *Veja*
Metodologia de construção de
ontologias
propriedades essenciais de uma, 38
requisitos para uma linguagem de, 40
taxonomias *versus,* 33
tesauros *versus,* 36
tipos de informação, 40
OWL, 11, 23, 50, 59, 60, 62, 78, 79, 129,
130, 131, 137, 164, 168, 171
cabeçalhos, 61
classes, 61, 131
primitivas e definidas, 137, 138
DL, 9, 60
Full, 60
indivíduos, 62, 137
Lite, 9, 60
propriedades, 63, 133
restrições, 64, 135
tipos de, 136

P

Pessoas
Antoniou, Grigoris, 9, 154
Aristóteles, 7, 30, 43
Berners Lee, Tim, 4, 6, 12, 23, 27, 48
Carroll, John, 69
Doan, 161
Fox, 71
Giaretta, 30
Gockel, Rudolf, 30
Gómez-Pérez, 40, 72
Gruber, 30, 68
Gruninger, 71
Guarino, 30, 68
Harmelen, Frank, 9, 154
Hendler, James, 4, 6, 12, 154
Horrocks, Ian, 79
Lakoff, George, 43, 44
Lassila, Ora, 4, 12, 32
Leite, Julio Cesar, 73, 100, 101
Maedche, 32
McGuiness, 32, 38
McGuiness, Deborah, 75
Miller, George, 91
Noy, 75, 161
Pierce, 88
Porfírio, 30

árvore de, 31
Rosch, 44
Schoening, James, 82
Sowa, John, 68, 85
Uschold, 31
Welly, 68
Wittgenstein, 43

R

RDF, 11, 20, 23, 24, 48, 49, 50, 51, 52, 54,
55, 56, 58, 60, 164, 168, 178
exemplo, 22, 23, 24, 95
FOAF, 25, 94
grafo, 50, 53
PICS, 20
processamento automático de
informação, 21
tripla, 50
vCards, 25
vocabulário. *Veja* Vocabulário RDF
RDF-Schema, 49, 50, 51, 52, 58
classes essenciais do, 52, 53
Representação do conhecimento, 9
catalogação, 16
Frame Ontology, 40
KIF (Knowledge Interchange Format),
9, 48, 71
KR, 85
OKBC, 40
Ontolingua, 40
SUO-KIF, 83
Resource Description Framework. *Veja* RDF

S

SHOE, 49, 54
Sites, 3
Agentcties, 181
AltaVista, 2
API JENA, 180
C&L, 168
CATO, 162, 164
Chimaera, 178
DC.dot, 176
Dublin Core Metadata Initiative, 18
FaCT, 174
FIPA, 155, 156, 164
Google, 2, 93
grupo de agentes inteligentes do MIT,
164
IFLA - International Federation of
Library Associations, 16
KAON, 179
laboratório de engenharia de software da
PUC-Rio, 164
Nokia, 181
OASIS, 147
Object Management Group (OMG), 154
OilEd, 171
OMG, 155, 156, 164
OntoEdit, 178
Ontolingua, 76, 181
OntoRama, 180
OntoViz, 175
OWL validator, 179
pellet, 180

PhotoStuff, 179
Protégé2000, 175
RDQLPlus - browser, 180
Sesame & OntoEdit, 178
SNOBASE, 178
SWOOP, 180
SWWS, 151
W3, 16
W3C, 16, 21, 30, 31, 49, 50, 51, 59, 60,
145, 147, 168
WebKB, 181
WordNet, 37
WS-I, 147
Yahoo, 2, 32, 33

T

Taxonomias, 32, 34, 78
de assunto no sistema Dewey Decimal,
34
estrutura de diretórios, 35
hierarquia taxonômica, 75
lineana, 34
ontologias *versus,* 33
Tesauros, 36

V

Vocabulário RDF, 24

W

Web Semântica, 4, 5, 12, 16, 42, 48, 49, 54,
68, 168
arquitetura da Web do futuro, 48
benefícios, 10
efeito colateral, 12
o que a, não é, 9
temas, 6
Web services semânticos, 150
OWL-S, 151, 152
SWWS, 151
Webservice, 8, 142, 156
adoção, 147
arquitetura de, 142
críticas, 149
OASIS, 147
processo de utilização, 146
segurança, 148
assinatura, 148
criptografia, 148
Liberty Alliance Project, 149
SAML, 148
WS-Security, 148
SOAP, 143, 145, 146, 147, 149, 150
mensagem, 145
UDDI, 144, 150, 151
WSDL, 143, 146, 147, 150
WS-I, 147
WordNet, 37, 38, 39, 93

X

XML, 2, 23, 48, 49, 51, 55, 57, 58, 60, 142,
143, 145, 147, 169

Pré-impressão, impressão e acabamento

grafica@editorasantuario.com.br
www.editorasantuario.com.br
Aparecida-SP